スレブレニツァ・ジェノサイド

25年目の教訓と課題

長 有紀枝 編著

東信堂

はしがき

　2020 年は、新型コロナウイルス（COVID-19）の脅威に全世界がさらされた年として、間違いなく記憶されるに違いない。しかし、同時に 2020 年は、第二次世界大戦終結後 75 年目にあたり、また本書の主題であるスレブレニツァの虐殺から 25 周年にあたる年である。

　ボスニア・ヘルツェゴヴィナ紛争末期の 1995 年 7 月、国際連合の安全地帯に指定され、国連防護軍（UNPROFOR）のオランダ部隊によって防御されていた、ボスニア東部の人口 4 万あまりのムスリム人の飛び地スレブレニツァは、ボスニアのセルビア軍の攻撃により陥落した。続く約 10 日間で、自力でスレブレニツァを脱出し、ムスリム政府軍支配地を目指した総勢約 15,000 人のムスリム男性の内、7,000 〜 8,000 人が行方不明となった。このスレブレニツァ事件は、「第二次世界大戦以来の欧州で最悪の虐殺」と称され、旧ユーゴスラヴィア国際刑事裁判所（ICTY）で唯一「ジェノサイド（集団殺害）」と認定された象徴的な事件である。

　本書は、この事件をめぐって、2020 年 1 月 12–13 日に立教大学にて開催されたシンポジウム「25 年目のスレブレニツァ―ジェノサイド後の社会の相克と余波、集合的記憶」の成果をもとに編んだ論文集である。このシンポジウムは、筆者を研究代表とする JSPS 科研費 17K02045（基盤研究 C「ICTY 判決とジェノサイド後の社会の相克―スレブレニツァを事例として」）の助成を受け、またその総括として開催したもので、延べ 250 人を超える方々が来場し、内外から専門家、研究者が参加、事件について、多角的に検討を行った。

　「スレブレニツァを再構築する」と題した第 1 セッション【地域研究の視点】では、事件の全体像を提示・再構築するとともに、事件の集合的記憶や第二次世界大戦の記憶、歴史教育、戦後のスレブレニツァの投票行動などから検討した。「国際法学とスレブレニツァ」と題した第 2 セッション【国際法

学の視点】では、スレブレニツァ事件を犯罪捜査の視点から検討するとともに、ICTY から国際刑事裁判所 (ICC) へと引き継がれる国際刑事法の基本原則、スレブレニツァ事件と関わりの深い法理や実行を検討した。「国連 PKO とスレブレニツァ」と題した第 3 セッション【国際政治の視点】では、事件が国連 PKO やその後の介入様式、文民の保護に及ぼした影響を議論した。

開催にあたっては、バルカン歴史研究の柴宜弘氏、ドイツ現代史・ユーゴスラヴィア史の清水明子氏、国際刑事法の佐藤宏美氏、国際責任法の岡田陽平氏、国際政治学・平和構築の篠田英朗氏、国際協力機構（JICA）で平和構築・民主化支援を担当する橋本敬市氏といった第一線で活躍する研究者、実務家とともに、元国連事務次長で元旧ユーゴ問題担当・国連事務総長特別代表の明石康氏、ICC 元判事の尾崎久仁子氏、元 ICTY 検察局勤務、現 ICC の書記局勤務の藤原広人氏らの特段のご協力を得た。

このシンポジウムの成果である本書は、地域・歴史研究、移行期正義、国際政治学、国際法学（国際刑事法や国際人道法、国際責任法）、人類学といった豊潤ともいえる多分野の多角的・複合的な研究を可能な限り反映させ、スレブレニツァ事件を主題としつつ、領域横断的・重層的に事件発生時とその後を俯瞰する構成をとっている。また国際法や国際刑事法に馴染みの薄い読者のために、第 II 部では解説の形式を取り入れ、貴重な証言録でもある明石氏のご講演に関しては、第 III 部に講演録として収録させていただいた。さらに、明石氏が 1999 年 12 月、スレブレニツァに関する国連事務総長報告の発表（同年 11 月）を受けて、新聞紙上に投稿した歴史的価値の高いご論考、「スレブレニツァ悲劇と PKO」を明石氏と朝日新聞のご厚意により掲載させていただいた。

他方で、スレブレニツァ事件という共通課題を題材にしつつも、本書ではスレブレニツァ事件の詳細について、あえて認識や見解を統一する取り組みを行っていない。本書の各論文・解説・講演は、各々の執筆者が自己の分析により検討を行ったものであり、取り上げた時期にもよるが、見解の相違や差異こそが、重層的なスレブレニツァ研究の、あるいは広く流布する単純な事件像よりはるかに複雑な、事件の実像を反映していると考えるからである。

　とはいえ、紙幅の関係で、事件の前史や経緯については、矛盾するようだが、筆者による第1章の冒頭にまとめさせていただいた。事件そのものではなく、前史としての歴史的事実を記載する、という一見客観的とも見えるこの作業は、実は書き手の意図や関心により、ニュアンスや印象を操作することが可能だという重大な問題をはらんでいる。その意味で本来であれば、各章の冒頭にそれぞれの執筆者の視角に基づいた、必要最低限の背景説明があってしかるべきものである。ひとえに紙幅の制約上、割愛をお願いした点を執筆者の方々にお詫びするとともに、読者の皆さまにお断りしたい。

　以上の制約のある本書であるが、類似の事件や犯罪の再発防止に寄与するとともに、様々な立場におられる読者の皆さまに、複雑なスレブレニツァ事件を見る際の、複眼的視野・視座を提供できれば幸いである。

　最後になりましたが、ご多忙の中を、本書の趣旨に賛同し、ご寄稿くださった執筆者の皆さまに、また、上記シンポジウムにご来場くださった、そして開催にご尽力くださったっ立教大学の皆さまに、心から御礼申し上げます。

　出版にあたっては、東信堂の下田勝司社長および下田奈々枝さんにひとかたならぬお世話になり、また校正では一柳みどり編集室の一柳さんに大変お世話になりました。ありがとうございました。

　2020年7月16日
　　ブラニェヴォ農場・ピリツァ文化センター事件から25年の日に
　　スレブレニツァ事件およびボスニア紛争で亡くなられたすべての
　　方々に心から哀悼の意を捧げつつ。

　　　　　　　　　　　　　　　　　　　　　　　長　　有紀枝

　本シンポジウムおよび第1章は、JSPS科研費17K02045の助成を受けた研究成果の一部です。助成に心より感謝申し上げます。本研究の成果は著者自らの見解に基づくものであり、所属研究機関、資金配分機関および国の見解等を反映するものではありません。責任は著者に属します。

第III部　国連平和維持活動（PKO）と
　　　　国際政治学・平和構築の視点から

第II部　国際刑事裁判と国際法学の視点から

第5章　ICTY による国際刑事捜査とスレブレニツァ　　　107

藤原広人

スレブレニツァ・ジェノサイド
～25 年目の教訓と課題

第Ⅰ部　地域研究・歴史学の視点から

第1章
スレブレニツァ事件を再構築する
——認定事実としてのスレブレニツァ事件と再発予防の処方箋

長 有紀枝

本章の概要

　「第二次世界大戦以来の欧州で最悪の虐殺」と称されるスレブレニツァ事件は、凄惨を極めた旧ユーゴ紛争の中でも、最大規模の虐殺事件であり、旧ユーゴスラヴィア国際刑事裁判所（ICTY）において唯一「ジェノサイド（集団殺害）」と認定された象徴的な事件である。事件から四半世紀が経過し、ICTYという「旧ユーゴ領域内で行われた国際人道法の重大な違反について責任を負うものの訴追」に関して、国内裁判所に優越し、絶対的権威をもつ裁判機関による事実の認定は終了し、その認定事実の上に、その後の歴史が構築されている。しかし、ICTYが「認定した事実」は、その設置や存続が、安全保障理事会の意思に依存する裁判機関が、時にその政治性の影響を受けつつ「認定した」事実である。

　本章では事件の前史（第1節）と経緯（第2節）を概観した後、「スレブレニツァ・ジェノサイドの犠牲者」という一見単純かつ明快な、しかし、話者や文脈により、指し示す内容や範囲が大きく異なる表現を解体し、犠牲者数をめぐる言説と、事実に即した事件の全体像との把握を試みる（第3節、第4節）。この検討作業を通じ、重層的な責任論（第5節）と再発予防の処方箋（第6節）について論じていく。

第1節　事件の前史——ユーゴスラヴィアの解体からボスニア紛争へ[1]

ユーゴスラヴィア解体

　「南スラブ人の国」を意味するユーゴスラヴィアは、第一次世界大戦に
よるハプスブルク帝国崩壊後の 1918 年 12 月、「セルビア人・クロアチア
人・スロヴェニア人王国」として建国された（1929 年にユーゴスラヴィア王国と改
称）。1941 年 4 月にナチス・ドイツをはじめとする枢軸軍の侵攻に遭い、分
割・占領されて消滅したものの、1945 年 11 月に社会主義にもとづく連邦国
家「ユーゴスラヴィア連邦人民共和国」として再建、ヨシップ・ブロズ・チ
トー（Josip Broz Tito）を大統領とし、自主管理と非同盟を二本の柱とする「独
自の社会主義国」として、世界にその名を馳せることとなった。1963 年 4 月、
戦後三度目の新憲法が制定され、こうした自主管理社会主義と非同盟政策に
も法的根拠が与えられ、国名も「ユーゴスラヴィア社会主義連邦共和国」に
改称された（柴 1996:i, 123）。

　社会主義の雄としてのユーゴスラヴィアのもう一つの特徴は、子どもの数
え歌に象徴された複合国家としての姿である。「ユーゴスラヴィアは七つの
国と国境を接し、六つの共和国（スロヴェニア、クロアチア、ボスニア・ヘルツェゴヴィナ、
セルビア、モンテネグロ、マケドニア）に、五つの民族（スロヴェニア人、クロアチア人、セ
ルビア人、モンテネグロ人、マケドニア人）が住み、四つの言語（スロヴェニア語、クロア
チア語、セルビア語、マケドニア語）を話し、三つの宗教（カトリック、ギリシャ正教、イ
スラム教）を信じ、二つの文字（キリル文字とローマ字）を使う。だけど一つの国
なんだ」という数え歌である。なお、この歌にムスリム人が登場しないのは、
ボスニア・ヘルツェゴヴィナのムスリム人に、「ムスリム人」という民族名
が与えられたのは 1971 年のことであり、この数え歌ができた当時は、ムス
リムはまだ民族としての地位を与えられていなかったためである。

　しかし、民族・地域間のバランスを巧みにとってきたチトーの死後（1980
年）、ユーゴ経済の急速な悪化とともに民族対立が表面化する。1991 年 6
月 25 日、スロヴェニアとクロアチア両共和国議会が独立宣言を採択し、翌
1992 年 1 月に欧州共同体（EC）やバチカンをはじめとする約 50 カ国がこれ

を承認すると、ユーゴスラヴィアは解体の道を辿る。民族・文明の十字路と呼ばれたバルカン半島に位置する複合国家は、想像を絶する凄惨な内戦を経て 73 年の歴史に幕を閉じたのである。なお、チトー亡き後の旧ユーゴスラヴィアをイデオロギー的に支えたのは、「自主管理」、「非同盟」、「友愛と団結」の 3 原則であり、それらを具現化していた組織が、ユーゴスラヴィア共産党とユーゴスラヴィア連邦人民軍（JNA）であった（Bringa 2002:206）。1990 年 1 月の臨時党大会において共産党が崩壊すると、ユーゴスラヴィアの理想を支える唯一の組織が JNA となる。第二次世界大戦の抵抗運動を母体とする JNA は、チトーの社会主義プログラムや諸民族の「友愛と団結」という理想の確固たる支持者であり続けた。軍幹部においては、セルビア人やモンテネグロ人が優位を占めるも徴兵制や万一の外敵侵略に備えて導入された共和国単位の全人民防衛体制（国民皆兵制）の結果、下士官レベルでは、全ての民族が平等に参加していた。共産党とは対照的に、JNA は社会主義末期においても、共和国単位に分裂せず、ユーゴ紛争勃発当初は「平和維持軍」として機能した。しかしクロアチア内戦を通じ連邦人民軍の性格は大きく変容し、次第に「セルビア軍」としての色彩を強めていった。

ボスニア・ヘルツェゴヴィナ紛争

　六つの共和国からなる旧ユーゴスラヴィア解体の過程は、相互に関連する五つの紛争（スロヴェニア紛争、クロアチア紛争、ボスニア紛争、コソヴォ紛争、マケドニアにおけるマケドニア人とアルバニア人の衝突）に分けられるが、スレブレニツァ事件の直接の背景であり、最も多くの死者を出したのがボスニア紛争である。

　紛争前のボスニア・ヘルツェゴヴィナ共和国は、人口 440 万人のうち、ムスリム人が 44%、正教徒のセルビア人が 31%、カトリックのクロアチア人が 17% を占め、複合国家ユーゴスラヴィアの「縮図」ともいわれる多民族社会であり、旧ユーゴ 6 共和国の中で、唯一特定の民族の故郷と定義されない地域でもあった。ボスニア・ヘルツェゴヴィナで 3 民族は、特定地域に偏在せず、都市・地方に限らずあらゆる場所に混住しており、政治的にも物理的にも単純な 3 分割が不可能な状態にあった（柴 1996:174）。第二次世

界大戦中のボスニアはそれまでの歴史では見られなかったレベルの民族間の凄惨な暴力の舞台となったが（山崎 2019:70）戦前のボスニアは、民族間の憎しみが燃えたぎり「常にお互いが殺し合う」社会でも、民族間の偏見のない調和のとれた多民族共存型の理想的社会でもなく、地域や村、家、個人により、親密さの異なる多種多様な多民族の共生モデルが存在し、それらが相互に排他的でない社会であったという。（Bringa 2002:213-214, 217）

　1991 年、クロアチア、スロヴェニア両共和国がユーゴスラヴィアから独立を果たすと、ボスニアでも独立問題が表面化、1992 年 1 月には、独立に反対しユーゴスラヴィア残留を求めるセルビア人が「ボスニア・ヘルツェゴヴィナ・スルプスカ（セルビア人）共和国（Republika Srpske:RS）」を樹立した。翌 2 月末、これらセルビア人がボイコットする中、ボスニア・ヘルツェゴヴィナ共和国の独立の是非を問う国民投票が行われ、圧倒的多数で独立を可決、4 月初旬に EC、アメリカが相次いでボスニアの独立を承認すると、3 民族による三つ巴の争いへと発展した。ラトコ・ムラディチ（Ratko Mladić）率いるスルプスカ共和国軍（VRS）と、独立以後政府軍となったムスリム人によるボスニア・ヘルツェゴヴィナ共和国軍（ARBiH）、そしてクロアチア人武装勢力（HVO）の争いである。

　なお、紛争勃発時、ボスニアには、JNA の半数近くの 90,000 人が駐留していた。ボスニアは、パルチザン戦争期の主要な舞台であり、第二次世界大戦後はこの地方に多くの軍事施設が建設されたためである（柴 1996:180）。国際社会の圧力もあり、セルビアとモンテネグロからなる新ユーゴは、ボスニア紛争勃発直後の 92 年 5 月 19 日、JNA の撤退を命じ、その結果約 15,000 人が新ユーゴに撤退する。しかし、ボスニア出身の約 75,000 人がボスニアに留まり、JNA が残していった重火器とともにその大半が VRS に合流した。

　ボスニア紛争は、3 勢力のさながら「陣取り合戦」の様相を呈しつつ展開した。開戦当初、同盟関係にあったムスリム人、クロアチア人両勢力間でも 93 年には衝突が激化、世界遺産であるモスタルはじめボスニア南西部においては、クロアチア人とムスリム人の争いとして、サラエヴォおよび北西部、スレブレニツァなど東部においては、セルビア人とムスリム人の争いとして

表 1-1　　ボスニア紛争の死者内訳

	文民 (civilians)		兵士 (soldiers)		合計	
ムスリム人	31,107	81.3%	30,906	53.6%	62,013	64.6%
セルビア人	4,178	10.9%	20,775	36.0%	24,953	26.0%
クロアチア人	2,484	6.5%	5,919	10.3%	8,403	8.8%
その他	470	1.2%	101	0.2%	571	0.6%
合計	38,239	100.0%	57,701	100.0%	*95,940	100.0%

Mirsad Tokača, 2013, *The Bosnian Book of the Dead : Human Losses in Bosnia and Herzegovina 1991-1995*, Research and Documentation Center(RDC), Sarajevo and the Humanitarian Law Center of Serbia, 116 より筆者作成　(* 他に 5,183 人の死因が未決の死者がいる。同 107)

　長期化していった。国際社会の仲介により何度となく停戦や和平調停が繰り返され、その度に破棄されるという泥沼の様相を呈した後、1995 年 11 月アメリカのオハイオ州デイトンで結ばれた和平合意をもって終結した。92 年の勃発以来 3 年半に、180 万人が難民・国内避難民となり、トカチャ (Mirsad Tokača) らサラエヴォの民間シンクタンクの最新の調査によれば約 10 万人が死亡 (長 2019:83)、未だに数千人が行方不明といわれる、第二次世界大戦後、欧州最大の紛争へと発展した。
　なお、この争いをどのように見るかは、スレブレニツァ事件の解釈にも多大な影響をもたらす問題である。筆者自身、国際協力 NGO の職員として現地に駐在していたが、当時、少なくとも現場にいる国連や援助関係者の多くの共通認識は、紛争は三つ巴の争いであり、犯罪や暴力の「量」に圧倒的差はあるものの、3 民族間で暴力の「質」に差はない、というものである。しかし、これは少なくとも、国連安全保障理事会の認識ではない。安保理の紛争観に大きな影響を与えたのが、戦争広告代理店と異名をとるルーダー・フィン (Ruder Finn) 社による情報戦 (高木 2002) や、偏向報道 (ブロック 2009)、バショウニ (M.Cherif Bassiouni) 報告 (「旧ユーゴ領域内で犯された重大なジュネーヴ諸条約違反と他の国際人道法違反に関する国連の専門家委員会の報告書」S/1994/674:27 May 1994) 等である。ICTY 設立の契機にもなったバショウニ中間報告 (S/25274,

10 February 1993）は、3 民族ともに犯罪行為を行ったが、「民族浄化」という
政策に基づいてこれらを実行したのは、セルビア人のみであり、クロアチア
人も同様の行為を犯したものの、政府の政策の一部ではなく、ボスニアのイ
スラム教徒軍も類似の行為を行ったが「民族浄化作戦」には従事しておらず、
政策の一環として行われたものでもなかったとした（paras.131,147,147）。

　これら一連の過程を、柴宜弘は次のとおり分析している。

　「ユーゴでは、第二次世界大戦期にドイツに対する戦争で、共産党を中
　心とするパルチザンが勝利を収めた結果、戦後にチトーを指導者とする社
　会主義政権により民族・少数民族の平等が認められ、連邦制の国家形態が
　築かれた。新たな国家のもとで、人々は内戦や「兄弟殺し」の記憶を心の
　奥底に押しとどめた。戦後 4 度目の憲法である 1974 年憲法により、分権
　化が推進されて、きわめて緩い連邦制がしかれた。連邦の役割は最小限に
　抑えられ、6 共和国と 2 自治州が同じ立場で「経済主権」を保持すること
　になる。それぞれが一つの経済単位となり、「統一市場」は消滅した。そ
　れゆえ、ユーゴ解体の根本的な原因は連邦に対する共和国の反発や民族的
　な不満にのみ求められるべきではなく、自主管理社会主義に基づく、国家
　連合に近い連邦制の求心力の喪失にあったといえよう」（柴 2009:485-486）。

　「ユーゴ社会主義連邦の解体に伴う一連の内戦は、民族紛争とも宗教紛
　争とも言われる。しかし、それは副次的な現象にすぎず、内戦の原因を複
　雑な民族構成や宗教の違いにのみ帰すことはできない。内戦の主要因は社
　会主義が崩壊するなかで、権力や経済基盤を保持しようとする政治エリー
　トが民族や宗教の違いを際立たせ、第二次世界大戦期の戦慄の記憶を煽り
　立てたことにあった」（柴 2009:488）。

第 2 節　スレブレニツァ事件を辿る

スレブレニツァ陥落まで

　スレブレニツァ（Srebrenica）は、東隣に位置するセルビアとの国境から
約 15 キロの、ドリナ川流域の山間の谷間に位置する東ボスニアの小さな町

である。スレブレニツァは郡（opština）とその中心にある市街地双方を指すが、セルボ・クロアチア語で銀を意味する「スレブロ（srebro）」を語源とする。その名が示すとおり、古来豊富な銀の採掘量を誇り、スレブレニツァの銀は、クロアチアのドゥブロヴニクにあった都市共和国ラグーサ国からの商人に買われるなど、地域経済に重要な位置を占める交易都市であった。

　第二次世界大戦前は、ムスリム人とセルビア人の人口は拮抗していたが、大戦中、ドイツとイタリアの傀儡国家であった「クロアチア独立国」の下、極右の政治勢力ウスタシャによるセルビア人、ユダヤ人、ロマへの激しい迫害や殺害によりスレブレニツァにおいてもセルビア系人口が激減した。ウスタシャの民族イデオロギーにおいては、カトリックのみならずイスラムもまたクロアチア人の宗教と位置付けられ、ボスニアのムスリムの中にはウスタシャに積極的に協力する人々も現れた（山崎 2019:69）。「クロアチア独立国」においてクロアチア人とみなされたムスリム（柴 2013:95）は、ウスタシャのセルビア人攻撃の重要な一翼を担っていたことが各地でセルビア系住民の記憶に残っている[2]。枢軸軍の占領とウスタシャによる迫害に対し組織されたセルビア民族主義を掲げる抵抗運動チェトニクは、ウスタシャへの報復として、クロアチア人にとどまらず、ボスニア東部などでは、ムスリムに対しても暴力を行使した（山崎 2019:69）。

　ボスニア紛争勃発前の 1991 年に行われた国勢調査によればスレブレニツァ郡の人口は 37,211 人、72.8%（27,118 人）がムスリム人、25.2%（9,381人）がセルビア人であり、郡人口の内 6,000 人が町内の人口であった。

　ボスニア紛争が勃発し、スレブレニツァへの最初の攻撃が開始されたのは 1992 年 4 月下旬のことである。これまでにボスニア東部では、大半の町がセルビア人勢力の手に落ちたものの、スレブレニツァ、ジェパ、ゴラジュデの 3 地域が、セルビア人支配地域に包囲された「飛び地（enclave）」となりながらも、ムスリム人の拠点として陥落を免れていた。

　当初、戦況は一進一退を繰り返したが、ムスリム人側が 25 歳の元警官ナセル・オリッチ（Naser Orić）の指揮下で勢力を拡大した。スレブレニツァは、9 月には南方に位置したもう一つのイスラム教徒の飛び地ジェパと繋が

る回廊を確保、翌 1993 年 1 月にはスレブレニツァを中心とする飛び地はボ
スニア東部の 900 k㎡におよび、ボスニア紛争中最大規模に達した。この進軍
の過程でオリッチらは近隣のセルビア人地域を焼き落とし住民を追放、およ
そ 1,200 人のセルビア系住民がムスリム人勢力により殺害されたとされる[3]。
しかし 1993 年 1 月には、セルビア人勢力が反撃に転じた。猛攻を受けたス
レブレニツァは、水道、発電装備をはじめとする基礎インフラがことごとく
破壊され、町は壊滅状態に陥った。戦況の変化とともにスレブレニツァから
は、既にセルビア系住民が脱出していたが、この時期、セルビア人勢力の攻
撃により、近隣からムスリム人避難民が流入、93 年初頭の最大時には、ス
レブレニツァの人口は、50,000 ～ 60,000 人に膨らんだとみられ、戦前から
スレブレニツァに住むムスリム人の旧住民と新たに流入した避難民が密集す
る地域となった。

　VRS によりジェパとの回廊も切断された。インフラを破壊された上に援
助物資の搬入も妨害され、陸の孤島と化したスレブレニツァの食糧事情、衛
生状況、住環境は劣悪を極め、まさに人道上の危機というべき事態が発生
した[4]。スレブレニツァ住民・避難民の政府軍支配地への退避が検討された
が、サラエヴォ政府は民族浄化への国際社会の加担であるとして強硬に抵
抗、膠着状態に陥った。しかし 93 年 3 ～ 4 月にかけて、UNHCR と国連保
護軍（UNPROFOR）がおよそ 8,000 ～ 9,000 人の女性、子ども、老人をトゥ
ズラに避難させた[5]。しかし事態は深刻で、この窮状を打破しようと国連安
保理は決議 819（1993 年 4 月 16 日）によりスレブレニツァを「安全地帯」に
指定、UNPROFOR が展開することとなった（第 8 章明石論文参照）。しかしこ
の、UNPROFOR までがセルビア人の包囲下に置かれ、燃料や人員の補給も
ままならない状況に陥っていく。

　なお、陥落直前のスレブレニツァの人口について、スレブレニツァ当局は
43,000 人としたが、95 年の国連事務総長報告（UN 1995:para4）では 38,000
～ 40,000 人、陥落時までスレブレニツァで活動を続けていた国境なき医師団
（MSF）は最大で 38,000 人と推計している（長 2009:226）。

安全地帯を取り巻く軍事力

　スレブレニツァが安全地帯に指定され、両軍の武装解除の協定が結ばれると、スレブレニツァのムスリム政府軍は公式にはその姿を消すこととなる。一時期、街角からは武装兵士の姿が消えたともいわれるが、1994 年 5 月には、スレブレニツァ内のムスリム政府軍はトゥズラに拠点を置く ARBiH 第 2 軍団（the 2nd Corps）所属の第 8 番目の集団、すなわち、第 28 師団として再編成される。オリッチが引き続き司令官となり、ベチロヴィチ（Ramiz Bećirović）が参謀長となる。オリッチは第 28 師団を 4 個の大隊に分け、安全地帯の北半分を第 280 大隊、南西部を第 281 大隊、南東部を第 282 大隊、南部の山岳地帯を第 283 大隊の担当とした。さらに予備隊として第 284 大隊を置いた（長 2009:102-103, 114）。

　各大隊にはそれぞれに指揮官（少佐）を置き、独立した部隊として活動していた。各大隊の人員は 500 〜 1,500 人、総勢で 3,000 〜 4,000 人とみられ、数の上では、セルビア人勢力を圧倒していた。しかし、少数の元旧ユーゴ軍所属の職業軍人を除くと、大半は志願兵、徴集兵、予備兵など雑多な集団の集まりであり、長引く包囲の中、慢性的な食糧難もあり、兵士の士気は低かったとされる。しかしながら、第 28 師団は見かけほど脆弱ではなく、安全地帯から近隣のセルビア人支配地域に対して偵察と破壊活動を繰り返していた（Krstić Trial Judgement:para.21）。UNHCR もその 50 年史で、「この安全地帯には一般市民のみならず、ボスニア政府軍兵士もいたから、セルビア人勢力から見れば戦時下における正当な攻撃目標であった。だから彼らは砲撃や狙撃を繰り返した。安全地帯からボスニア政府軍が仕掛けた攻撃に応戦する例も少なくなかった」（UNHCR2001:224）として、VRS による対スレブレニツァ攻撃が、スレブレニツァの ARBiH28 師団の攻撃に対する反撃として行われたものであったことを記している。

スレブレニツァの陥落と人々の動き

　1995 年 7 月 2 日、VRS はスレブレニツァ攻撃「クリヴァヤ'95（Krivaja95）」作戦を計画、6 日未明、約 2,000 人の VRS 部隊がスレブレニツァへの攻撃を

開始した。

　ARBiH も反撃に出るが、司令官オリッチ不在のため、主だった反撃はない。オリッチは、軍事訓練のため、精鋭兵士 15 人とともに、4 月にスレブレニツァを離れ政府軍支配地に移動して以来、訓練終了後も戻らなかった。ムスリム側の反撃が無かった理由として、若いながらもカリスマ的指導者であったオリッチと精鋭部隊の不在が士気と戦意を喪失させたとの指摘もある（オリッチがなぜ戻らなかったかについては、政府に止められたとするオリッチと、帰還を命じたがオリッチが従わなかったという政府の主張が対立している Rohde1997:354-355）。

　UNPROFOR オランダ軍は、VRS の拠点に対する近接航空攻撃を NATO に要請するが、国連内部の意思疎通の不具合や、人質となったオランダ兵への配慮などから、戦局が決定的となる最終局面まで実施されない。こうして VRS は 7 月 11 日 14 時過ぎ市内に侵攻、スレブレニツァは陥落する（この時の空爆に関する UNPROFOR と NATO 相互の意思決定については UN1999 参照）。

　陥落後のスレブレニツァにいた約 38,000 人の住民、避難民、ARBiH 兵士の動きは、大小五つの集団に分かれる。人数の多い順に 1）ポトチャリにある UNPROFOR オランダ部隊の本部に逃げ込んだ女性と子ども、老人を中心とする約 2 万数千人の集団、2）スレブレニツァ北東部のシュシュニャリに集結後、縦隊（コラム）を組んで徒歩で脱出、約 50 キロ離れたボスニア政府軍支配地を目指して VRS の支配地を縦断した ARBiH 兵士と成人男性約 15,000 人の集団、3）ドリナ川を渡りセルビアに向かった集団（後に第三国に出国）、4）スレブレニツァの 16km 南にあり距離的には最も近い、しかし険しい山岳地帯を経由するジェパへ避難した集団（避難後はジェパの男性と同様の処遇を受け、後にトゥズラに避難）、5）スレブレニツァに残留した、自力での移動が困難な老人や傷病者、その家族など少数の集団の五つである。3）～ 5）は様々な資料から総計 1,000 ～ 2,000 人弱と推定される。

　以下、1）と 2）の集団について詳述するが、女性と子ども、老人はポトチャリへ、成人男性は兵士とともにシュシュニャリへという動きは、自然発生的なものではなく、当局からの明確な指示として住民に伝えられたことが

判明している（Popović et al. Trial Judgement: para.267）。またこの伝達には地域防衛隊も関与していた（Rohde1997:174）。

ポトチャリへ避難した集団

　陥落前から VRS による激しい砲撃にさらされていたスレブレニツァの市民は、パニック状態となり、女性や子ども、老人を中心とする2万数千人がオランダ軍の本部があるポトチャリに避難した。これらの避難民はオランダ軍の敷地の内外[6]で、炎天下恐怖に怯えつつ、劣悪な状況のもとに数日を過ごすことになる。最終的に、オランダ軍および住民代表と、ムラディチら VRS の3者による3度（7月11日20：30〜21：15、23：30〜01：00、12日10：30〜12：00）にわたる交渉の末、VRS が用意したバスで、12から13日にかけて政府軍支配地への移動が許される。しかしこの交渉は、VRS が当初、成人男性の脱出に気付かず、またオリッチの不在も知らずに VRS にとっての戦犯であるオリッチらの引き渡しを要求し続けたため難航した。また、ムラディチは交渉に際し、文民当局の代表を同伴するように命じるが、スレブレニツァ市当局の指導部は縦隊での脱出を選び不在であったため、ムラディチらとの交渉の前面に立たされたのは、オランダ軍のカレマン大隊長（Thom Karremans）の依頼を受けた地元の高校教師や主婦、ヴラセニツァの工場長イブロ・ヌハノヴィチ（Ibro Nuhanović）であった（長 2009:148, 203-204）。

　この交渉の結果、20,000 人におよぶ女性や子ども、老人は順次バスでポトチャリから政府軍支配地（クラダニ）へと移送されるが、家族とともにポトチャリにいた、およそ 1,000 人の成人男性と一部の老人は、集団から隔離され、その後縦隊で脱出し捕虜となった男性とともに行方不明となった。後にオランダ軍の責任が問われることになった事件である（第9章岡田論文参照）。なお先のヌハノヴィチも行方不明となった一人である（Rohde1997:183-189）。

　この約 1,000 人の男性を除き、7月 15 日までにバスでクラダニを通過し、政府軍支配地へ到着した避難民の数は、赤十字国際委員会（ICRC）の登録によれば、女性と子ども、老人、ごく少数の成人男性をあわせ 19,700 人である。

縦隊（コラム）で脱出した男性

　女性や子ども、老人は、ポトチャリへ、成人男性はシュシュニャリへとい
う指示を受けたスレブレニツァの人々は、一斉にポトチャリ方向へ向かい始
める。スレブレニツァの北西、レホヴィチの丘で、ポトチャリに向かう家族
に別れを告げ、男性らは森に分け入り、安全地帯北西にあるシュシュニャリ
に向かった（Popović et al. Trial Judgement: para.267）。

　総勢約 15,000 人、3 分の 1 が ARBiH28 師団の兵士、3 分の 2 が民間人で
あったといわれる（UN1999:para.316）。シュシュニャリでスレブレニツァ市当
局（文民指導者）と ARBiH28 師団の司令官らが協議し、縦隊を組んで、セル
ビア人勢力との前線や地雷原、山岳地帯を突破し、50 km 離れたボスニア政
府軍の支配地トゥズラを目指して、VRS 支配地を徒歩で縦走する決定がな
される（Krstić Trial Judgement: paras.60-61, Mladić Trial Judgement: para.2573）。

　出発の順番やグループ編成、移動ルートは指導者らにより決定された。集
団の先頭は 28 師団の精鋭部隊と、道案内のため周辺の地理に詳しい地元の
村の出身者が占め、町の有力者とその家族がすぐ後に続いた。残りの兵士ら
が民間人とともに、中央から後方についた。集団の順番が発表された際、小
競り合いが起きたというが他に選択肢はない（UN 1999:para.316, Rohde:179-180）。
こうして、7 月 12 日深夜 0:00 過ぎには先頭がシュシュニャリ村、ヤグリッ
チ村を出発、トゥズラを目指し移動を開始した。

　安全地帯の外縁には VRS が敷設した地雷原があり、安全確保のため縦一
列で進んだため、集団の総延長は 12 〜 15 kmに及んだという。列の最後尾が
ヤグリッチ村を出発したのは先頭から遅れること 12 時間、翌 12 日の正午
頃であった。

　深夜から 12 日未明にかけて、先頭部隊は VRS の襲撃にあうこともなく、
夜陰に乗じて前進した。しかし、夜明けを前に、後続集団を狙い撃ちした重
火器による攻撃が始まった。

　セルビア軍は、射程の長い重火器のみならず、迫撃砲、バズーカ砲、小火
器を使用して追撃を開始、山間部を抜けた集団が、トゥズラに向かうために
必ず通過するコニェヴィチ・ポリェなど開けたアスファルト道路で待ち伏せ

した。多くの犠牲者が出、また多くが投降した。VRS の捕虜となった人々は、様々な施設に留置された。当初、捕虜の交換の形で解放されると言われ、VRS 側でもそれが実行されると想定していた証言が多数あるが、この約束は果たされず、14 日から 17 日にかけて、東ボスニア各地へ移送され処刑された。

　他方、6 日間に渡りセルビア軍の追走をかわし極限状態を生き延びた残りの男性は、7 月 16 日夜から 17 日朝にかけて政府軍支配地に到着した。極度のストレスと恐怖、飢え、疲労、睡眠不足などから、さながら「お化けの軍隊」の様相を呈し、下着一枚の者、傷口をぼろ布で覆う血だらけの者、ひどく興奮して錯乱状態の者、また幻覚症状に見舞われ、心神喪失状態の兵士も多く、中には自らの部隊に向かって発砲するものまで現れたという（NIOD, Part4, Chapter 1, Section 19）。こうした混乱の中で、到着した人々に特段の登録義務は課されず、またボスニア政府当局から UNPROFOR に対する支援要請もなかったため、正確な人数はわかっていない。ただ、8 月 4 日にバノヴィツァで開催された生き残った ARBiH28 師団のパレードに、3,651 人の兵士が参加したという記録がある（NIOD, Part4, Chapter1, Section 20）。また同時期、第 28 師団の司令官代行を務めていたベチロヴィチ少佐は、政府軍支配地に到着した兵士の数を 3,500 人と回答している（NIOD, Part4, Chapter2, Section 2, note 17）。しかしながら、兵士以外の一般住民に関する記録はない。兵士の生存率の方が一般住民より高かったと推定されるが、生存者の総数は不明である。なお国連事務総長報告は、正確な人数は不明としつつも生存者の総数を 4,500 ～ 6,000 人と推定している（UN1999:para.387）。

　以上より、ポトチャリには逃れず、スレブレニツァを脱出した集団約 15,000 人の運命は、続く 1 週間で兵士・文民を問わず、三つに分かれたことが確認できる。無事生き延びて目的地に到達した人々、逃避行の途上の戦闘や攻撃、地雷や自殺により命を落とした人々、そして、投降しまたは捕えられ捕虜として拘束された後、処刑された人々である。

第3節　犠牲者数と死因をめぐる議論——「ジェノサイド」と「犠牲者」概念の定義から

論点の整理と本論の意義

　さて、ここから本題に入る。本節以下で行おうとする作業は、スレブレニツァ事件の事実関係の整理とそこから派生する責任議論、類似の事件の予防に関する考察である。スレブレニツァはICTYで唯一ジェノサイド罪が認定された事件であり、ICTYによる事実の認定作業は既に終了している。事件から四半世紀が経過し、この「認定された事実」に基づき、「歴史的記録」が構築され、その「歴史」の上にその後の国際社会の実行や、国際刑事裁判および国際刑法の発展がある。いまさら、事実関係の整理を行うことにどのような意味があるのか、という指摘もあるだろう。

　既に変えようのない歴史が積み上げられているとしても、事実に即した事実関係の整理や、「認定された事実」の背後にあるものを了知しておくことは、歴史研究者のみならず、スレブレニツァ事件から何かを学ぼうとする人々にとって、重要な作業であると考える。さらに、犠牲者数と死因を特定する試みは、その後の平和構築、セルビア人社会の罪の認定・否定、相互の赦しや和解、ひいては国際社会の介入様式など、多岐にわたる論点・争点と密接かつ重層的に絡みあっている。加えて、再発の予防のためのジェノサイド研究の視点にたてば、より事実に即した事件の理解は必須の作業である。こうした問題意識のもと第3、4節において、明確なようでいて実は話者により指し示す範囲や対象が異なる「スレブレニツァ・ジェノサイドの犠牲者」という表現の検討を通じ、事実に即した事件の全体像の理解を試みる。

　「スレブレニツァ・ジェノサイドの犠牲者」という表現あるいは概念は、一見明快に一群の人々を指し示しているようにみえるが、実は非常に漠然とした曖昧な概念である。話者により、あるいは同一の話者であっても文脈により、意図的・作為的あるいは無意識・不用意に異なる集団を指し示す場合がある。

　本論が対象とするスレブレニツァ事件は、95年7月に発生したVRSを加害者とするものだが、一部のセルビア人にとってのスレブレニツァ事件とは、

92 年から 93 年にかけて、オリッチ率いる ARBiH が行った行為の表象である。

　次に、「ジェノサイド」が何を指すかであるが、これには、スレブレニ
ツァで起きた一連の事件のどの部分を指すか、という問題と、そもそも
「ジェノサイド」という用語のもつ多義性からくる混乱がある。少々遠回り
の議論にも見えるが、事態の正確な把握のため、まずジェノサイド概念につ
いて整理する。

ジェノサイドとは何か──定義をめぐる4類型

　「ジェノサイド」とは、ナチ・ホロコーストにより、親族 40 人を殺害さ
れた、ポーランド出身の法学者ラファエル・レムキン（Raphael Lemkin）によ
る比較的最近の造語である（長 2009:25-48）。人間を殺害する用語については、
古来さまざまな単語が用意されているにもかかわらず、民族そのものの抹殺
や破壊を表現する言葉がないのはおかしいと、レムキンは、トルコによるア
ルメニア人大虐殺などを念頭に、ナチスの占領政策について論じた 1944 年
の著作『占領欧州における枢軸の支配』[7] の中で、民族、部族を意味する古
代ギリシャ語 genos と殺害を意味するラテン語 cide を組み合わせて初めて
「ジェノサイド」という語を編み出し世に問うた。当時、アメリカに渡り教
鞭をとっていたレムキンは、米最高裁判事でニュルンベルクの裁判官を務め
るロバート・ジャクソン（Robert Jackson）の顧問となり、ニュルンベルク判
決に、「ジェノサイド」という概念・単語を入れるべく努力するがこれは実
現しない。正式にこの言葉が認められるのは、レムキン自身がその生みの親
となった「ジェノサイド条約」においてである。なおこの経緯から明らかな
ように、ジェノサイドの邦訳は、大量虐殺ではなく、集団殺害である。

　さて、こうしてこの世に生を受けたジェノサイドは、以下の四つの類型に
分けることができる。法的ジェノサイド、研究者が用いるジェノサイド、メ
ディアや一般が用いるジェノサイド、そして遺族、紛争当事者および加害者
を断罪する主体が用いるジェノサイドである。

1）法概念としてのジェノサイド

　ジェノサイド（集団殺害）は、「集団殺害罪の防止および処罰に関する条約（ジェノサイド条約）」に規定された国際法上の犯罪概念である。1948 年 12 月、第 3 回国連総会にて採択されたジェノサイド条約は、20 カ国が加入し 90 日が経過（第 13 条効力発生）した 1951 年 1 月に発効した。

　この条約は、第 1 条で集団殺害が「平時に行われるか戦時に行われるかを問わず、国際法上の犯罪であることを確認し」、同時に締約国に「これを防止し、処罰する」義務があることを宣言している。従来、集団殺害は、紛争下で起きるという認識があったが、紛争下の犯罪であるとすると、たとえば、ナチス・ドイツが、1939 年の第二次世界大戦開戦前に犯したような一連の行為を罰することができなくなる。そこで、「平時か戦時下を問わず」という、戦争との連関（Nexus）を断ち切る重要な一語が入ることになった。それゆえ、またその成立の過程からも、ジェノサイド条約が武力紛争下のみに適用される武力紛争法（国際人道法）の一部と解釈されることはない。詳細は第 6 章の尾崎論文に譲るが、続く第 2 条で「この条約においてジェノサイドとは、国民的（national）、民族的（ethnical）、人種的（racial）または宗教的（religious）な集団の全部または一部を集団それ自体として破壊する意図をもって行われる」行為と定義された。2020 年 6 月現在、日本を除き、世界 152 カ国がこの条約に加入し、ICTY、ルワンダ国際刑事裁判所（ICTR）、国際刑事裁判所（ICC）の各規程においてもこの定義が踏襲されたことから、国際法上認められた唯一絶対の定義である。またこの犯罪は、1951 年のジェノサイド条約の留保に関する国際司法裁判所（ICJ）の勧告的意見によって、特別の地位を与えられている。ICJ はジェノサイド条約が、いずれかの国家間で相対的に成立する義務ではなく、国際社会全体に対する「対世的（エルガ・オムネス）義務」であり、またいかなる逸脱も許されない、国際社会全体が受け入れ認める強行規範（ユス・コーゲンス）であると宣言している。こうした法的評価は、ジェノサイドが国際社会全体が一致団結して防止し、処罰すべき重大な犯罪であるとの認識に基づいている。

　ただし、こうした特別の地位が与えられたジェノサイド条約に基づくジェ

ノサイド罪は上述のとおり、四つの対象集団に破壊の意図をもって行われた犯罪のみに限定されている。いかなる集団がこの四集団に該当するか、一部または全体の一部とは一体どれくらいの規模を指すのか、意図の証明・認定をどのように行うかは条約上規定されておらず、後の裁判機関の判断に委ねられることとなった。

2）研究者の用いるジェノサイド

　ジェノサイド条約によるジェノサイドの定義が非常に限定され、狭義であることから、それぞれの問題関心や目的に従い、より広義の定義を採用して議論する研究者も多い。ジェノサイド研究者による書籍や論文のみならず、歴史学、社会学、文化人類学、あるいは国際政治学など様々な立場から、上記の法的概念に対し異議申し立てがなされている。当然のことながら、それぞれの研究者の研究領域や専門、射程に沿って、あらゆる時代の様々な行為が、ある研究や文献でジェノサイドとして位置付けられ、また別の研究や文献では除外されることになる。こうした事情を承知せずにこれらの文献に触れた読者や学生は、文献ごとに異なる、定義やジェノサイド概念について混乱をきたすことになる。

3）一般およびメディアが使用するジェノサイド

　研究者ではない文筆家や一般の人々、あるいはジェノサイド研究や国際法を専門としない他領域の研究者がジェノサイドという用語を使う場合、それぞれがもつイメージや解釈により、事前に定義されることなく使用される場合が多い。ジェノサイドが国際法上の概念であり、明確な法的定義があることを承知した上で無視するか、法的定義を承知していない結果である。メディアも同様で、国際法上の定義を承知した上で関連記事が書かれる場合もあれば、そうでない場合も多い。それゆえ、日本の例をあげるなら、ジェノサイドの訳を「集団殺害」ではなく、「大虐殺」「ホロコースト」「民族虐殺（これは一部において正しい）」「大量殺害」などとする例が散見される。

4）遺族、紛争当事者および加害者を断罪する主体が使用するジェノサイド

　法的定義とはかかわりなく、遺族を含む紛争当事者が、紛争中、あるいは紛争終結後に、敵方の行為を断罪する目的で使用する例も多い。既述のとおり、ジェノサイド罪は国際社会にとって、特別な対応が要請される特別な犯罪である。ジェノサイド条約に先立つ、1946 年の国連総会決議でジェノサイドは、「すべての人間集団の存在する権利の否定」であると宣言され、「犯罪の中の犯罪（the crime of crimes）[8]」とも呼ばれた。もし犯罪のピラミッドがあるとするなら、その最上位に位置すると理解されるのがジェノサイドである。ジェノサイドという言葉が、600 万人とも言われる欧州在住のユダヤ人の殲滅を契機に誕生していることから、こうした全人類を震撼させる重大な犯罪の記憶と直結していることが拍車をかけている。

　稲角はジェノサイド罪の認定が、事態の重大性を図る指標と敵対勢力を貶める手段として用いられている点を指摘している（稲角 2014:75-76）。国際社会の関心事項を扱う ICC の事項的管轄権の中でも、犯罪間にその重大性について序列はないといわれるが、メディアを含めて世間一般では、ジェノサイドは最も重大な犯罪であり、他の犯罪よりも迅速な対処を要する緊急事態であると考える傾向がある。また、ある行為にジェノサイド罪を宣言することは、実行者に対する国際社会の一致した非難を確約し、厳格な対処が許容されるからである。

　以上、「ジェノサイド」という用語の多様性・多義性について確認をした。

犠牲者・被害者とは誰か──スレブレニツァ陥落後の行方不明者の分類

　次に「犠牲者」という言葉がどの集団を指し示しているのかを確認する。7 月 11 日のスレブレニツァの陥落以後の事象による死者＝行方不明者は、トゥズラへの途上、捕虜になったのち処刑されたムスリム人の集団（A 犯罪起因の死者）と、戦闘行為や攻撃、地雷や自殺等により死亡したムスリム人の集団（B 紛争起因の死者）とに大別される。法的地位から考えると、(A)(B) 双方の集団に、ARBiH の戦闘員と文民たるスレブレニツァの住民が含まれ、さらに戦闘員であっても怪我や病気などで戦闘外にあった兵士も、また文民

には、武装した住民も含まれていた。

　(B) の紛争起因の死者は、その法的地位からは、交戦中に死亡した 28 師団兵士と武装した住民、VRS の攻撃により死亡した非武装の住民や、戦闘外にあった兵士・武装した住民に区別され、死因からは、VRS の攻撃による死者、埋設地雷や自殺、友軍同士の撃ちあい、過労や恐怖による錯乱等による死者等に分類することができる。しかしながら、これらの死者を細かな死因別に特定することは不可能なため、(B) として一括して議論を進める。

　ICTY は (B) の死者を発生させた縦隊への攻撃そのものを訴追対象としていない（たとえば Krstić Trial Kidgement: para.163）。軍事行動を行いつつ移動した ARBiH 兵士を含む縦隊は、VRS にとって合法的な攻撃対象であり、この攻撃は ICTY が管轄権を有する国際人道法の重大な違反行為に当たらないためである。しかし、(A) の処刑については、捕虜となった時点での集団の構成員の身分が ARBiH 所属の戦闘員であるか否か、文民であっても武装していたか否かにかかわらず、この行為は ICTY が管轄権を有する国際法上の、同時に、ボスニアの刑法上の重大な犯罪である。

　次に (A) の行為が ICTY 規程第 4 条に規定されるジェノサイド罪を構成するか否かであるが、ICTY は、第 6 章の尾崎論文にある手順を踏み、ボスニア紛争の一連の事件の中で唯一、スレブレニツァ事件にジェノサイド罪を適用している[9]。

　では、スレブレニツァの「犠牲者」とは誰を指すのか。違法な行為による死者という意味では (A) であるが、後述するように、(A)(B) 双方を含めた死者を「犠牲者」とする言説が、遺族や関係者のみならず、ボスニア政府、司法関係者、研究者の間でも広く受け入れられている。

　以上の「ジェノサイド」と「犠牲者」の整理に従って、それぞれの死者数がどのように推定されているのか、確認する。

第4節　死者の数をめぐる議論

人口統計学者による行方不明者数の算出

　事件の全体像を把握するための前提条件として必要なのが、死者の総数、つまりスレブレニツァ陥落後に行方不明になった人の数を明らかにすることである。ICTY 検察官事務所（OTP）は、スレブレニツァ事件で最初にジェノサイド罪が認定されたクルスティチ（Radislav Krstić）事件の審理にあたり、ノルウェーの人口統計学者ブルンボルグ（Helge Brunborg）とウルダル（Henrik Urdal）に、スレブレニツァの行方不明者数に関する報告書を依頼した（長 2009:228-230）。彼らは、ICRC と人権のための医師団（PHR:Physicians for Human Rights）作成の二つの行方不明者名簿を出発点に、1991 年の国勢調査や紛争後の選挙人名簿との比較を通じ独自の調査を展開した。その結果、7,475 人をスレブレニツァに関連して行方不明となった最低限の数として報告した。最低限としたのは、検証する手段がないものの、安否調査を依頼する家族がない事例（世帯全員が行方不明になった場合や、犠牲者が独居老人の場合など）や、家族が安否調査を依頼しない事例を想定したためである。この人数は、クルスティチ裁判に続き、ブラゴイェヴィチ（Blagojević and Jokić）、ミロシェヴィチ（Slobodan Milošević）裁判においても採用されている。

　その後、この名簿は 2 度更新された。スレブレニツァに関係する VRS と内務省の高官 7 人が一挙に審理されたポポヴィチ他事件（Popović et al.）[10] に際しての更新で、新たに 186 人の行方不明者が加えられ 7,661 人となり [11]、さらに 2008 年 1 月 OTP 名簿ではさらに 165 人が加わり 7,826 人となった [12]。行方不明者国際委員会（International Commission on Missing Persons:ICMP）のデータベースにある、DNA 鑑定により身元が特定された遺体の中に、ICRC/PHR 名簿に記載のない 165 体が確認されたからである。こうして 2008 年 OTP 名簿に記載された、7,826 人が行方不明者として扱われることになった [13]。

　ポポヴィチ他事件の第一審判決では、処刑による死者数を最低でも 5,336 人、最大で 7,826 人とした（Popović et al. Trial Judgement: para.664）。5,336 人の根

拠は後述するが、最大数はこの2008年名簿の行方不明者の総数である。最大値を行方不明者に設定した理由を第一審は、「今日まで墓地は発見・発掘され続けており、身元特定者の数も増え続けている」ためとした（Popović et al. Trial Judgement: para.664）。

「DNA鑑定による遺骨の身元の確定が進むと、処刑の犠牲者数が増える可能性がある」という推論である。「スレブレニツァ・トライアル（裁判）」とも呼ばれるこのポポヴィチ他裁判において第一審判決は戦争犠牲者の存在を明記しているが、犯罪起因の死者（A）の最大値を行方不明者と同一とするのであれば、紛争起因の死者（B）の存在は考慮されていないことになる。上訴審では、被告からこの点に疑義が出されているが、却下され判決では、第一審判決が踏襲されている。

関連墓地から発掘された遺体の数から推定する——5,336人の根拠

遺体の発掘は、事件直後の1996年から始まった。墓地の特定さえままならなかった当初は、発見された遺体の数から行方不明者の総数を算出することは不可能であったが、事件から四半世紀が経過し、遺体の発掘が進んだ現在にあっては、遺体の数からの推計も可能になっている。

ポポヴィチ他裁判においては、死者の正確な数の特定は起訴状にある犯罪に対して結論を出す際に必ずしも必要ではないものの、死者数の推定は、ジェノサイド罪や人道に対する罪である殲滅に対しては適切であるとし（Popović et al. Trial Judgement: para.607）[14]、スレブレニツァ陥落後の大量処刑の犠牲者数の算出を遺体の発掘状況やDNA鑑定から試みている（同paras.650-659）。それによると2009年3月時点で、スレブレニツァ事件に関連して、少なくとも6,006遺体の身元が特定（identify）された。発見場所の内訳は、関連する墓地から5,358体、地表から648体である。この推計を算出した統計学者ヤンツ（Dusan Janc）は「ある遺体の死因は、地雷や自殺、合法的な戦闘行為による可能性があり、それらの遺体は、地表から回収された遺骨（surface remains）である可能性が高い」とする意見を付した。第一審はこのヤンツの意見を採用し、6,006体から地表から回収された648体と、スレ

ブレニツァ事件と無関係とされた 22 体（同 paras.661-662）を差し引いた 5,336
人を最低の犠牲者数とした。つまり、墓にある遺体は処刑の犠牲者、地表の
遺骨は戦闘の犠牲者等とする発想である。

　なお、ポポヴィチ他第一審判決では、2009 年 3 月時点でスレブレニツァ
に関連し 73 の墓地が確認され、うち 31 が一次埋設地、37 が二次埋設地、5
カ所がどちらにあたるのか特定不可の墓地としている（同 para.608）。ヤンツ
はこの 5 カ所のうち、グロゴヴァ、ブリェツェヴァ 1、リプリェの 3 墓地に
ついては、スレブレニツァ事件とは無関係な遺体も埋設されている「混合墓
地（mixed graves）」であると指摘した（同 para.652, note 2355）。

　つまり、スレブレニツァ事件の墓地として発掘された墓地には、一次埋設
地、二次埋設地の他に、無関係な遺骨が混じる混合墓地が存在することにな
る。

　このポポヴィチ判決以降も、遺骨の鑑定と発掘は進み、ヤンツ報告書も
更新された。2013 年のヤンツ報告書 [15] では、関連墓地 6,056 体、地表 756
体、その他の箇所 37 体の計 6,849 体の身元が特定された。なお、この 2013
年報告書によれば、1,033 体が地表あるいは非常に浅い地点から回収された
「surface remains」であるが、そのうち行方不明者名簿と照合し特定されたの
は 756 体であるとしている（Janc 2013, AnnexB）。

　ICMP の最新の発表によれば、スレブレニツァに関連して、94 カ所の墓地、
337 カ所の地表（surface site）、計 430 カ所から遺体や遺骨が発見され、2019
年 6 月までに身元の特定が完了した遺体の総数は 6,982 体である（ICMP
Srebrenica Figures as of 28 June 2019）。ただし、ICMP は、後述するがすべての遺
体をジェノサイドの犠牲者として扱っている。

　さて、ポポヴィチ他事件の判決は、墓地に埋められていた遺体を処刑の犠
牲者、地表から回収された遺骨を戦闘犠牲者のものとしたが実態はそれほど
単純ではない。戦闘による死者の遺体は、縦隊男性の避難経路に沿って散乱
していたことが知られる。地雷原や山中の攻撃で命を落とした人々、自殺者
の遺体は、野生動物が多い山中やアクセスの難しい地雷原に風雨にさらされ

放置された。他方で、縦隊の男性が攻撃を受けたのは山中のみではない。たとえば集中砲火を浴び、最初に多数の死者を出したコニェヴィチ・ポリェは、見晴らしのよいアスファルトの道路で、ここは近隣住民にとっての生活圏でもあり、衛生管理の面からも遺体の放置はできない。

　紛争時に遺体の回収や収容・移送・埋設といった一連の作業は、土地の洗浄・浄化を意味する現地語で「アサナツィヤ（asanacija）」といわれる（長2009:211-212, 219-221）。処刑された遺体の回収や、埋設には、VRS ドリナ軍団のブラトゥナッツ、ズヴォルニク旅団、郷土防衛隊とともに、ブラトゥナッツの公営企業「ラド施設会社（Rad Utilities Company）」が動員された。同社はブラトゥナッツ地区の道路の洗浄、公園の維持管理、下水処理、廃物処理を請け負う企業だが、同社の幹部ミルコヴィチ（Dragan Mirković）専務はブラゴイェヴィチ事件で、ブラトゥナッツのヴク・カラジッチ小学校のほか、コニェヴィチ・ポリェにおいても、散乱する遺体の収容作業を命じられ、グロゴヴァの墓地に運ぶよう指示されたと証言している（Blagojević & Jokić, Transcript 04021ED, 21 April 2004）。この証言は、先のヤンツ報告にある「混合墓地」グロゴヴァが、処刑の犠牲者のみならず、紛争起因の遺体の埋設地でもあった可能性も高いことを示している。

　また、生存者により森の中などで落命した地点の目撃証言のある人々の遺体が、二次埋設地から発掘された遺体と DNA 鑑定で一致した例もある（Pavlović2019:238-245）。つまり、紛争起因の死者の遺体の一定数は、処刑による犠牲者と同じ墓地に埋葬されたか、あるいは、処刑された人々の二次埋設地は、元々あった墓、あるいは戦闘の死者の一次埋設地が利用された可能性があることになる。

個々の殺害現場の推計から算出する

　既述のとおりスレブレニツァ事件は、約 10 日間にわたって、殺害の日時と場所、規模と形態、実行者（部隊）の異なる複数の犯罪から構成される。ポポヴィチ他事件およびムラディチ事件で訴因に含まれた犯罪は 23 件あり、23 件すべてがジェノサイド罪を構成するとされたが、人道に対する犯罪（殲

滅) と認定されたのは 13 件であり、この中に犠牲者が 100 人を超える大規模な処刑地 7 カ所が含まれる。この 7 カ所の死者数は、2017 年のムラディチ第一審判決によれば、ツェルスカ渓谷 (150 人)、クラヴィツァ倉庫（1,000 人)、オラホヴァツの草原 2 カ所（819 人)、ペトコヴチダム（401 人)、コズルク（575 人)、ブラニェヴォ農場（1,000 〜 1,200 人)、ピリツァ文化センター（500 人）の計 4,445 〜 4,654 人である。ここに、その他 16 カ所の小規模または散発的に発生した事件の死者 219 〜 223 人を加えると計 4,668 〜 4,873 人となる。これらの数字は、おもに生存者の目撃証言や発掘された遺体の数から推定されたが、どれくらい現実を反映したものなのか。7 カ所の大規模殺害の現場の中で、最も多くの死者を出し、唯一実行者の証言があるブラニェヴォ農場事件から検討する。

ブラニェヴォ農場

　ブラニェヴォ農場事件では犠牲者の数に 1,000 〜 1,200 人と開きがあるが、人数算出の根拠となったのは ICTY に自ら出頭し、有罪答弁を行ったエルデモヴィチ（Dražen Erdemović）の証言である。7 月 16 日の朝エルデモヴィチら VRS 参謀直轄の第 10 破壊活動分遣隊所属の兵士 8 人（Erdemović, Franc Kos, Brano Gojković, Aleksandar Cvetković, Vlastimir Golijan, Stanko Savanović, Zoran Goranja and Marko Boškić）は、VRS の所有するブラニェヴォ農場行きを命ぜられる。ここで 10：00 または 10：30 から 15：00 までのおよそ 5 時間で、バスで次々に到着した捕虜のムスリム人男性 1,000 〜 1,200 人を殺害したとされる。二次埋設地からは、後ろ手に縛られ、目隠しされた遺骨が発見されているが、殺害された人数について（ボスニアの国内法廷は別として）ICTY においてはエルデモヴィチのこの証言以外に証拠はない。

　ICTY のエルデモヴィチ証言と残りの実行犯 7 人のうち、4 人が裁かれたボスニア・ヘルツェゴヴィナ国内法廷のコス他裁判（Prosecutor v. Kos et al., No. S1 1 K 003372 10 Krl）でのコスらの証言を総合すると、この日、捕虜 60 人を乗せたバス約 20 台が順次到着する。当初無計画に殺害を試みるも、それでは殺害が完遂できないことを悟ったメンバーらは、殺害方法を検討する。そ

の結果、メンバーが、バスから 10 人ずつを降車させ、農場の一角に連行し、後ろ向きに一列に整列させ、背後から 8 人で自動小銃（カラシニコフ）で銃殺する、という手順を決定する。しかし実行してみると、この方式でも生存者がいると判明したため、メンバーの一人が、銃撃後に生存確認に向かい、息のある犠牲者にはピストルでとどめを刺す（finish off）こととなった。遺体はその場に放置され、翌日、近くに掘られた一次埋設地に埋設された。ここには、同日、隣接するピリツァ文化センターで続いて処刑された犠牲者約 500 人の遺体も埋められた。

　口封じのために、それぞれのバスの運転手にも処刑を強要し、また最後に到着したバスには、他の部隊の兵士もいたが、ブラニェヴォ農場の 1,000 〜 1,200 人の殺害は、基本的にメンバー 8 人で行ったという。最初に到着したバスの捕虜は後ろ手に縛られ、目隠しされていたが、その後は、そうした拘束はされていなかったという。

　事件当時 23 歳、若い妻と生まれたばかりの赤ん坊の父親だったエルデモヴィチは、「いきなり現場に連れていかれ、捕虜の殺害を命じられた。抵抗すると、上官ゴイコヴィチから、やりたくないなら、お前も向こうの列に並べと脅され、仕方なく殺害に加わり 70 人を殺害した」という。精神を病み「あの日から人生が変わってしまった、独り身ならば殺害には加わらなかった。でも自分には自分なしでは生きていけない妻子がいた」、と語るエルデモヴィチの判例は、圧迫による抗弁の重要判例になると同時に、彼はその後検察側の証人として、15 年にわたりブラニェヴォ農場事件の証言をし続けた。彼が検察側にとっていかに重要な人物であったかがわかる。

　しかし、エルデモヴィチ証言には疑問も残る。彼の証言通りの方法で、5 時間のうちに 8 人で 1,000 〜 1,200 人を殺害するためには、バスから 10 人を降車させ、数百メートル離れた草地に連行し、後ろ向きに一列に並ばせ、銃撃し、生存者の確認を行い、ピストルでとどめをさすという一連のサイクルを 120 回繰り返す必要があり、単純計算すると、1 サイクルあたり、2 分半で行わねばならなくなる。時間の幅をみて、10 時から 4 時までの 6 時間をかけたとしても、1 サイクル 3 分となる。遺体の埋設作業はその場では実

施されず、連行されるムスリム人捕虜たちは、処刑の前に大量の遺体を目にしたことになる。エルデモヴィチ証言によれば、なかには、逃げ出す捕虜もおり、そうした捕虜を捕まえるのに一定の時間を要し、また休憩もとった。当初、手順の確立にメンバー内で議論が分かれ、決定まで時間がかかった点も考慮すると、実際には、5ないし6時間をすべて使えたわけではない[16]。果たして可能なのか。

　ボスニア国内法廷のコス他事件評決では、ブラニェヴォ農場事件の被害者を800人とした（The Prosecutor's office of Bosnia and Herzegovina vs. the Accused Franc Kos, Stanko Kojić, Vlastimir Golijan, Zoran Gornja, Verdict, 15 June 2012）。さらにボスニア法廷は、被告の一人ゴリアンが、運転手であった自分が殺害したのは、25〜50人であると主張したのに対し、「殺害された人数に比して、実行犯は比較的少数である。10:00から16:00の間に、この人数で800人を殺害するには一人ひとりのメンバーが主要な役割を担った筈であり、被告が最大50人しか殺していないとは認められない」と結論づけた（Kos et al., Verdict, para.449）。ボスニア法廷は、ブラニェヴォ農場事件の被害者数をICTYより200〜400人少ない800人としたが、800人であっても、非現実的である可能性を示唆したともいえる。

　コス他事件の第一審評決は2012年6月、控訴審は2013年のことである。しかし、2017年11月のムラディチ判決にこの結果が影響を与えることはなかった。

　ムラディチ第一審判決では、総計が5,000人を下回る個々の現場の犠牲者数をあげたあと、「犠牲者数について、第一審裁判所は、7,000〜8,000人のボスニアのムスリム人男性が組織的に殺害されたとする認定事実（Adjudicated Fact）1476番を司法上認める」とした（Mladić Trial Judgement:para.3007）。第一審裁判所は、「認定事実に矛盾する証拠が自動的に認定事実の反証となるわけではない（同para.5274）」とし、行方不明者総数と、この死者の総数の開きについては言明を避け、最終的には、犠牲者を「数千人」としている。なお認定事実とは、先行する事件において一度認定された事実については、事件が異なるとしても再度立証の手間を省くことを、ICTYの閉廷計画に伴う事件

処理迅速化の案として検察局が提案したことで導入されたものである（稲角 2008:32）。

戦闘・紛争犠牲者数を推定する

2008 年の OTP の行方不明者名簿の総数は 7,826 人であった。ここから、先のムラディチ裁判の処刑による犠牲者数約 5,000 人を引くとおよそ 3,000 人となる。

国連事務総長報告は、縦隊の男性らが政府軍支配地に到達する前の、最後の前線突破の際の戦闘の様子を描写した後（UN1999:para.386）、UNPROFOR が複数の生存者らに聞き取りを行ったところ、最大 3,000 人が戦闘や地雷で命を落としたとの証言があることを明記している（para.387）。

スウェーデン元首相でスレブレニツァ事件当時、EU の旧ユーゴスラヴィア特別代表を務めていたカール・ビルト（Carl Bildt）は、その回顧録の中で「スレブレニツァからトゥズラへの途上、1 週間におよぶ残忍な待ち伏せや山中の戦闘の結果、道端や谷間で、おそらく 4,000 人以上の人々が命を落とした」と述べている（Bildt 1998:66）。

ICTY の検察局の軍事顧問であるリチャード・バトラー（Richard Butler）も同様の数字を挙げている。バトラーはクルスティチ、ブラゴイェヴィチとヨキッチ、ポポヴィチ他、カラジッチ（Radovan Karadžić）、ムラディチ裁判で検察側証人を務めた重要証人である。バトラーは VRS 幕僚の諜報・治安担当の副司令官で、第一審、控訴審ともに終身刑の判決が下りたズドラヴコ・トリミル（Zdravko Tolimir）の裁判で、次のような証言を行った。

> 「縦隊の死者（casualties）については様々な数字がある。あの状況下で、2,000 ～ 3,000 人という数字は少し低すぎるという指摘は、自分にとっては驚くにあたらない（Tolimir, Transcript:29 August 2011, 17403）。」

正確な人数の把握は不可能であるが、このように、処刑以外の、合法的な戦闘行為の死者数をおよそ 3,000 人とする複数の証言がある一方で、紛争による死者の存在を指摘すること自体が、ジェノサイドの「否定」だとする主張も根強い。当初、虐殺の存在そのものを否定したセルビア人勢力が、死者

は戦闘行為の結果である、と主張してきたためだが、スルプスカ政府が虐殺を認めた現在も、この傾向は色濃く残っている。

　ICTY の判決に重要な役割を果たした国際機関 ICMP もその一つだ。ICMP サラエヴォ事務所は、筆者も説明を受けた来訪者向けのパワーポイント資料の中で、「戦闘の死者（battle casualties）は犠牲者ではない」とする言説を「否定（denial）」として紹介している。公式ホームページ上に掲載されている、2018 年 7 月 11 日発信の「スレブレニツァ・ジェノサイドから 23 年、真実と正義のみが前進する道」と題した記事には、「1995 年 7 月のスレブレニツァ陥落後の 8,000 人の男性と少年の殺害は、第二次世界大戦以後、欧州で唯一認められたジェノサイドである」という文章が登場する [17]。OTP により行方不明者の総数が、7,826 人とされている以上、ICMP のいうジェノサイドの犠牲者が約 8,000 人であるなら戦闘犠牲者は存在しないことになる。もちろん、いまだ発見されていない、大規模な墓地があることは否定できない。しかし既に確認したように、これまでに発見された遺体の一定数はまちがいなく、戦闘犠牲者のものである。

第 5 節　重層的な責任論

　ポトチャリにある、UNPROFOR オランダ部隊跡地に建てられた、スレブレニツァ記念施設前の石碑には、犠牲となった人々の出身地を示す 13 の市町村名と、同施設が公表する犠牲者数「8372」が刻印されている（表紙写真参照）。スレブレニツァのジェノサイドの犠牲者としてもっとも頻繁に引用される数字は、7,000 〜 8,000 人である。ICTY の判決で、8,000 人を下回る具体的人数が挙げられた後にあっても、この傾向に変わりはない。ICTY 最後の裁判所長で、閉廷とともに後継機関「旧ユーゴスラヴィアおよびルワンダ国際刑事裁判所の残余メカニズム（IRMCT）」（2010 年 12 月 22 日の安保理決議 1966 にて設立）の所長に就任したカーメル・アジウス（Carmel Agius）は、2019 年 7 月にスレブレニツァで開催された記念式典において、ICTY の判決は 1995 年にスレブレニツァ陥落後に起きた出来事が、「ジェノサイド罪を構成

することを立証」し、また、「ICTY は、疑いもなく、ジェノサイド罪がどのように注意深く計画され、数日のうちに組織的かつ残虐な方法で実行され、その結果最大 8,000 人の男性と少年を死に至らしめたかを立証した」と述べている[18]。

　アジウス所長のこの発言は、最大犠牲者数を行方不明者数と同一とする ICTY の判決を根拠とするとはいえ、二重の意味で罪深い。まず第一に、この言明は、ICTY が管轄権外にあるとした紛争起因の死者もジェノサイドの犠牲者としていることになるが、これは既に確認したように事実とは異なる。第二にこの発言は、ボスニア政府や遺族など当事者ではなく、スレブレニツァ事件の少なくとも法的事実に関して、世界でもっとも権威ある機関の現職の長が、かつ、個人としても「スレブレニツァ・トライアル」と呼ばれたポポヴィチ他事件の第一審の裁判長（Presiding Judge）をつとめ事件の詳細を知る立場にある人物が、公の場で公式に行った発言である点である。後述するように、ICTY が「歴史」をも確定するのなら、アジウス所長のこの振る舞いは、歴史の「創作」にもつながりかねない。

　再びスレブレニツァの犠牲者とは誰かという定義の議論に立ち返る。この問題をつきつめると、加害者は誰かという問題に行き着くことにもなる。犠牲者と加害者は「合わせ鏡」のようなものだからだ。

　武力紛争法上合法な、故に、ICTY の管轄権に入らない戦闘行為の死者をどのように捉えるかは、単なる数の問題にとどまらず、事件のメカニズムや加害者側の意図、指揮命令系統を検討する際に、重要な因子となる。なぜならスレブレニツァ事件は、ある時突然、単独で「真空状態」[19]の空間に出現したわけではなく、一連のボスニア紛争の過程で発生した。また、紛争のさなかに武装した戦闘員を含む 15,000 名の兵役年齢の男性が、予告も調整もなく、敵地を縦走する過程で発生したからである。

　とはいえ、凄惨なボスニア紛争史上も類をみない規模で虐殺が発生したことが事実である以上、戦闘の犠牲者を ICMP や IRMCT 所長のようにジェノサイドの犠牲者として含めることの一体何が問題なのか。5,000 でも 7,000

でも同じではないのか、という議論も成りたとう。特に遺族にとっては、大切な家族が、ムラディチ率いる VRS の攻撃により、スレブレニツァの陥落を契機に、ある者は攻撃により山中で、ある者は拘束された後、各地の処刑場所で突然命を絶たれた。すべての原因が VRS にある以上、死因の特定は意味がなく、あるいは意味があったとしても、遺族に知らされるのは遺骨の発見場所であって、死因ではない。遺族に遺骨を引きわたすボスニア行方不明者委員会は、遺体の死因の究明は行わず、身元の特定が任務であり、すべての死者を、スレブレニツァ・ジェノサイドの犠牲者として扱っているためだ。

　犠牲者遺族による NGO「スレブレニツァの女たち」の共同代表で内外のメディアに度々登場するハイラ・チャティチ（Hajra Čatić）さんの物語は、非常に象徴的かつ示唆的である。彼女は当時 53 歳の夫のユヌス（Junuz）さんと、スレブレニツァのラジオ局で働いていた当時 26 歳の息子ニハド（Nihad、愛称 Nino）さんを奪われた。ユヌスさんの遺体は事件から 10 年後、ゴミ置き場として隠蔽されたセルビア国境のドリナ川沿いにあるコズルクの墓地で発見された。しかし、一人息子ニハドさんの遺体はいまだに発見されていない。彼女は内外のメディアに対し VRS の攻撃で負傷したニハドさんが最後に目撃されたのが地雷原のある山中であり、地雷の除去が完了しないため、遺体の回収がままならないと、苦しい胸の内を語っている[20]。遺骨発見の状況から判断して、夫ユヌスさんは処刑された可能性が高いが、息子ニハドさんは、紛争起因の犠牲者である可能性が高い。法的には、母親としてのチャティチさんは、ジェノサイドの犠牲者の母ではないことになる。

　しかし、あくまでもチャティチさんを「ジェノサイドの犠牲者の母」と位置付けるならば、ここでいう「ジェノサイド」とは ICTY が認定した法的なジェノサイドではなく、先の類型に従うならば、3 ないし 4 番目のジェノサイドである。

　そうであるなら、犠牲者の母としてのチャティチさんに対し、責任が問われるのは誰か。

　集団処刑の責任を負うのは紛れもなく、VRS であり、その司令官として

のムラディチである。しかし、集団処刑の死者に加え、国連やICTY、研究者までもが遺族と同様に、攻撃自体の違法性は問われない戦闘による死者やVRSの攻撃による死者をも犠牲者に含めるのであれば、誰の責任が問われるべきなのか。

　縦隊で脱出した男性の多くは、そもそもスレブレニツァから出なければ殺害されることはなかったかもしれない。スレブレニツァが陥落した日、成人男性は縦隊となって脱出するという決定を下したのはスレブレニツァ当局である。実際、脱出せずに、司令官アヴド・パリッチ（Avdo Palić）大佐がムラディチらと、住民の退避についてVRS側と最後まで交渉を重ねたジェパでは（最終的にパリッチ本人はVRSの捕虜となり殺害されるが）、スレブレニツァのような処刑は発生せず、ジェパ市民は成人男性も含め生き延びている。他方でスレブレニツァの司令官オリッチは、事件の2カ月前から訓練という名目で、精鋭部隊とともにスレブレニツァを去り、二度と戻ることはなかった。オリッチらがいれば、少なくとも数日は持ちこたえることができ、陥落を免れ、数千人があのような形で命を奪われることはなかったという議論は実際に28師団兵士の中にもある（Rohde1997:355）。

　縦隊での脱出とその配列を決定したスレブレニツァの指導部とその家族、28師団の精鋭部隊は、縦隊の先頭にいて生き延びた。では、非難されるべきは、紛争のさなかに、武装したまま敵陣を縦走するという無謀ともいえる決定をし、さらには無防備な市民を最後尾に置く縦隊の順番を決めた指導者だろうか。

　スレブレニツァの陥落に際し、安全地帯に指定し、UNPROFORを派遣しながら、スレブレニツァの人々を守り切れなかった責任の所在はどこにあるのか。末端にいたオランダ兵か、UNPROFORの本部か、国連事務総長特別代表なのか。では、安全地帯に指定しつつ、そのために必要な兵力を派遣しなかった安保理や加盟国の責任は問われないのか。そもそも、ユーゴスラヴィア紛争を止めるどころか、クロアチアやスロヴェニアなどの早急な国家承認により紛争を悪化させた国々の責任（明石論文のバダンテール発言を参照）は問われないのか。

　国内に目を戻すならば、早い時期にスレブレニツァの市民をトゥズラに避難させる機会がありながら、民族浄化であるとして、それを拒否したのはボスニアのサラエヴォ政府である。また、スレブレニツァを完全に武装解除せずに、VRSからの反撃が容易に想像される、スレブレニツァから攻撃を続けたのはボスニア・ヘルツェゴヴィナ政府軍である。

　こうした不毛とも思える果てのない議論は、ヒロシマ・ナガサキの原爆投下の加害者をめぐる議論に似ている。「安らかにお眠りください。過ちは繰り返しませんから」と刻まれた広島の記念碑の主語は果たして誰なのか。原爆投下の原因を作った日本の軍部か、その名の下に数々の決定がなされ、人々が戦った昭和天皇か、あるいは戦間期に、右傾化、軍国化を許した日本国民か。原爆を投下したエノラ・ゲイ号の乗組員か、投下を命じたトルーマン米大統領か、開発をリードした物理学者オッペンハイマーか、言い伝えに背いて、原料となったウランの採掘を許したナヴァホやホピらアメリカ先住民の人々か。

　スレブレニツァで発生した虐殺の責任はまぎれもなくVRSにある。しかし、スレブレニツァの犠牲者を、陥落後に死亡したすべての人とするならば、その責任はかように重層的である。国連憲章第7章に規定された、「国際の平和と安全に対する脅威」を創り出した責任、ICJやICTY、ボスニアやセルビアの国内裁判所で裁かれた犯罪に対する責任（criminal responsibility）、法的責任（judicial responsibility）、行動を起こさなかった国際社会の政治的責任（political responsibility）、あるいはスレブレニツァの人々を積極的に守ろうとしなかったボスニア政府の不作為による道義的責任（moral responsibility）か。あるいは、国際社会の構成員たる国家に十分な影響力を及ぼさなかった私たち選挙民、一人ひとりの責任だろうか。

第6節　再発予防の処方箋──戦争による死者の評価が分かつ二つの処方箋

　ICTYはそのホームページやパンフレットなどに、以下8点を成果として

あげている。

　　「犠牲者に正義をもたらす（Bringing Justice to Victims）」「指導者の責任を
　　追及する（Holding Leaders Accountable）」「罪を個人に帰する（Individualizing
　　Guilt）」「犠牲者に発言の機会を与える（Giving Victims a Voice）」「事実を
　　立証・確定する（Establishing the Facts）」「法の支配を強化する（Strengthening
　　the Rule of Law）」「国際法の発展に寄与する（Developing International
　　Law）」「効果的なアウトリーチプログラムを創出する（Creating an
　　Effective Outreach Programme）」。

　5 点めの成果、「事実の確定」については、「ICTY は合理的な疑いを超え
て、旧ユーゴ地域で実行された犯罪について多くの事実を確定した。公判を
通じて、ICTY は歴史的記録の形成に貢献し、否定（denial）と戦い、修正主
義の出現を防いだ」とある。しかし、「事実の確定」という成果については、
少なくともスレブレニツァ事件においては注意が必要である。事実の確定は
「選択」の結果であるからだ。

　先のアジウス所長の発言にあるように、ジェノサイド罪にあたる行為の結
果、犠牲者が「最大 8,000 人」であると主張するのであれば、それは、まさ
に「真実」や「歴史」を記録するのではなく、選んだ証左である。

　ブラニェヴォ農場事件の被害者数も、ICTY が確定した事実である。ジェ
ノサイドの動機も意図も、ICTY が確定した事実である。いうまでもなく裁
判所において、「事実」は存在するものではなく、裁判官が認定し「確定す
るもの」であるからだ。

　このことは、ICTY の成り立ちと符合する。ICTY は国連安保理が、国連
憲章第 7 章「平和に対する脅威、平和の破壊及び侵略行為に関する行動」の
下に行動して設立した組織である。それゆえ「法の支配」の重要な要素であ
る司法の独立性や公平性について、一定の留保が付される。「正義の実現」
は、安保理の任務である「国際の平和と安全の維持」という政治目的の枠組
みの中で指向され、国際刑事裁判はこうした目的を達成するための一手段と
して機能しているのである（古谷 2014:25-26）。

　国連憲章 7 章第 39 条には安保理の一般的権能が記される。「安全保障理

事会は、国際の平和及び安全を維持し又は回復するために、勧告をし、第
41 条（安保理による強制行動のうち非軍事的措置）及び第 42 条（軍事的措置）に従っ
ていかなる措置をとるかを決定する」のであるが、この二つの行為の前提が
同上前段にある「平和に対する脅威、平和の破壊又は侵略行為の<u>存在を決定
し</u>」という行為である（下線筆者）。そもそもどのように介入するか以前に介
入すべき事案か否かを判断する客観的基準はない。代わりに安保理が、「決
定する」のである。

　裁判部と検察官と書記局という三つの組織から構成される ICTY を一括り
に論じるのは乱暴ではあるが、ICTY の広報物には「ICTY は確定した事実
に基づいて、歴史的記録の形成に貢献する」とある。そもそも現実政治とは
切り離した歴史のナラティブが可能なのか、という根源的な問いはあるが、
ICTY がその記録の形成に寄与したという歴史は、安保理の傘の下にある機
関が決定し、「認定した事実」に基づく歴史である。
　では、ICTY が選択した事実によって、こぼれ落ちてしまった視点はなに
か。それは、スレブレニツァがボスニア紛争の過程で発生した、という基本
的事実であり、そこから派生した数々の事象ではないだろうか。ジェノサイ
ド条約の歴史的意義の一つに、ジェノサイドという行為を平時にも起こりう
るとして、武力紛争との連関を絶った点が指摘される。しかし、実際には、
ジェノサイド的行為と武力紛争との関係は様々な事件で詳細に検討されるべ
きものである。
　スレブレニツァ事件の審理は、1996 年のエルデモヴィチ事件から、2017
年のムラディチ事件まで実に 20 年を要し、その間の捜査資料や証言の蓄積
は計り知れない。2015 年に結審したポポヴィチ他事件やムラディチ事件判
決は、事件そのものの存在を立証することが必要であった初期の捜査（第 5
章の藤原論文参照）や判決とは比較にならないほど潤沢な証言や証拠の蓄積の
上に立つ審理であった。
　しかし事態のメカニズムの解明に重要な証言は、transcript の形で記録に
残っても、判決に反映されない例がある。例えば、一連の大規模殺害の最初

（7月13日）に発生したクラヴィツァ倉庫の虐殺は、抵抗したムスリム人捕虜が、監視役のセルビア人警官の銃を奪って殺害し、逃亡を試みたことに端を発した現場である。その後、約1,000人の捕虜全員が機関銃や手榴弾で惨殺され、また生存者を病院に連れていくといっておびき出し、からかいながら銃殺するという非道にすぎる犯罪であるが、少なくともこの事件の発端は偶発的であり、綿密に計画されたものではなかった。

　ブラニェヴォ農場事件で悲劇の主人公として扱われた若きエルデモヴィチにも別の顔があった。ボスニア出身のクロアチア人であるエルデモヴィチは、紛争のさなかにボスニアの政府軍（ARBiH）、次いでクロアチア軍（HVO）と渡り歩き、最後に行きついたのがスルプスカ軍（VRS）の第10破壊活動分遣隊であった。旧ユーゴの非セルビア人で構成され「傭兵部隊」の様を呈したこの部隊は戦後、第一次コンゴ内戦でモブツ政権側の傭兵集団 White Legion の主力となった（Fitzsimmons 2012:231-235）。しかし全員がブラニェヴォ農場に関わったわけではない。エルデモヴィチら一部隊員が報酬と引き換えに処刑に加わった可能性が否定できない（これらは弁護団を置かなかったミロシェヴィチが、検察側証人のエルデモヴィチに、自ら行った反対尋問の記録にある）。これらの事実は、クラヴィツァ事件の関与者やエルデモヴィチの罪を軽減するものではないが、メカニズムの解明にとっては重要な事実である。

　ジェノサイド研究にとって重要な点は、スレブレニツァに関する諸判決が、事件が一連のボスニア紛争のプロセスの中で起きた、という事実を検討しなかった点にある [21]。戦闘による死者の存在を議論することが、「歴史修正主義者」や「否定論者」であるとするなら、メカニズムの解明はおろか、ジェノサイド研究そのものが不可能になる。ICTY の歴史構築に従えば、スレブレニツァはあたかも、ムラディチやカラジッチ、はてはミロシェヴィチを源流とする大セルビア主義の産物として描かれ、カラジッチが95年3月に発令した「指令7（Directive7）」にあった反イスラム的な文言、ムラディチの数々の振る舞いや言動がその証拠とされた。ICTY は明白な直接の証拠が欠如している場合の、ジェノサイドの要件となる特別な意図の選別の方法として「一般的な背景や、同じ集団に対して向けられた組織的なその他の犯罪の

実行、虐殺の規模、特定集団の構成員であることを理由とした被害者の組織的選別、破壊的かつ差別的行為の反復」といった周辺の事実や状況から推論されるという法理を確立したからである[22]。

　スレブレニツァ事件では処刑の意思決定と、VRS 司令官ムラディチ、スルプスカ共和国大統領カラジッチ、ましてやセルビア共和国大統領ミロシェヴィチ（いずれも当時）とをつなぐ明確な証拠は見つかっていない。だからこそ、ICTY は、JCE のような原則を生み出す必要があったともいえる。数千人という戦後の欧州で未曽有の犠牲者を生んだ凄惨な虐殺事件が起き、VRS ドリナ軍団（ブラトゥナッツ、ズヴォルニク、ヴラセニツァの 3 旅団）、VRS 参謀直轄の 2 部隊（第 10 破壊活動分遣隊、第 65 警護連隊）、内務省下の警察部隊の兵士や憲兵らが動員されたことは紛れもない事実である。それゆえ、VRS の頂点にいた、ムラディチに上官責任はある。しかし、判決に採用されない事実や証言を辿れば、スレブレニツァ事件に、ムラディチからカラジッチ、そしてミロシェヴィチへとつながる真相は存在せず、ミロシェヴィチはおろか、カラジッチでさえ、スレブレニツァに関して、事前に一切知らされていなかった可能性も否定はできない。ミロシェヴィチの獄死（ICTY の第一審審理中の 2006 年 3 月 11 日死去。享年 64）により、スレブレニツァ事件の全体像の解明の機会が永遠に失われたとするのは、ICTY の歴史観、認定した事実の上にたつ解釈である。その死亡によって事件解明の機会が永遠に失われたのは、ミロシェヴィチではなく、むしろ大規模処刑のすべての現場におり、正規軍がジェパの闘いに注力するさなか、虐殺の実行部隊を探し求めていた VRS 幕僚の治安部門のトップ、ベアラ（Ljubiša Beara）大佐ではないだろうか（2015 年 1 月ポポヴィチ他事件上訴審判決でジェノサイド罪により終身刑が確定。ドイツで服役中の 2017 年 2 月 8 日死去。享年 78）。

　ICTY の歴史観に則って、ムラディチの発言をその語句のとおりに受け取り、その残虐性を強調する行為は、ホロコースト史家アラン・コンフィーノ（Alan Confino）が語ったように、「ナチをナチ化」する行為に似ている。

　　　「矛盾するようだが、ある歴史家が言うように、われわれは『ナチをナチ化』しているのである。つまり歴史家は人種が第三帝国のす

べての中心にあるというナチの言葉を文字通り解釈するあまり、ナチ体制を実際よりずっと首尾一貫したものと見なすという間違いをおかしているのである（ストーン 2012:10）」。

　ストーン（Dan Stone）のこの議論はスレブレニツァ事件にとり、非常に示唆的である。殺害の実施と遺体の遺棄・再埋設が組織的であったことは間違いないが、VRS の行動はそれほど計画されたものだったのか。

　戦争による死者の扱い、評価が分かつのは、ジェノサイドのメカニズムの解明の目的である類似の事件の再来を予防する処方箋である。

　ICTY 的歴史観にたてば、ムラディチを筆頭とする残虐非道な「悪」と徹底して戦わねばならない。悪を前にして不偏不党かつ中立的な立ち位置は許されず、武力をもって積極的に介入し、市民を保護することが事件の再発予防につながる。

　他方後者の立場に立つ究極の処方箋は、徹底した紛争の予防である。なぜなら、スレブレニツァ事件は、ボスニア紛争の過程で起き、戦況に大きく支配され影響を受け、また、規律を保った正規軍がいる一方で、戦争状態であればこそ、平時は犯罪者として地下や刑務所に、あるいはその暴力的な本性をあらわにすることなく「普通の人」として社会生活を送っている一群の集団に、合法的に暴力を行使する機会を与えたからである。ボスニア紛争の中で、スレブレニツァ事件はその規模において未曽有の出来事であるが、紛争のさなかに、戦闘員と武装した市民、彼らと行動をともにした丸腰の市民およそ 15,000 人が、隊列を組んで敵地を横切る、という背景となった事態もまた、前代未聞であった。

注
1　本節は、長 2009、長 2011 をもとにしたものである。
2　第二次世界大戦時における「クロアチア独立国」によるセルビア人の迫害・虐殺については清水明子 2007「「クロアチア人独立国」におけるセルビア人虐殺（1941–42）」松村高夫／矢野久編著『大量虐殺の社会史―戦慄の 20 世紀』ミネルヴァ書房, 93-117 頁参照。

3　ただし、実際の犠牲者数については諸説あり、不明である。"Memorandum on War Crimes and Crimes of Genocide in Eastern Bosnia（Communes of Bratunac, Skelani and Srebrenica）Committed against the Serbian Population from April 1992 to April 1993"（A/48/177, S/25835, 2 June 1993 ,"Letter dated 24 May 1993 from the Charge d'affaires a.i. of the Permanent Mission of Yugoslavia to the United Nations addressed to the Secretary General" ANNEX）p.19

4　この間のスレブレニツァに様子については、Fink, Sheri 2003 *War Hospital: A True Story of Surgery and Surviva*l, Public Affairs=2004 中谷和男訳『手術の前に死んでくれたら：ボスニア戦争病院 36 カ月の記録』アスペクト を参照。

5　1993 年春のスレブレニツァ危機については、当時、国連難民高等弁務官事務所職員としてトゥズラからスレブレニツァの支援にあたっていた中満泉現国連事務次長の手記『危機の現場に立つ』（講談社 2017:71-88）に詳しい。

6　敷地の中には、名簿に記載されることを承諾した成人男性 239 名と記載を拒否した 60 名の約 300 名が避難していたが、全員が VRS に連行され、その後敷地の外にいて連行された人々とともに、全員が行方不明となっている（長 2009:154）。オランダ部隊の通訳ハサン・ヌハノヴィチ（Hasan Nuhanović）はこの時、両親と弟とを建物の中に避難させていた。国連の ID カードをもつハサン自身と交渉役を務めた父イブロ（15 頁参照）は本部内に留まることを許されるが弟の滞在は許可されなかったため、弟とともに敷地外に出た父、行動をともにしようとした母 3 人が行方不明となっている。これは第 9 章の岡田論文で紹介された事件である。

7　Raphaël Lemkin, *Axis Rule in Occupied Europe: Laws of Occupation - Analysis of Government - Proposals for Redress*, Washington, D.C.: Carnegie Endowment for International Peace, 1944

8　See *Prosecutor v. Jean Kambanda*, ICTR-97-23-S, Trial Chamber Judgement of 4 September 1998, para 16; *Prosecutor v. Jean-Paul Akayesu*, ICTR-96-4-T, Trial Chamber Sentence of 22 October 1998, para 4, etc

9　ICTY が起訴したスレブレニツァ事件は、1 カ所で一度に犯された犯罪ではなく、7 月 13 日から 17 日にかけて 7 カ所で行われた大規模かつ（一部例外を除き）組織的な処刑 7 件と、7 月 12 日から 23 日まで周辺地域で行われた散発的かつ小規模な処刑 16 件の計 23 件からなる。一連のスレブレニツァ事件の判決において、ICTY は 23 件すべてに対し、ジェノサイド罪を構成すると結論づけた。しかし 23 件のうち、10 件について、ムラディチ判決では人道に対する罪（殲滅）から除外しており（Mladić Trial Judgement: paras.3066-3166）人道に対する罪とジェノサイド罪との関係について、あるいはジェノサイド研究の立場からは別途、詳細な検討が必要である。

10　The Prosecutor v. Vujadin Popović, Ljubiša Beara, Drago Nikolić, Ljubomir Borovčanin, Radivoje Miletić, Milan Gvero and Vinko Pandurević

11　Helge Brunborg, Ewa Tabeau and Arve Hetland, "MISSING AND DEAD FROM SREBRENICA: THE 2005 REPORT AND LIST", Office of the Prosecutor, Expert

Report for the Case of VUJADIN POPOVIĆ et al. (IT-05-88), 16 November 2005

12　ポポヴィチ他第一審判決 note 2381, p.265、および Popović et al. Prosecution's Notice of Filing a Public Redacted Version of the Prosecution Final Brief, para.1134(p.319), 14, July 2010

13　ICMP のデータベースには、遺族から提供された DNA により、7,789 人が登録されており、OTP は新たな 7,826 という人数がこの数字とも近接し、一貫性があると主張している。Popović et al., Prosecution's Notice of Filing a Public Redacted Version of the Prosecution Final Brief, para.1135, 14, July 2010

14　殺害された死者の数が訴追された犯罪の要件を構成するわけではないと結論づけた判決としては他に Brñanin Appeal Judgement: para. 471; Stakić Appeal Judgement: para. 260 (Ntakirutimana Appeal Judgement: para. 516 を引用); Krstić Trial Judgement: para. 501 がある。

15　Dusan Janc, former ICTY-OTP Investigator, 28 June 2013, ICTY, " Srebrenica Investigation -DNA and Forensic Summary of June 2013., Srebrenica Investigation, Update to the Summary of Forensic Evidence Exhumation of the Graves and Surface Remains Recoveries related to Srebrenica - June 2013"

16　Čivikov は、10 人を 1 グループとする 1 サイクルあたり、（それでも十分短すぎる時間であるが）例えば 10 分を要したとすると仮定すると、120 グループの殺害を終えるには、少なくとも 20 時間が必要になると分析している。Germinal Čivikov, Srebrenica: The Star Witness, Translated from the German by John Laughland, NGO Srebrenica Historical Project, The Netherlands, Belgrade 2010, p.64

17　ICMP　https://www.icmp.int/press-releases/srebrenica-genocide-23-years-later-truth-and-justice-the-only-way-forward/　2020 年 3 月アクセス

18　Judge Carmel Agius, President, International Residual Mechanism for Criminal Tribunals, Remarks delivered at 24th Commemoration of Srebrenica genocide11 July 2019. https://www.irmct.org/en/news/statements-and-speeches 2020 年 3 月アクセス

19　トリミルの第一審判決の反対意見において、ニャムベ（Prisca Matimba Nyambe）判事は、ジェノサイドの意図の認定の重要証拠となった、「指令 7（Directive7）」について、同指令は、「真空状態で、他と切り離して捉えられるべきではなく、地域の歴史的文脈、特に少なくとも 1992 年からボスニア・ヘルツェゴヴィナで進行中であった紛争の文脈でとらえられるべきものである。このように、Directive7 の「エンクレイブの除去」という要求は、ボスニア・ヘルツェゴヴィナの 3 民族間で進行中であった、3 年間の闘争を考慮されねばならない」とした。

20　Sadik Salimović, July 10, 2015, Twenty Years On, Mother Of Srebrenica Journalist Still Searching For His Remains;2015 年 7 月 19 日付『朝日新聞』「世界発 2015　虐殺 20 年　真の終止符いつ」、NHK 総合 2015 年 7 月 30 日放送「NEXT 未来のために　虐殺の町で生きる　スレブレニツァの母たちの 20 年」。「スレブレニツァの女たち」の表象やチャティチについては、Wagner (2008:66-79) 参照。

21　同様の姿勢はスレブレニツァに関する研究者にも波及した姿勢である。NIOD が、

スレブレニツァの発生要因の一つとして、連続して発生した想定外の事象への対処をあげると、たとえば Delpla らは、ホロコースト研究の枠組みを誤って援用し、矛盾に満ち、非科学的と激しく糾弾している（Delpla 2014:148-176）。

22　Mladić Trial Judgement, paras.3545-3549, Jelisić Appeal Judgment, paras. 47-48; Krstić Appeal Judgment, para. 34; Stakić Appeal Judgment, para. 55; Hategekimana Appeal Judgment, para. 133; Karadžić Rule 98 bis Appeal Judgment, paras. 80, 99; Popović et al. Appeal Judgment, paras .430, 440, 468; Tolimir Appeal Judgment, paras. 246, 248, 253

参考文献

稲角光恵 2014「集団殺害犯罪－ジェノサイド罪」、村瀬信也・洪恵子共編『国際刑事裁判所　第二版　最も重大な国際犯罪を裁く』東信堂、67-101 頁

稲角光恵 2008「旧ユーゴ国際刑事裁判所（ICTY）の閉廷計画と国家への事件委託」『金沢法学』第 51 巻第 1 号

長有紀枝 2009 『スレブレニツァ　あるジェノサイドをめぐる考察』東信堂

長有紀枝 2011「スレブレニツァで何が起きたか」、石田勇治・武内進一編『ジェノサイドと現代世界』勉誠出版 225-248 頁

長有紀枝 2019「13 ボスニア紛争における暴力―民族浄化とジェノサイド、性暴力」柴宜弘他編著『ボスニア・ヘルツェゴヴィナを知るための 60 章』明石書店 82-86 頁

国連難民高等弁務官事務所（UNHCR）2001,『世界難民白書 人道行動の 50 年史』時事通信社、UNHCR2000, The State of the World's Refugees 2000 – Fifty years of humanitarian action, Oxford University Press

柴宜弘 1996『ユーゴスラヴィア現代史』、岩波書店

柴宜弘 2009「解説」、ブロック 2009 所収、485-488 頁

柴宜弘 2013「第 15 章クロアチア独立国」、柴宜弘・石田信一編著『クロアチアを知るための 60 章』明石書店

高木徹 2002『ドキュメント戦争広告代理店　情報操作とボスニア紛争』講談社

古谷修一 2014「第 1 章　国際刑事裁判権の意義と問題」村瀬信也・洪恵子共編『国際刑事裁判所　第二版　最も重大な国際犯罪を裁く』東信堂

山崎信一 2019「10 第二次世界大戦とパルチザン戦争」柴宜弘・山崎信一編著『ボスニア・ヘルツェゴヴィナを知るための 60 章』明石書店

Brock, Peter 2006 *Media Cleansing : Dirty Reporting Journalism and Tragedy in Yugoslavia*, 2ⁿᵈ Edition, Los Angeles GM Books ＝ブロック、ピーター 2009　田辺希久子訳『戦争報道メディアの大罪―ユーゴ内戦でジャーナリズムは何をしなかったのか』ダイヤモンド社

Bringa, Tone 2002 "Averted Gaze : Genocide in Bosnia-Herzegovina, 1992-1995" in Alexander Laban Hinton (eds.), *Annihilating Difference: The Anthropology of Genocide*, University of California Press

Brunborg, Helge Torkild Hovde Lyngstad & Henrik Urdal 2003, "Accounting for Genocide: How Many Were Killed in Srebrenica?", European Journal of Population / Revue européenne de Démographie volume 19, pp.229–248

Bildt, Carl 1998, *Peace Journey The Struggle for Peace in Bosnia*, Weidenfeld and Nicolson, London

Delpla, Isabelle Xavier Bougarel eds. 2014 *Investigating Srebrenica: Institutions, Facts, Responsibilities*, Berghahn Books

Fitzsimmons, Scott 2012, *Mercenaries in Asymmetric Conflicts*, Cambridge University Press

Janc, Dusan 2013, ICTY, " Srebrenica Investigation -DNA and Forensic Summary of June 2013., SREBRENICA INVESTIGATION, UPDATE　T　O　T　H　E SUMMARY OF FORENSIC EVIDENCE EXHU M ATION OF THE GRAVES AND SURFACE RE M AINS RECOVERIES RELATED T O SREBRENICA - JUNE 2013"

Netherlands Institute for War Documentation (Nederlands Instituut voor Oorlogsdocumentatie: NIOD), "Srebrenica, a 'safe' area - Reconstruction, background, consequences and analyses of the fall of a safe area", 10 April 2002

Pavlović, Dušan 2018, *Battle for Srebrenica – War for Civilization*, Republic Center for Research of War, War Crimes and Search of Missing Persons, Banja Luka

Rohde, David1997 *Endgame: The Betrayal and Fall of Srebrenica : Europe's Worst Massacre since World War II*, West View Press

Ruez, Jean-René 2009 "Session Two Investigations", ICTY, *Bridging the Gap between the ICTY and Communities in Bosnia and Herzegovina, Conference Proceedings, Srebrenica 21 May 2005* pp.7-12

UN 1995, "Report of the Secretary-General pursuant to Security Council Resolution 1019 (1995) on violations of international humanitarian law in the areas of Srebrenica, Zepa, Banja Luka and Sanski Most", UN Doc. S/1995/988, 27 November 1995

UN1999 "Report of the Secretary-General pursuant to General Assembly resolution 53/35, The fall of Srebrenica", UN Doc. A54/549, 15 November 1999

Stone, Dan2010, *Histories of the HOLOCAUST*, Oxford University Press, ダン・ストーン著・武井彩佳訳 , 2012 『ホロコースト・スタディーズ』白水社

Wagner, Sarah E.,2008, *To Know Where He Lies – DNA Technology and the Search for Srebrenica's Missing*, University of California Press

第2章
スレブレニツァの集合的記憶

藤原広人

本章の概要

　ボスニア・ヘルツェゴヴィナの東部に位置するスレブレニツァは、ボスニア戦争の末期、1995 年 7 月に 7,000 名近いボシュニャク（ボスニア・ムスリム）男性が虐殺されるという惨事の舞台となった。この出来事はボスニア戦争のなかで最もよく知られた事件であるだけでなく、如何にしてこれを記憶すべきかという点につき、ボシュニャクとセルビア人という二つの民族間の激しい論争の的となってきた。両民族の間にはボスニア戦争の解釈、そしてスレブレニツァに関する語り（ナラティブ）について、大きな隔たりが存在する。ボスニア戦争の由来、性格、起きた出来事、これらをどのように解釈するかについて戦争当事者である各民族間の認識は大きく異なっており、それは戦争終結から 25 年を経た現在まで継続している。

　本稿の目的は、ボスニア戦争（1992 − 1995 年）およびスレブレニツァに関し、セルビア人とボシュニャクそれぞれが持つ集合的記憶について検討することである。さらに、旧ユーゴスラヴィア国際刑事裁判所（UN International Criminal Tribunal for the former Yugoslavia　以下 ICTY）によるスレブレニツァ関連裁判における判決が両民族の集合的記憶の形成に与えた影響に関して考察する。

第 1 節　二つの異なる集合的記憶の存在

　2003 年に ICTY はスルプスカ共和国軍（VRS）のドリナ軍団（Drina Corps）司令官ラディスラヴ・クルスティチ（Radislav Krstić）裁判において、1995 年 7 月のスレブレニツァの虐殺をジェノサイド（集団殺害罪）と認定した（Trial Chamber 2001）（Appeals Chamber 2004）。さらに 2007 年には国際司法裁判所はこれを追認する判決を出した（ICJ 2007）。

　ジェノサイドを行った加害者とされるセルビア人であるが、ICTY クルスティチ判決に先立つ 2002 年 9 月、スルプスカ（セルビア人）共和国政府は 1995 年 7 月のスレブレニツァの出来事に関しボシュニャク側の死者は 2,000 人以下であり且つ死者は全てボスニア軍（ARBiH）兵士であり文民は含まれないという報告書を公表した（Stanimirovic 2002）。この報告は国際社会の強い批判を浴びることとなり、スルプスカ共和国政府は 2004 年に新たな調査結果を公表し、前回調査から一転しておよそ 7,800 名のボシュニャクがスレブレニツァで虐殺されたことを認めることとなった（AFP 2004）（BBC 2004）。しかし同報告にジェノサイドに関する言及はない。セルビア人の間では、スレブレニツァをジェノサイドとすることに反対する意見が根強い[1]。セルビア人にとって、スレブレニツァに関して重要なのは、1992 年から 1995 年にかけて行われたスレブレニツァ在住のセルビア人に対する ARBiH による攻撃である。セルビア人の観点からは、これらの攻撃は正当化できない民間人に対する攻撃であり、ボスニア戦争に関するナラティブのなかで重要な位置を占める。他方、攻撃を行ったボシュニャク側からは、これらはセルビア側の攻撃に対する自衛行動として語られる。

　このように、セルビア人とボシュニャクとの間には現在に至るまでスレブレニツァに関する共通の記憶は存在せず、それぞれが民族ごとに異なる記憶（集合的記憶）を形成しているのが現状である。

　両民族の集合的記憶の内容に関しては、ヤゴダ・クレグルスカ（Jagoda Gregulska：ポーランド）とダイアン・オレントリヒャー（Diane E. Orentlicher：米）が、それぞれ 2009 年と 2006 年に実施した現地調査から得られたデータを

基にする[2] (Gregulska 2009) (Orentlicher 2008)。したがって、本稿で検討するスレブレニツァに関する集合的記憶はその時点で得られたものである。集合的記憶は固定的なものではなく時と共に変化していく可能性を持つ。したがって本稿は、セルビア人、ボシュニャクそれぞれの集合的記憶が現在までに何らかの変容をきたしている可能性を否定するのものではない。

第2節　集団的記憶の光景──追悼の場をめぐって

　本稿では、集合的記憶を「ある集団構成員の間に共有された当該集団の過去に関する理解」と定義する。集団が「記憶する」という言い方は正しくは比喩であって、あくまで「記憶する」のは集団を構成する個々の構成員である。しかし、社会的に重要な出来事を集団がどのように理解し解釈するかは、個々の集団構成員がその出来事を記憶する際に大きな影響を与える。例えば「日本人が持つ先の戦争（第二次世界大戦）に関する記憶」という場合、当該戦争の由来や戦争中に起きた出来事またその意味について、一定数の日本人の間に共通認識が存在することを示している。そして集合的記憶の内容は、集団構成員間のコミュニケーションを通して形成され、伝達される。

　スレブレニツァに関する集合的記憶を検討するにあたって、まずはローレンス・キルメイヤー（Laurence Kirmayer）が唱える「記憶の光景（landscape of memory）」の概念に基づき検討してみたい（Kirmeyer 1996）。「記憶の光景」とは、集団が記憶を想起しまた記憶内容を明確化していく際にその引き金となる社会・文化的装置のことである。キルメイヤーによると、戦時下で起きた惨劇など社会のトラウマになる出来事に関する集合的記憶は、主に「語り（ナラティブ）」を通じて形成されていく。そしてナラティブの内容そのものは、通常、当該事件に関する追悼式典や記念碑を通して確立されていく。

　本稿ではまずスレブレニツァをめぐる「記憶の光景」として、スレブレニツァに関する追悼の場を考察する。

ポトチャリの追悼施設

　スレブレニツァに関する重要な追悼の場は、ポトチャリにあるスレブレ
ニツァ・ジェノサイド記念施設（正式には「1995 年のジェノサイド犠牲者のためのス
レブレニツァ‐ポトチャリ記念碑および墓地」Srebrenica-Potočari Memorial and Cemetery for the
Victims of the 1995 Genocide）である。同施設はスレブレニツァ市から数キロの
場所にあり、ボシュニャク女性団体による働きかけにより、上級代表事務所
（Office of the High Representative）や米国などの資金協力によって 2003 年に設立
された。同施設は現在 1995 年 7 月のスレブレニツァにおける虐殺を追悼す
る中心的な場所であり、虐殺の犠牲者およびその遺族にとってボシュニャク
の犠牲を象徴する場である。記念施設のあるポトチャリのバッテリー工場は、
ボスニア戦争当時国連保護軍（UNPROFOR）のオランダ大隊の駐屯地となり、
1995 年 7 月 11 日に多くのボシュニャク女性たちが、処刑地に移送される男
性たちと最後に別れた場所である（Trial Chamber 2001: para.53-59）。記念施設は
二つの部分から構成される。一つはバッテリー工場跡地にある 1995 年 7 月
の出来事に関する展示、そして道を挟んだ向かい側にある犠牲者の遺体を埋
葬する墓地である。墓地の中心には野外モスクが設置され、それを取り囲む
形で犠牲者一人一人の名前を記した墓碑がアルファベット順に配置されてい
る。

　例年、7 月 11 日には大規模な追悼式典が催される。式典には毎年数千
の参加者があり、前年に身元が判明した犠牲者の遺体の埋葬式が行われる。
2019 年には 33 名の遺体が新たに埋葬され、墓地に埋葬されている犠牲者
の総数は 6,610 名となった。スレブレニツァの虐殺追悼式典は、最初の数年、
地元セルビア人から激しい抗議にあった。2005 年の 10 周年追悼式典の数日
前には会場付近で爆発物が発見されるという騒ぎも発生したが、近年ではそ
うした事態は発生していない（Gregulska 2009: 30）。

　7 月 11 日の記念式典に先立ち 100 キロにおよぶ「平和の行進」が行われる。
これは 1995 年 7 月に、ARBiH の支配地域へ到達することを目指してスレブ
レニツァを出発したボシュニャク男性たちの行程をたどるものである。グレ
グルスカは「平和の行進」に参加したときの様子を次のように描写する。

　　「私は 2008 年の平和の行進とそれに続く追悼式典に参加したが、
　その規模の大きさに圧倒された。ボスニア全土、そして海外からボ
　シュニャク家族を乗せた何十台ものバスが到着する。世界中に分散
　するボシュニャク家族にとって 7 月 11 日は家族が一同に会する機
　会であるが、追悼施設はさらにボスニア中のボシュニャクの町や村
　の代表、退役軍人が集結する場となっている。ボシュニャクにとり、
　ポトチャリの追悼式は国民意識を強める意味を持っている。ポトチャ
　リ追悼施設は、ボシュニャクにとって、ピエール・ノラの言う『記
　憶の場 (lieu de memoir)』である。2008 年のポトチャリの式典の参加者
　は、推定で 20,000 人に達する。参加者の女性たちは宗教的な敬意を
　示すため頭をスカーフで覆っている。ところどころ『スレブレニツァ
　を忘れるな』というスローガンをプリントした T シャツを見かける。」
　(Gregulska 2009: 31-32)

　追悼式典は例年メディアによって大きく取り上げられ、ボスニア政府や諸
外国高官、国際機関代表、ボスニアに駐在する在外公館の代表などが参列
する。スレブレニツァにおける虐殺追悼式典は、ボスニア戦争の追悼行事
の中でも特別な地位を与えられており、2008 年にはボスニア閣僚評議会は、
7 月 11 日をボスニア全土で追悼の日とすることを決定した。この追悼行事
は、現在、単なるスレブレニツァ事件の犠牲者に対する哀悼の枠を超え、宗
教・民族などの出自のために殺戮された全ての人々を悼む内容となっている
(Potočari Memorial Centre n.d.)。

　2003 年記念施設の開所式に参列した米国元大統領ビル・クリントンによ
る以下の演説はこの点を明確に物語る。

　　「悪者たちが自らの支配欲を満たすために、善良な人々をその出自
　故に殺害した。[…] 我々はこの酷い出来事を決して忘れることはない。
　特に、いたいけな子供たちを含む多くの命が、ジェノサイドという
　狂気の餌食にされたことを。そして『スレブレニツァ』という語が、
　宗教的・民族的な優越感によって、異なる人々を非人間扱いしたり
　殺戮することを許さない、というメッセージを将来の子供たちに想

起させるものとなることを望む（Clinton 2003）」

　社会人類学者ゲル・ダウジングズ（Ger Duijzings：蘭）は、国際社会はポト
チャリの追悼行事への支持・参加を通して「セルビア人による理不尽な暴力
の犠牲者としてのボシュニャク」というボシュニャクサイドのボスニア戦
争観に自らの立ち位置を置く結果を生んでいる点を指摘する（Duijzings 2007）。
ボシュニャク側は毎年実施される追悼行事を通じて、国際社会がセルビア人
への非難を繰り返すことを要求する。さらに、セルビア人がジェノサイドを
認めることを要求するだけでなく、セルビア人から構成されるスルプスカ共
和国の管轄からスレブレニツァが除外されることを要求しつづけている [3]。

セルビア人による追悼

　ポトチャリの 7 月 11 日の追悼行事が、数千の参加者によって大々的に行
われるのに比べ、対照的にほとんど人通りの無くなったスレブレニツァで翌
7 月 12 日に行われるのが、セルビア人による追悼式典である。7 月 12 日は
セルビア正教のペトロヴァン（聖ペトロの祝日）であり、歴史上宗教的迫害を
受けたキリスト教徒の犠牲者を追悼する日である。しかし、スレブレニツァ
に関してこの日は特別な意味を持っており、1992 年に ARBiH がスレブレニ
ツァにあるセルビア人村ザラジエ（Zarazje）とその近郊の村を襲撃した日で
ある（NIOD 2002）。年を重ねるにつれ 7 月 12 日のこの行事は追悼範囲を広げ、
現在はスレブレニツァ・ブラトゥナッツ地区のセルビア人犠牲者全てを弔う
ものへと変容した。セルビア側は総数 3,000 から 3,500 名のセルビア人がボ
シュニャクによるスレブレニツァ・ブラトゥナッツ（Bratunac）地区攻撃の
犠牲になったと主張する [4]。

　ポトチャリの追悼式典が多くの外国政府高官の出席を得、国際メディア
によって取り上げられるのに対し、セルビア人側のこの追悼式典に外国政
府高官らが参列したり、国際メディアの注目を受けることはない。ベオグ
ラードに本拠を置く著名な女性平和活動組織「黒装束の女性たち（Women in
Black）」も、「平和の行進」とポトチャリの追悼式典には例年参加するものの、
セルビア人犠牲者を追悼する 7 月 12 日の式典に参加したことはない。他方、

スルプスカ共和国のセルビア人議員たちは、ポトチャリの式典に参列することはないが、7月12日の式典には定期的に出席する（Gregulska 2009: 34）。

　ボスニア戦争終結後、数年にわたり、スレブレニツァのセルビア系住民は7月11日を「スレブレニツァ解放記念日」として祝い、翌7月12日をセルビア人犠牲者の追悼日としていた。7月11日を「スレブレニツァ解放記念日」としたのは、ボシュニャクによるポトチャリの追悼式に対するセルビア人サイドによる対抗措置だった。しかし、7月11日を解放記念日として祝うことが国際社会の顰蹙を買い、結果的にこれを維持することが困難になったため、現在は7月12日の追悼行事だけが残っている（Gregulska 2009: 34）。

　7月12日の式典は、ブラトゥナッツ、ザラジエ、クラヴィツァ（Kravica）、スケラニ（Skelani）といった地区ごとに行われるため、ポトチャリのような目を見張るような大規模な集会は見られない。スルプスカ共和国政府による「解放戦争伝統維持委員会」が追悼式を主催し、続いて教会での儀式、地元図書館での記念行事、ブラトゥナッツにある「殺害された市民および斃れたRS兵士のための記念碑」への献花などが行われる（Gregulska 2009: 162）。

　ダウジングズは、セルビア人による7月12日の一連の行事は「反追悼（counter-commemorations）」ないし「反記念碑（counter-monuments）」の意味合いを持つとする（Duijzings 2007: 162）。ポトチャリの記念式典の目的の一つが、スレブレニツァの悲劇を「理不尽な暴力に対する抵抗の象徴」として一般化することであるのに対し、セルビア人による追悼は正反対の目的を持っている。セルビア人は、セルビア人犠牲者の追悼を通じて自分たちの犠牲を強調するだけでなく、ボシュニャク側の戦争観に対する反論を提示する。セルビア人にとって、1995年7月11日のスレブレニツァの出来事は「理不尽な暴力の発現」ではなく、それ以前にARBiHが同地区のセルビア人村に対して繰り返していた襲撃に対する軍事的報復措置であった。セルビア側による追悼はポトチャリの式典が伝えるような「無防備なボシュニャク」という言説を否定する。セルビア人にとって、1995年に死んだボシュニャクは武装した兵士であったのである（Gregulska 2009: 35）。

犠牲者としての歴史観

　このように、ポトチャリのボシュニャクによる追悼式典とセルビア人による追悼式典はそれぞれ非常に異なる歴史観を代表するものであるが、両者の間にはそのレトリックやスタイルにおいて共通点もみられる。それは、両者が共に集合的記憶におけるナラティブ形成に関し、民族的帰属を最も重要な区分として採用している点である。このため、両者のナラティブは常に「我々（セルビア人あるいはボシュニャク）」に対する「彼ら・あちら側（ボシュニャクあるいはセルビア人）」という図式をたどる。両者に共通するのは、ナラティブにおいて「自分たち」の犠牲を強調するのに対して「相手側」の犠牲は無視する点である。自らの道徳的優位を主張するのみならず、相手が自分たちの主張を受け入れることを要求するという点も共通する。ボシュニャクにとってスレブレニツァにおける 7,000 人を超える男性の殺害は、ボスニア戦争においてセルビア人が犯した最悪の犯罪であるのに対し、セルビア側にとっては 1992 年以来継続して行われた ARBiH によるセルビア人に対する無差別攻撃こそが最も責められるべき出来事なのである。

　ダウジングズはまた、スレブレニツァにおける集合的記憶をめぐる状況は第二次世界大戦後のユーゴスラヴィアにおける集合的記憶をめぐる政治が関係していると指摘する。ダウジングズはスレブレニツァをめぐる「追悼の領域（commemorative area）」が、なぜ特定の形をとるのか、興味深い考え方を提示する。そして 7 月 11 日のボシュニャクの犠牲者の追悼と 7 月 12 日のセルビア人の追悼が、チトー時代に遡る「記憶をめぐる政治」の影響を強く受けていることを指摘する（Duijzings 2007: 141, 142, 162, 163）。

　ダウジングズによると、スレブレニツァの記憶をめぐる現在のボシュニャクとセルビア人の争いは、共産主義ユーゴスラヴィアの時代に何十年にもわたり、第二次世界大戦における民族ごとの犠牲者を追悼することが許されなかったこと、そしてチトーの死から 90 年代初頭の戦争勃発に至るまでの期間に、各民族の間で堰を切ったように現れた「犠牲者としての（何々）人」という言説スタイルに起源があるという。ボスニア戦争の一因は、共産主義ユーゴスラヴィアにおいて政治エリートが、第二次世界大戦の辛い経験と民

族ごとの記憶を抑圧した結果である（Hayden 1994）（Miller 2006）。1980年代の
終わりまでユーゴスラヴィアでは、第二次大戦に関して「ファシスト対パル
チザン」というパターン以外の枠組みを用いた歴史認識をすることは許され
なかった。その枠組みの中では、犠牲者と加害者の区分は共産主義イデオロ
ギーに合致するものだけが許容され、民族的帰属に基づく被害者・加害者の
区分は許されなかった。その結果、例えばヤセノヴァツ（Jasenovac）をはじ
めとするウスタシャ（Ustasha：クロアチア系ファシスト集団）の強制収容所に送られ
たセルビア人に関する集合的記憶は抑圧され、公の場で語られることがな
かった。2009年にスレブレニツァのセルビア系住民に対する聞き取り調査
を行ったグレグルスカによると、聞き取り調査の最中、第二次大戦中のヤセ
ノヴァツ強制収容所に言及する調査対象者が多く、そしてそれをセルビア
人の犠牲を代表する重要な歴史的出来事として語る者が多かった（Gregulska
2009: 28）。

外部アクターの関与

　ダウジングズは更に、ボスニア戦争後のボシュニャクの集合的記憶の形成
に国際社会の影響が深く入りこんでいる点を指摘する。セルビア人の集合的
記憶にとって「犠牲者としてのセルビア人」というナラティブは歴史的に常
に重要であり続けてきたが、ボシュニャクにとっては、自らの集団を規定す
るものとしてかつては宗教が最も重要であったのに対し、現在では「犠牲者
としてのボシュニャク」というナラティブが中心を占めるようになってき
ていると指摘する。ポトチャリの追悼行事はこれを表す典型的な例である
（Duijzings 2007: 147）。

　かつては単にボスニア東部の小都市の名称に過ぎなかった「スレブレニ
ツァ」は、今やアウシュビッツや広島に並ぶ戦争の惨禍を象徴する語となっ
た。スレブレニツァの国際的知名度が上がるにつれ、スレブレニツァをめぐ
るナラティブも国際性を持つことになった。1992年から1995年に起こった
ボスニア戦争に関し「何が記憶されるべきことなのか（あるいは、何が記憶され
るべきでないのか）」をめぐり現在も対立が続く。1995年7月のスレブレニツァ

事件の残虐性を認めるように要求するボシュニャク、そしてそれを拒むセルビア人。両者の間に存在する苦々しい記憶をめぐる争いは、国際社会という外部アクターの介入により更に激しさを増す結果となっている（Gregulska 2009: 29-30）。

第3節　集合的記憶の光景——公の議論

　ボスニアは一つの独立国であるが、その領域内に二つの政体が存在する。それは、ひとつの国の中に、政治体制・メディア・教育制度などに関する二つのネットワークが存在することを意味する。教育制度は事実上、二つの政体で分断されている。ボシュニャクとクロアチア人が多数を占めるボスニア・ヘルツェゴヴィナ連邦とセルビア人が大半を占めるスルプスカ共和国である。子供たちは政体ごとに異なる歴史解釈が記載された歴史カリキュラムを受けることとなる（Gregulska 2009: 74）。

　スレブレニツァでは、同じ学校であっても民族ごとに（ボシュニャクとセルビア人）異なるカリキュラムに従った教育を受ける。メディアに関しては、自らの民族の歴史観に沿った傾向のメディアを選んで視聴し、他の民族の主張に近いメディアが伝える内容は自動的に懐疑の目で見られる。ボシュニャクがサラエヴォのメディアを視聴するのに対し、セルビア人はスルプスカ共和国の国営メディアを視聴する（Gregulska 2009: 74）。

　このような分断の結果、他の民族が公の場でボスニア戦争をどのように解釈し語っているのか目にする機会は極めて限定されている。ボスニアでは現在、自分の民族の言い分に偏ったメディアだけを選択することが可能である。他の民族のメディアも視聴することは勿論可能であるが、こうしたメディアの伝える内容は、偏見に満ち信用できないとする（Gregulska 2009: 74）。

セルビア人の集合的記憶

ボスニア戦争

2009 年ポーランド人社会学者グレグルスカは、スレブレニツァに住むセ

ルビア人女性を対象に、ボスニア戦争に関する集合的記憶に関する聞き取り調査を実施した。以下の議論はその調査から得られたデータをもとにする。

セルビア人のボスニア戦争に関する集合的記憶は、「彼ら（やつら）」あるいは「あちら側」と呼ぶボシュニャクが持つ集合的記憶に対峙するする形で形成されている。セルビア人にとって、ボシュニャクないし「彼ら」は常にセルビア人の犠牲を否定し歴史の歪曲を行う存在である。セルビア人のナラティブはボシュニャクによる「偽り（とされる）」に対抗するものである（Gregulska 2009: 49）。

セルビア人にとって 1992 年から 1995 年の間に戦われた戦争は、ボスニアを「イスラム共和国」にするのを防ぐために行われた自衛のための戦いであった。

> 「彼ら（ボシュニャク）はボスニアにイスラム国家を建設する考えを支持していた。そのためにセルビア人は皆殺しにせねばならず何も残してはならなかった。我々セルビア人は、そうした企てから自らの身を守らなければならなかった。（Gregulska 2009: 68）」

調査対象者のなかでも最も過激な意見を持つセルビア人の中には、戦争を望んだのはボシュニャクであり、彼らがこの戦争で最も得をしたと語った。

> 「彼ら（ボシュニャク）は、戦争にセルボ・クロアチア語を話すムスリムとして参加し戦争後はボスニア語とかいう言葉を話す民族となった。そのことが、一体、誰が戦争を望んでいたのかを明らかにしている。皆、セルビア人が戦争を望んだというが、なぜそんな必要があるのか？　セルビア人は自分たちの言語を持ち、自分の国を持ち、文化を持っている。私は戦争の前も後もずっとセルビア人だ（Gregulska 2009: 68）」

調査対象となったセルビア人のナラティブでは、ボスニア戦争はボシュニャクによって仕掛けられた国家建設のための活動だった。このナラティブによるとボシュニャクはもともとセルビア人で、オスマン・トルコによって改宗させられた存在である。それが、ボシュニャクが主張するようなボシュニャク国家などは偽りであることを示している。

「ボシュニャクはボスニア戦争前も後もムスリムだけど、私の考えでは、彼らは風向きを読んで立場をころころ変える。1974 年まで、彼らは自分たちを正教徒と呼んでいたがそれは真実ではなかった。なぜなら、私たちセルビア人こそが正教徒なのだから。1992 年になって、彼らは急に自分たちをボシュニャクだというようになった。我々は皆ボスニア国民だが、本当のところは、私たちはセルビア人である（Gregulska 2009: 68）」

調査対象の中には、民族主義的な指導者こそ非難の的とするべきであると主張する者もいた。それによれば、ボシュニャクの大統領アリヤ・イゼトベゴヴィチ（Alija Izetbegović）こそがボスニア戦争において最も非難されるべき人物である。

「皆は、彼（イゼトベゴヴィチ）は平和を犠牲にすることを望んでいることを知っていた。それは火を見るよりも明らかだった。悪いのは政治家たちであって、一般市民は悪くない（Gregulska 2009: 69）」

中には、アメリカをはじめとする外国勢力がユーゴスラヴィアに戦争を持ち込んだとする者もいた。その説によると、一般の人々に罪はなく「外から来た勢力」がスレブレニツァを破壊したという。そしてボスニア戦争は、各民族がそれぞれ異なる外国勢力による支持をうけた民族間の内戦であり、ボシュニャクが言うようなセルビア人による侵略によって生じたものではない、と主張する（Gregulska 2009: 6）。

「（ボスニア戦争において）クロアチア人はクロアチアの援助をうけ、ボシュニャクはイスラム諸国の支援を受けた。セルビア人はセルビアの支援を恃むしかなかった（Gregulska 2009: 72）」

セルビア人にとってボシュニャクを攻撃したのは自衛のためであり、1995 年 7 月のスレブレニツァ攻撃の際は、多くのボシュニャクが林の中を通って逃れようとして地雷を踏んで死んだのであって、セルビア人が彼らの殺害を命令したのではない、というのがセルビア人の語るナラティブである。さらに、ボシュニャク女性や子供たちがセルビア軍によるスレブレニツァ陥落の直前に、ポトチャリでバスに乗せられ ARBiH 支配地域へ送られたこと

は重要な点であり、セルビア人がボシュニャクに対するジェノサイドを行っ
ていないと主張される際の根拠の一つとなっている（Gregulska 2009: 72）。

セルビア人の犠牲を中心におく考え

　グレグルスカが調査対象としたセルビア人にとって、スレブレニツァを語
る際の中心テーマはセルビア人の犠牲である。そのナラティブによると、セ
ルビア人はスレブレニツァでは少数派であり ARBiH の残虐な攻撃を受けた。
1992 年以降スレブレニツァのセルビア人は ARBiH の攻撃を受け、家々は焼
かれ、人々は残忍なやり方で殺された。ある調査対象は次のように語った。

　　　　　「1992 年、ボシュニャクたちはセルビア人を皆殺しにするための行
　　　　動を始めた。セルビア人にとって重要な祝日に攻撃を仕掛け、動く
　　　　もの全てを殺した。動物も、男も、女も、子供も、年寄りも（Gregulska
　　　　2009: 69）」

　クラヴィツァ、ザラジエ、スケラニといったスレブレニツァ地区にあるセ
ルビア人村はボシュニャクの暴力によって破壊されたセルビア側の犠牲を
象徴するものとなった。調査対象者の中には、ARBiH の残虐な行動に繰り
返し言及する一方で「双方の側に犠牲者がいた」ことを認める者もあった。
しかしセルビア人調査対象者の多くにとって最も優勢な二つのナラティブ
は、1）ボスニア戦争における最大の犠牲者はセルビア人である、というこ
と、2）犯罪行為は双方の側にあった、双方が罪を負っている、ということ
であった（Gregulska 2009）。

　1993 年スレブレニツァが国連の保護下となった後もボシュニャクによる
セルビア人集落への攻撃が続いた点に関し、それは、ボシュニャクが武器を
捨てずにいたことの証左であり、1995 年 7 月のムラディチ将軍率いるセル
ビア軍によるスレブレニツァ侵攻によりスレブレニツァが「解放」されたと
する（Gregulska 2009: 71）。

　1995 年 7 月のボシュニャクに対して起きた出来事は、セルビア人のナラ
ティブ中で重要な位置を占めておらず、グレグルスカの調査対象となったセ
ルビア人は、1995 年 7 月の事件を形容するのに「何かひどい出来事」、「あ

そこで起こったこと」、「あの愚かな出来事」といった婉曲的、一般的な表現に終始した。そのナラティブによると、1995 年 7 月の出来事は、それ以前の数年にわたって続けられたボシュニャクによるセルビア人攻撃への自然な帰結であり、当然予想されることであった。また中には、スレブレニツァで起きたことは政治指導者たちによる取引の結果であるとする者もいた（Gregulska 2009: 71）。

　　　「アリア（イゼトベゴヴィチ、ボシュニャク大統領）がスレブレニツァを売った（Gregulska 2009: 71）」

　セルビア人の間で最も共通してみられる言説は、ボスニア戦争中および戦後にセルビア人に対して行われた不正義に対する不満である。セルビア人の犠牲が正当な扱いを受けてこなかった、という言説はセルビア人の戦争に関するナラティブの中に明瞭に見られる。それは、グレグルスカの調査対象の「私は被害者でないとでもいうのか」という言い方や、「セルビア人被害者のことは誰も気に留めない」といった言い方に顕著に見られる。特に、スレブレニツァをめぐる国際的な言説の中にセルビア人の観点が欠落しているという点をめぐってはセルビア人の間に共通の認識が存在する（Gregulska 2009: 57）。

　不正義に関連して、セルビア人は ICTY における裁判に対する強い不満を持っている。ICTY の裁判官は偏見に満ちており「ボシュニャク＝被害者、セルビア人＝加害者」という単純な図式で見ている、とする（Gregulska 2009: 58）。

　　　「（ICTY）は政治裁判だ。一体どうやったら、一方の側（セルビア人）に合計数千年の懲役を科し、他方の側（ボシュニャク）はたった二年の懲役を科すという決定が可能なのか？［…］オリッチ（Naser Orić, スレブレニツァの ARBiH 司令官）は自国を守るために戦ったと言うが、セルビア人村を襲撃し、家に押し入り、住民を殺害することの一体どこが自国を守ることになるというのか？（Gregulska 2009: 57）」

　セルビア人にとって ICTY に対する信頼は、ARBiH のスレブレニツァ司令官であったナセル・オリッチに対する無罪判決により、完全に喪失した。セルビア人にとって、オリッチはスレブレニツァのセルビア人村を襲撃し住

民を虐殺した最悪の戦争犯罪人である。そのオリッチが ICTY の控訴審で無罪（一審判決は懲役二年）となったことは、ICTY をはじめとする国際社会がボシュニャクの犠牲者のみを支持し、セルビア人にとっての正義を等閑視することを示す出来事であった。

　　　「私は犯罪者全て（民族に関わらず）裁かれるべきだと思う。しかし、ナセル（オリッチ）が、セルビア人の村のすべてを焼き払ってたった二年の懲役というのはどういうことなのか？　オリッチが自由に大手をふって歩いているのに、なぜセルビア人だけが牢につながれなければならないのか (Gregulska 2009: 73)」

　セルビア人が戦争犯罪を語る際には、ボシュニャクとセルビア人の戦争犯罪者が常にワンセットで語られる。ラドヴァン・カラジッチとラトコ・ムラディチの責任が話に上ると、必ずボシュニャク指導者の責任を持ち出す。カラジッチが懲役を受けるのであれば、ボシュニャク大統領のイゼトベゴヴィチも同様、ムラディチが戦争犯罪人なのであればオリッチも、といった具合である (Gregulska 2009: 58)。

　ボスニアでの現地調査を行ったグレグルスカやオレントリヒャーによると、セルビア人の大半は、個人としては、セルビア人が戦争中に犯罪を犯したことを認めている。しかしそれに続けてすぐ、それを中和するようなつぎのような言葉を重ねる。

　　　「すべてのサイドが戦争犯罪を行った」、「セルビア人だけが政治裁判によって裁かれた」、「ボシュニャクで（ICTY に）起訴されたのはわずかであり、起訴された者も寛容な刑罰を受けたに過ぎない (Orentlicher 2008: 93)」

　グレグルスカは調査対象者について興味深い点を指摘する。それは、調査対象となったセルビア人調査者にとって、「何を話すべき（と考える）か」と「(調査対象者が) 個人的に真実であると考えていること」、との間に齟齬がみられる点である。調査対象者の一人は言う。

　　　「セルビア人が犯した罪については集団ではなく個人に着せられなければならない。しかし、その彼らは民族を守るために立ち上がっ

た防衛者なのだ（Gregulska 2009: 58）」

　また、ある調査対象者は「カラジッチは何も良いものを、もたらさなかった」と発言したが、しかしその直後、前言を振り返り「セルビア人が悪く見えるようなことを言うべきではない」と続けた（Gregulska 2009: 58）。

　オレントリヒャーが調査した、プリエドル（Prijedor）やフォチャ（Foča）のセルビア人も同様のことを述べている。

> 「我々は、（我々が話したことを公刊する）海外からきたインタビュアーに対して話すときは偏った言い方をする。地元（プリエドル）のセルビア人は非公式には民族浄化があったことを認めているが、公の場で認めることはない。多くのセルビア人が自分たちの間では、民族浄化について話すが、それを公にすることはない（Orentlicher 2008: 93）」

　このように、多くのセルビア人が内心、セルビア人政治指導者の語るセルビア人無罪論に完全に同意していないことも事実であろう。だが、公の場でなされるこうした言説は、セルビア人の集団的記憶を形成する枠組みとなっているのである。

ボシュニャクの集合的記憶

真実の追求

　ボシュニャクのボスニア戦争に関する集合的記憶にとって重要な要素の一つは、真実が明らかにされることに対する強い思いである。この点は、オレントリヒャーが 2006 年に調査した際ボシュニャクの多くが口にしたことであった。

> 「人々はいつでもそれ（ジェノサイド）がなかったと言い張ることができる。しかし、今は、それが実際に起こったことを証明する資料がある（Orentlicher 2008: 42）」
> 「我々は、法廷（ICTY）の設立が真実を明らかにし、正義がなされることにつながることを期待している（Orentlicher 2008: 91）」

　スレブレニツァのボシュニャクにとって、重要なのは個人的な真実が明らかになることである。彼らにとって、ICTY やサラエヴォの戦争犯罪法廷

（War Crimes Chamber）が、犠牲となった家族に関する以下のような疑問に答えることを期待している。

　　　「私の息子、夫、兄弟、父、に一体何が起こったのか」

　　　「なぜ、ずっとともに生活してきた隣人が、我々を動物のように殺したのか（Orentlicher 2008）」

　ボシュニャクにとって、セルビア人による犯罪の認知、悔悛、そして真実の確立は社会が再生するために不可欠な要素である。スレブレニツァで夫と兄弟を失ったあるボシュニャク女性は次のように語る。

　　　「ハーグ裁判所が設立されたことは私たちに希望を与えた。犯罪者を裁くことだけでなく、真実が明らかにされ証明されることに対する希望である。なぜなら、この地（ボスニア）では真実を認めることに大きな障害があるから（Orentlicher 2008: 43）」

　多くのセルビア人が民族浄化を認めることを拒否している状況で、彼ら（セルビア人）が罪を認めるために ICTY の果たす役割に高い期待をする。

　　　「（ICTY は）少なくとも、証拠によって誰が（セルビア人が）嘘をついているかをはっきりさせる。（Orentlicher 2008: 43）」

　セルビア人が罪を認めることは、ボシュニャクにとって民族による分断を埋めるための最低条件である。オレントリヒャーの調査対象のボシュニャクは、もしセルビア人が、カラジッチ元大統領に対する ICTY のジェノサイド有罪判決を拒絶したらどうなるか、と問われて、次のように回答した。

　　　「それは正義ではない、その場合（カラジッチ判決の拒絶）には人々の間に信頼は生じえない（Orentlicher 2008: 90）」

傍観者

　ボシュニャクにとっては、加害者だけではなく犯行の最中に見て見ぬふりをしていた、セルビア人傍観者たちも何らかの責任を負うべきと考える。

　　　「（犯行の）目撃者たちは、何も言わなかった。彼らは共犯ではないが、残虐行為が行われてるのを見ながら黙っていた。かりに、自分たちの仲間が犯罪を行っているその最中に反対の声を上げれば、

仕返しを受けたのかもしれないが、その後もずっと沈黙したままで
いるのはどういうことなのか？自分の隣人が拷問されている時、そ
のことに気が付かないということはあり得ない。私はセルビア民族
全体を罪に定めるつもりはないが、何らかの政治的責任を負わせる
ことはできるのではないか？　それ（犯罪）は、どこからともなく突
然現れたのではないのだ。犯罪行為を容認する文化的素地が元から
あったか、そうすることが間違っていると認識する文化がなかったか、
どちらかである（Orentlicher 2008: 44）」

ボシュニャク側による犯行の否定

　セルビア側による犯行の認知がボシュニャクの集合的記憶にとって大切で
ある一方、ボシュニャク側による犯行について認めることに関しては、ボ
シュニャクの見方は曖昧になる。
　ARBiH のスレブレニツァ司令官だったナセル・オリッチが ICTY の控訴
審で無罪となりボスニアへ帰還したとき、ボシュニャクは彼を英雄として歓
待した。当時のボスニア大統領府の議長スレイマン・ティヒッチ（Sulejman
Tihić）は、ICTY 判決を次のように評した。

　　　「これで、（先の戦争で）どちらの側が犯罪者でどちらの側が武器
　　を持たない文民を保護していたのかがはっきりした（BBC Worldwide
　　Monitoring 2006）」

　オレントリヒャーの調査対象者であったボシュニャクは言う。

　　　「（ボシュニャクは）オリッチを祝う。彼の一体どこに罪があるのか誰
　　も理解できない（Orentlicher 2008: 97）」

　ボシュニャクの大半にとって、ボシュニャク兵士もまた戦争犯罪をおかし
ていたという事実はとても容認できない。仮に誰かがボシュニャクの戦争犯
罪について触れようものならそれはすぐに打ち消される。なぜなら、

　　　「ボシュニャクの罪にふれるなど、（戦争当時者間の）罪深さを同等に
　　する行為であるから（Orentlicher 2008: 97）」
　　　「99 パーセントのボシュニャクは、戦争犯罪を民族ごとに見ている

（Orentlicher 2008: 97）」

　1997年ボシュニャクの地元メディアである Dani が、ボシュニャクによって犯された戦争犯罪について調査した。そのことが国際メディアに取り上げられると、調査を行ったボシュニャクのジャーナリストは非難の的となった。Dani のオフィスには爆弾が投げつけられ脅迫状が送りつけられる騒ぎとなった（Orentlicher 2008: 97）（Natalya Clark 2009: 463, 478）。

第4節　結論

　スレブレニツァに関するセルビア人とボシュニャクの集合的記憶は、内容的には ICTY のスレブレニツァ関連裁判判決をめぐる正反対の立場から形成されている。しかし、そのレトリックや集合的記憶の形成の仕方は類似している。

　両者ともに民族的帰属意識を最も重要なカテゴリーととらえる。また、自らの被害を強調する一方、相手側の被害を無視する。ボシュニャク側にとっては7,000名近くが殺されたスレブレニツァの事件はセルビア人が犯した犯罪の中でもその残虐さを代表する出来事である。他方、セルビア人にとっては1995年7月以前に起きたセルビア人犠牲者が何よりも重要であり、その犠牲を等閑視する国際社会に対する反感が中心的なテーマである。

　両民族ともに、集合的記憶におけるナラティブは、「相手側」に対する反論という形で構成されている。個人的な経験が、集団が提唱するナラティブの正しさを担保しており「相手側」の語るナラティブが真実でないとする際の根拠となっている。ここには、個人の記憶が集団の記憶に取り込まれる「記憶の融合」がみられる。例えば、セルビア人が自衛戦争を戦ったというセルビア人が集団で共有するナラティブは、個々のセルビア人にとって、ボシュニャクへの攻撃を正当化し、安全に説明するための枠組みを提供する。ボシュニャクにとっては、セルビア人の責任については追及するもののボシュニャク自らが行った犯罪行為に関しては、「無辜の市民の防衛」というボシュニャクが集団として共有するナラティブによって正当化される。

　つぎに、セルビア人、ボシュニャク共に、自分たちの過去に関するナラ
ティブ形成に、現在彼らがおかれている政治的・社会的状況が強く反映さ
れていること、が指摘できる。これは、モーリス・アルヴァックス（Maurice
Halbwachs：仏）が語った「集合的記憶」の「現在主義（presentism）」、すな
わち現在の利益関心によって集合的記憶が形成される、ということである
（Halbwachs 1992）。セルビア人が抱く、自分たちが不当に扱われているとい
う感覚（その不当さは ICTY の偏向した判決やセルビア人を一方的に悪と決めつけるメディア
に代表される）は、1992 年同様、現在もセルビア人は別の形の攻撃にさらされ
続けているという解釈につながる。セルビア人の犠牲が認知されないことや
その声が届かないといことへの不満、その一方でボシュニャクの声が大きく
取り上げられることへの不服、がセルビア人の持つナラティブに沿わない全
ての言説を否定することに結び付いている。
　一方、ボシュニャクの側は、自らをスレブレニツァにおける「永遠の犠牲
者」という立場に置き続けることによって、スレブレニツァに関するただ一
つのナラティブを万人が受け入れることを要求する。こうして、ボシュニャ
クがセルビア人よりも倫理的により高い位置にいることを確認するのである。
　両者のナラティブが共に自らの被害を強調する点に関しては、いくつかの
説明がなされる。その一つは社会心理的要因である。
　　　　「ハーグ裁判所は、鏡のようなものである。鏡が自分の醜い顔を映
　　　　し出しているのを見るとこれを拒絶するが、内心はそれが真実であ
　　　　ることを知っている。しかし、公けには、『私はもっとましだ』とい
　　　　うのである（Orentlicher 2008: 98）」
　別の説明は、歴史的な過去の記憶に関するものである。これはボスニアに
おいては特に重要な位置を占める。以下は、クロアチア人の例であるが、ボ
スニアにおいていかに過去の歴史的認識が集団心理に影響を与えるかを示す
良い例である。
　クロアチア人が ICTY においてなぜ自らの罪を認めることを躊躇するのか
について、
　　　　「クロアチア人は長い間、第二次世界大戦の際にナチスドイツと結

　びついていた歴史を非難されてきた。ところが、第二次世界大戦に
　おいては正しい側についているとされてきたセルビア人が 1990 年
　代の戦争では最も多くの罪を犯したことで、意を強くした。加えて、
　『自衛をしている側は、罪を犯しえない』という強い刷り込みがある。
　その深層心理が、彼ら（クロアチア人）が罪を認めようとしない理由で
　ある（Orentlicher 2008: 98）」

　こうした社会心理的な説明は重要であるが、加えて重要なのは、セルビア
人とボシュニャク双方の政治エリートが、民族主義的な観点を集合的な記憶
の中に忍び込ませている点にある。ミシェル・フーコー（Michel Foucault：仏）
の言う「真実のレジーム（régime de vérité）」では権力者が、集団の構成員が
「何を記憶すべきか」を決定する（Foucault 1980）。スレブレニツァの集合的記
憶に関する政治の影響については以下のことが言われる。

　　「政治家たちは『ICTY』を自らの目的のために利用する」

　　「政治家たちは、民族的な分断を、自らの権力を維持するために利
　　用する」

　　「政治家たちは、ICTY の起訴状を、自らが再選されるための手段
　　として利用する（Orentlicher 2008: 98）」

　また、オレントリヒャーが調査の対象としたボシュニャクの一人は次のエ
ピソードを語った。

　　「ある時、スルプスカ共和国の大統領ミロラド・ドディクがスルプ
　　スカ共和国により強固な自治が認められなければ、ボスニアから脱
　　退すると脅し、現在の制度を無効化するとして政治的な危機を作り
　　だした。ドディクのこの動きに対し、ボシュニャク側指導者のハリ
　　ス・シライジッチは、セルビアはジェノサイドによって生まれたも
　　のであると非難し、ICJ の 2007 年 2 月のジェノサイド判決を持ち出
　　してスレブレニツァをセルビアの支配地域から分離することを主張
　　した。スレブレニツァのボシュニャクの多くは、このシライジッチ
　　の主張を支持したが、ボシュニャクの知識人は、シライジッチは被
　　害者の苦しみを自らの政治的立場を強化するために利用していると

考えた。セルビア人が反 ICTY の立場を自らの政治的利益を追求する
ために利用しているように、ボシュニャク側指導者たちは、被害者
団体を『利用し、悪用し』ていると指摘した (Orentlicher 2008: 98)」
政治的指導者が ICTY の判決を政治的に利用するために、どのように解釈
し利用しているかは重要な点である。このように、スレブレニツァをめぐる
集団的記憶は、民族・政治的に特別な文脈の中で形成されていくのである。

注

1　スルプスカ共和国議会は 2018 年 8 月 14 日、2004 年のスレブレニツァ報告書を
撤回する決定を行った。理由は、同報告書が誤ったデータに基づいていること、セ
ルビア人を悪魔化する意図のもとに国際社会の圧力を受けて作成されたものであ
り、セルビア人側犠牲者に関する言及がないことであった (Kovacevic 2018)。

2　他にボスニアでの現地調査に基づく研究としては、2008 年に行われたジャニン・
ナタリヤ・クラークのそれがあげられる (Natalya Clark 2009)。

3　2005 年上級代表事務所 (OHR) の法令により、ポトチャリ記念施設は、スルプ
スカ共和国の管轄から外れている。

4　サラエヴォに本拠を置く文書調査センター (Research and Documentation Centre:
RDC) によると、スレブレニツァおよびブラトゥナッツ地区でのセルビア側の死
者は 285 名であるとする (Research and Documentation Centre 2013: 172)。

参考文献

AFP. "Bosnian Serbs admit Srebrenica massacre." 11 6 2004
BBC. "Bosnian Serbs admit to Srebrenica." 11 6 2004
BBC Worldwide Monitoring. "Bosnian Muslim leader hails Hague verdict on Orić." 30 6
2006
Clinton, Bill. 20 9 2003. https://www.youtube.com/watch?v=eA7N2pXoNJA
Duijzings, Ger. "Commemorating Srebrenica: Histories of Violence and the Politics of
Memory in Eastern Bosnia." In *The New Bosnian Mosaic. Identities, Memories and Moral
Claims in a Post-War Society, Bu,* edited by Xavier, Elissa Helmes & Ger Duijzings Bougarel.
Burlington: Ashgate, 2007
Foucault, Michel. *Power/Knowledge: Selected Interviews and Other Writings, 1972-1977.*
Translated by Colin Gordon et al. (trans.). New York: Pantheon Books, 1980
Gregulska, Jagoda. *Memory in Srebrenica: Serb Women Tell Their Stories.* Master Thesis,
Nationalism Studies Program, Central European University, Budapest: Central European
University, 2009
Halbwachs, Maurice. *On Collective Memory.* Translated by Lewis A. Coser (trans. and ed.).

Chicago: University of Chicago Press, 1992

Hayden, Robert M. "Recounting the Dead. The Rediscovery and Redefinition of War Time Massacres in Late- and Post-Communist Yugoslavia." In *Memory, History and Opposition under State Socialism*, edited by Rubie S. Watson (ed.). Santa Fe: School of American Research Press, 1994

Judgment. IT-98-33, Prosecutor v. Radoslav Krstić (ICTY, The Hague 2 8 2001)

Judgment. IT-98-33-A, Prosecutor v. Radoslav Krstić (ICTY, The Hague 19 4 2004)

Judgment, Genocide Case. (ICJ, The Hague 26 2 2007)

Kirmeyer, Laurence J. "Landscape of Memory: Trauma, Narrative, and Dissociation',.." In *Tense Past: Cultural Essays in Trauma and Memory*, edited by M. Lambeck & P. Antze. 1996

Kovacevic, Danijel. "Bosnian Serb MPs Annul Report Acknowledging Srebrenica." 14 8 2018

Miller, Paul B. "Contested memories: the Bosnian genocide in Serb and Muslim minds." *Journal of Genocide Research* Vol.8, no. 3 (2006): 318

Natalya Clark, Janine . "The Limits of Retributive Justice: Findings of an Empirical Study in Bosnia and Hercegovina." *Journal of International Criminal Justice* Vol.7, no. 3 (2009)

NIOD. *Srebrenica, een 'veilig' gebied. Reconstructie, achtergronden, gevolgen en analyses van de val van een Safe Area [Srebrenica, a "Safe" Area: Reconstruction, Background, Consequences and Analyses of the.* Nederlands Instituut voor Oorlogsdocumentatie, 2002

Orentlicher, Diane F. *That Someone Guilty Be Punished – The Impact of the ICTY in Bosnia.* Open Society Justice Initiative, International Center for Transitional Justice, 2008

Potočari Memorial Centre. *Memorialization.* n.d. https://www.srebrenicamemorial.org/en/category/10/1 (accessed 4 28, 2020)

Research and Documentation Center(RDC), Sarajevo and the Humanitarian Law Center of Serbia, *The Bosnian Book of the Dead*：*Human Losses in Bosnia and Herzegovina 1991-1995*, 2013

Stanimirovic, Anes Alic and Dragan. "Imaginary Massacres?" *Time Magazine*, 9 2002

第3章
スレブレニツァ事件をどう伝えていくのか
——バルカン諸国共通歴史教材を一例として

柴 宜弘

本章の概要

　スレブレニツァ事件から25年が経過した今、事件としてのリアルタイムな情報の分析から歴史的な評価へと考察を進めてゆく時代に入った。明らかになってきた事実をどのように掬い、どのように編み上げ、次の世代に何をどう伝えていくのか、これが新しい時代をつくりあげていくためには重要なこととなる。

　しかし、事件が生じたボスニア・ヘルツェゴヴィナでは、いまだに三つの民族が歴史認識を共有する状態からは程遠いと言わざるを得ない。この章ではまず、ボスニア・ヘルツェゴヴィナを構成するボスニア・ヘルツェゴヴィナ連邦とスルプスカ（セルビア人）共和国とでの歴史教育の現状と、共通の歴史理解を生み出す教育への試みとしてバルカン諸国共通歴史教材を紹介する。

　これと関連して、スレブレニツァ事件を歴史として考察するうえで欠かせないのが、厳選された史・資料に基づく多角的な視点である。その観点から、2019年12月にイギリス国立公文書館が、30年後の文書公開原則を前倒しにして、ボスニア内戦関連の公文書を公開したことは注目される。

　また、事件当時のセルビアのメディアが果たした責任を再検討することも必要である。本章ではこのような現状において、スレブレニツァ事件をバルカンという地域のコンテクストのなかで考察してみる。

第1節　バルカン諸国共通歴史教材

ボスニア・ヘルツェゴヴィナの歴史教科書

　ボスニア内戦（1992-1995 年）から 30 年近くが経った現在でも、ボスニア・ヘルツェゴヴィナには共通の歴史教科書が存在していない。ボスニアの二つの政体であるボシュニャク（ボスニア・ムスリム）とクロアチア人からなるボスニア連邦とセルビア人のスルプスカ共和国でそれぞれ独自の歴史の教科書が使われている。ボスニア連邦は 10 のカントン（県）から構成されており、ボシュニャクが多数を占めるカントンではボシュニャク用の、クロアチア人が多数を占めるカントンではクロアチア人用の教科書が使用され、それぞれの歴史教育が実施される。スルプスカ共和国では、セルビア人用の歴史教科書で授業が行われている。

　2006 年に「ボスニア・ヘルツェゴヴィナの初等学校・中等学校歴史教科書の執筆と評価のガイドライン」が策定され、ボスニア連邦では 2007／2008 年度から、ガイドラインに沿った新たな歴史教科書が使用された。しかし、ボスニア連邦とスルプスカ共和国との共通教科書をつくる作業は進まず、加えて教科書の複数化が進められた結果、ボスニア連邦内でもガイドラインにそぐわない教科書も多くみられたようである（柴 2019:240）。新教科書が出版されてから 15 年ほどが経過したが、ボスニアの教育事情は現在も改善されているとは言えない。一方、ボスニアを含む、バルカン諸国共通の歴史教材をつくり、歴史教育に反映させようとする試みが進んでいる。

バルカン諸国のイニシアティヴによる共通歴史教材

　バルカン諸国のイニシアティヴによる最初の共通歴史教材は 2005 年に出版された。バルカン諸国とはアルバニア、ブルガリア、キプロス、ギリシア、ルーマニア、トルコ、それに旧ユーゴスラヴィア諸国のボスニア・ヘルツェゴヴィナ、クロアチア、マケドニア、セルビア・モンテネグロ（2006 年にモンテネグロが独立し、セルビアも独立国になる）、スロヴェニアの 11 か国である。

　ギリシアのペロポネソス大学の歴史学教授クルリ（Christina Koulouri）が中

心となり、バルカン 11 か国の歴史研究者と教育現場の歴史教員 60 名が各
国の史・資料をもちより、地道な共同作業を続けた成果が豊富な写真と図版
を取り入れた『南東欧（バルカン）の近現代史を教える——代替教材』である。
11 か国それぞれの国民史に基づく歴史教科書を統一することなど不可能と
の考えから、中等学校（ギムナジウム）の 15—18 歳の生徒向けの教育に携わる
教員用の史料集がつくられた。「代替教材」という用語に示されているよう
に、この教材は各国で使われている歴史教科書に対抗させる共通の史料集で
ある。バルカンの諸国はそれぞれ固有の言語を持っているので、この歴史教
材はまず英語に翻訳されて出版された。その後、各国語に翻訳し直して順次、
各国で使用されるようになった。もっとも、部数は限られたものであり、こ
の教材を使う教員も関心の高い一部のグループに限定されてはいる。しかし、
バルカン諸国の歴史研究者と歴史教員が国を越えて協力し、自発的に歴史教
材をつくり上げた意義は大きい（柴 2014:20-21）。

　この共通歴史教材は、バルカン史がかかえる微妙な問題を 4 冊に分けて編
集された。第 1 冊は「オスマン帝国」、第 2 冊は「民族と国家」、第 3 冊は
「バルカン戦争」、第 4 冊は「第二次世界大戦」を扱っている。編集責任者の
クルリによると、これら 4 トピックスはバルカン諸国いずれの国の歴史教科
書でも取り上げられているので、共通の史料集を各国の歴史教科書に対抗さ
せる最良のテーマである。さらに、「オスマン帝国」と「バルカン戦争」は
バルカン地域史と関連しているが、「民族と国家」と「第二次世界大戦」は
ヨーロッパ史の文脈を離れて教えることはできない。バルカン史をヨーロッ
パ史のなかに位置づける工夫が凝らしてある。また、地域としてのバルカン
の共通性だけに目を向けるのではなく、バルカンの人々を引き裂いてきた戦
争や対立をも直視できるように配慮されている。この 4 冊の共通歴史教材の
日本語訳が『バルカンの歴史——バルカン近現代史の共通教材』である（ク
ルリ 2013:14-16）。

バルカン共通歴史教材の続編とスレブレニツァ事件

　2005 年にクルリの編集で出版された共通歴史教材は、時期的には第二次

世界大戦期までで、戦後の歴史は一部を除いて扱っていなかった。ユーゴスラヴィア内戦についても、部分的に「民族と国家」でふれられていただけである。この共通歴史教材をつくる契機となったのはユーゴ内戦であり、クルリやリュブリャナ大学のレペ（Božo Repe）らのバルカンの歴史研究者は、ユーゴ内戦までのバルカン戦後史の共通教材を続編として編集する試みを続けた。前著とともにこの作業をサポートしたのは、ギリシア第二の都市テッサロニキに拠点を置き、教育関係に特化したNGOの「南東欧における民主主義と和解のためのセンター（CDRSEE）」であった。EUの経済支援も受け、2016年に2冊本の続編がようやく完成した。『南東欧の現代史を教える』と題されたこの教材には、「歴史教員のための史料集」とサブタイトルが付けられており、前著と同様に歴史教員に向けて編集されているが、内容からして主たる対象は南東欧現代史に関心をもつ大学の教員や学生と考えられる。

　第1冊は「冷戦（1944-1990）」であり、第二次世界大戦終結、ギリシアを除くバルカンの諸国がソ連のもとで社会主義圏に組み込まれる時期から、1989年の体制転換の時期まで、いわゆる「冷戦」の時代を扱っている。資本主義陣営に引き込まれたギリシアと社会主義陣営に組み込まれた他の諸国が混在するバルカン地域を、人々の暮らし、社会、文化に十分な目配りをして相互に比較できるよう史・資料が収められている。

　第2冊は「戦争、分断、統合」であり、ユーゴ紛争とキプロス紛争にそれぞれ章が割かれ、これらの紛争に対する国際社会の対応、紛争による社会や国家間の分断、EUによる統合、記憶の継承に関する史・資料が整理されて示される。スレブレニツァ事件については、「ユーゴスラヴィアの解体」という章の「虐殺と民族浄化」という節のなかで、二つの資料が掲載されている。一つは、スレブレニツァとジェパに暮す事件被害者の母親の会のフェイジッチ（Sabaheta Fejzić）という女性の証言で、「息子が自分から離されて連れて行かれる時に、大粒の涙を流していた姿が忘れられない」という3行ほどの記事である（Kourouli and Repe 2016:78）。

　もう一つはセルビアの首都ベオグラードのアントネラ・リハ（Antonela Riha）という女性ジャーナリストが独立系のネット週刊誌『ツェンゾォロヴ

カ（Cenzolovka）』（おそらく合成語）に 2015 年の 7 月 10 日に公開し、英語にも
翻訳されている記事の一節である。それによると、スレブレニツァ事件が起
こった当時、セルビアの主要な新聞はこの大規模な虐殺事件もボスニアで繰
り返される事件の一つとみなし、とくに関心を示すことはなかった。そうし
たジャーナリズムにあって、独立系の新聞『ナシャ・ボルバ（Naša Borba）』
だけは事件が発生した直後から、その規模の大きさを報道した。また、独
立系のテレビ局 B92 が撮影したニュースには事件をうかがわせる場面が
映されていたが、当のメディア関係者でさえそれに気づくことはなかった
（Kourouli and Repe 2016:78）。興味深い指摘がみられるこの記事については、次
節で少し詳しく紹介する。

　また、「記憶の継承のされ方」という章の「最近の戦争の記憶」の節にも
スレブレニツァ・ジェノサイドという表題で、二つの印象的なカラー写真
が収められている。一つは「スレブレニツァの花」をかたどったバッジで、
「スレブレニツァを忘れるな」と書かれている。もう一枚は、よく知られた
スレブレニツァ北方の町ポトチャリの記念墓地である。8,000 体以上の遺骨
が眠るとの説明がある（Kourouli and Repe 2016:226-227）。

　主として大学の教員や学生を対象とするこの共通歴史教材には、教材をど
のように用いるのかというアドバイスが前著と同様に付されているが、その
要求は大学レベルに合わせている。例えば、スレブレニツァ事件などについ
ては学生を二つのグループに分けて、一つは国際法の側面から戦争に関連す
る国際協定を調べさせ、もう一つのグループには「民族浄化」や「ジェノサ
イド」といった用語の意味を徹底的に考えさせ、両グループがバルカンだけ
でなく様々な地域の事例をあげて議論することを推奨する。クルリ、レペそ
してベオグラード大学のストヤノヴィチ（Dubravka Stojanović）らの歴史研究
者グループは、ボスニアも含む旧ユーゴ諸国の歴史教員のワークショップや
学生のサマースクールを開催して、この共通歴史教材を使って議論する場を
設ける努力を続けている。

第2節　スレブレニツァ事件をめぐるセルビア・メディアの報道

共通歴史教材の資料の検証

　前節で紹介した『南東欧の現代史を教える』に収められている史・資料は
クルリらの編集委員がバルカン諸国から集められた多くの史・資料を一定の
基準のもとで厳選することに加えて、一つの史料もその一部を抜粋して載せ
てある。史料集の編集にあたり、史・資料の取捨選択の作業は極めて重要で
ある。現在、筆者は前著と同様に、グループで今回の共通歴史教材の翻訳を
進めている。本来なら、収められている史・資料のオリジナルにあたって逐
一確認することが必要となる。しかし、いまではコソヴォを含めて 13 国に
なったバルカン諸国の史・資料すべてにあたることはできない。ここでは一
例として、先に紹介したスレブレニツァ報道に関するリハの記事を全文にあ
たって検証してみる。

　リハは 1963 年にモンテネグロのコトルで生まれ、ベオグラード大学哲学
部で民俗学を専攻し、卒業後ジャーナリズムに入った。ラジオ・ベオグラー
ドを経てラジオ・B92 で番組編成に携わった社会派のジャーナリストである。
リハの記事は、2014 年にメディアの自由を目的にベオグラードで設立され
た独立系ネット週刊誌『ツェンゾォロヴカ』に掲載された。資料として共通
歴史教材に掲載されたリハの記事はその一部だが、全体の文意を汲んで、正
確に引用されていることがわかる。スレブレニツァ事件が発生した当時の
セルビアのジャーナリズムの対応やセルビアの人たちの反応が示されてい
て興味深いので、ここでは記事「1995 年 7 月のスレブレニツァ報道」(Riha
2015) を共通教材の資料を補足する形で紹介をしておく。

リハの記事「1995年7月のスレブレニツァ報道」から

　「1995 年 7 月 11 日、スルプスカ共和国軍がスレブレニツァ安全地帯に
進攻した日、セルビアのメディアのトップ・ニュースは、ミロシェヴィチ
(Slobodan Milošević) 大統領と『タイム (Time)』誌のインタビュー記事だった。
このインタビューで、ミロシェヴィチは国際社会と協力してボスニアの和平

を進めているため、ボスニアのセルビア人勢力指導者との関係を悪化させて
しまったと答えている。実際、この時期にはボスニア和平交渉が進んでおり、
セルビアには和平もそれほど遠くないといった雰囲気があった。国際社会か
ら経済制裁を科されていたセルビアのメディアの関心は、ミロシェヴィチが
この問題にどのように取り組むかに向いた。こうした当時のセルビアの状況
を念頭に置いたうえで、セルビアのメディアがスレブレニツァ事件をいかに
報道したのかについての全体像を描いてみたい。

　セルビアの代表的なメディアとして次のようなものが存在していた。新
聞では『ポリティカ（Politika）』、『ヴェチェルニェ・ノヴォスティ（Večernje
Novosti）』、『ポリティカ・エクスプレス（Politika Ekspres）』、『ナシャ・ボルバ』、
週刊誌では『ヴレメ（Vreme）』、『ニン（NIN）』、『ドゥガ（Duga）』、『インタ
ビュー（Intervju）』、そしてテレビ・ベオグラードの夜 7 時半のニュース番組
「ドネヴニク（Dnevnik）」である。これらのメディアのなかでも、テレビ・ベ
オグラードの「ドネヴニク」は、ミロシェヴィチの政治目的が和平の達成だ
けであり、ドリナ川の対岸のボスニアのセルビア人に関与しないという発言
を真に受けて報道し続けた。その結果、スレブレニツァやジェパにクルーを
送ったのは 7 月 30 日になってからだ。また、これらの新聞や週刊誌を一瞥
すると、セルビアのメディアの大半が、ボスニアの戦況に関心をもっていな
かったことは明らかである。

　これらのメディアにとって、スレブレニツァをめぐる戦闘は犠牲者が相次
ぎ、数えきれない一連の戦いの一つに過ぎなかった。ボスニアの最前線には、
セルビアだけでなく外国の通信社の記者もおらず、広い観点から戦況を判断
することができなかった。こうした状況において、独立系の新聞『ナシャ・
ボルバ』の読者には 7 月 12 日付でスレブレニツァの状況が伝えられていた。
現地にいた「国境なき医師団」の一人であるステファン・オベレ（Stephan
Oberreit）が独立系のベータ（Beta）通信に、7 月 11 日に 2 ～ 3 万人がスレブ
レニツァからポトチャリの国連保護軍に保護を求めて移動したこと、逃げる
あいだに砲撃を受けて多くの負傷者がいることを知らせたのである。この記
事は、スレブレニツァ陥落直後に、現地ラジオ・レポーターのニノ・チャ

ティチ（Nihad "Nino" Čatić）が発した最後の以下の報道も引用している。『す
べてが修羅場と化している。死傷者は病院に移送されているが、その詳細は
わからない。毎秒 3 発の砲弾がこの町に打ち込まれているのだから。病院
で確認されたのは死者 17 人、負傷者 57 人そして軽傷者がいることだ。ス
レブレニツァで起こっている悲劇を伝えようとしない者などいるだろうか』。
これをフランスの通信社 AFP が配信し、『ナシャ・ボルバ』が報じた。チャ
ティチはこの数日間で殺害された数千人のうちの一人である。
　政府系の新聞『ポリティカ』は、国連保護軍の声明やスルプスカ共和国軍
の発表のみ取り上げた。スレブレニツァからの避難民が大量に発生してい
た時、同じく政府系の夕刊紙『ヴェチェルニェ・ノヴォスティ』は 7 月 13
日付で、住民は安全であるというムラディチ（Ratko Mladić）の声明を載せた。
この記事には、多数のムスリム兵士は丘陵地に逃げ込んだが、捕らえられた
兵士もおり、かれらはジュネーヴ諸条約に基づいて捕虜として取り扱われた、
と書かれている。7 月 15 日付の『ポリティカ・エクスプレス』には、3 万
人のムスリムのボスニア中部への移送がおこなわれ、負傷者はブラトゥナッ
ツで手当てを受けたという記事が掲載された。これに対して、同じ日の『ナ
シャ・ボルバ』はボスニアのセルビア人勢力が 700 〜 3,000 人の捕虜をブラ
トゥナッツ近くのサッカー場に連行したとの記事を載せていることがわかる。
　7 月 15 日に、ベオグラードの独立系のテレビ局スタジオ B は、著名なフ
リーランスのジャーナリスト、ゾラン・ペトロヴィチ・ピロチャナツ（Zoran
Petrović Pirоćanac）が制作した番組を放映した。それは 7 月 13 日と 14 日の両日、
スレブレニツァとその近郊でのムラディチとかれの指揮下の部隊の兵士たち
に焦点を当てた番組だった。そこには、クラヴィツァ村の共同倉庫の弾痕が
残る壁に沿って、20 体ほどの放置された遺体が映るシーンがあった。信じ
がたいことだが、放映時には視聴者だけでなく、できる限り客観的な報道を
しようとしてきたメディアもこのシーンを見過ごしてしまった。7 月 21 日
付の週刊誌『インタビュー』のピロチャナツの記事には、ムラディチが避難
民にチョコレートを配ったこと、涙を浮かべたセルビア人は隣人のボシュ
ニャクを抱きしめ、かれらにパンとミルクを与えたこと、ムスリム同士が互

いに戦っていることなどが記されている。ピロチャナツはムラディチを讃え
ると同時に、スレブレニツァ進攻時の戦いで、2,000 〜 3,000 人のセルビア
人兵士が命を落としたことを伝えたいと述べている。ピロチャナツはスレブ
レニツァでのボシュニャク虐殺を知りながら、それに関心を向けようとしな
かった。

　殺害された人たちの遺体を映したシーンは誤って映像に紛れ込んでしまっ
たにせよ、セルビアの人たちがこのシーンの存在を知ったのは、スルプスカ
共和国当局が番組のビデオテープを押収し、ハーグの旧ユーゴ国際刑事裁判
所に証拠として提出した時のことであった。スレブレニツァ事件に関するメ
ディアの報道についてまとめてみると、以下のことが言える。独立系のメ
ディアは反ミロシェヴィチおよび反戦という編集方針で臨んでいたが、スレ
ブレニツァ事件の大きさを目の当たりにしてたじろぐあまり、この事件には
あえて立ち入らないとの態度をとってしまった。一方、政府系のメディアは
こぞってこの事件を否定したのである。」(Riha 2015)

スレブレニツァ事件に対するセルビアの認識

　リハの記事を検証してみると、スレブレニツァ事件をめぐるセルビア・メ
ディアの報道の実体が見えてくる。当時のセルビア・メディアの記事を丹念
に追い、メディアの編集責任者へのインタビューでそれらを確認するリハの
手法は実証的であり、信頼がおける。当時、筆者も航空便で『ポリティカ』
と『ナシャ・ボルバ』を購読していたが、ボスニア情勢の行方にとらわれて
しまい、内戦の最終局面においてスレブレニツァで何が起こっていたのかに
ついて、十分に目配りすることはできなかった。

　リハのインタビューで、『ヴェチェルニェ・ノヴォスティ』の当時の編集
長ラデ・ヴラヨヴィチ（Rade Brajović）が語っているように、その発行部数は
セルビアで最大の 50 万部に達していた。これに対して、独立系の『ナシャ・
ボルバ』は数万部ほどだったと思われる。セルビアの多くの人々は、スレブ
レニツァ事件があったことを知る由もなかった。『ナシャ・ボルバ』のそれ
ほど多くない読者のなかで、スレブレニツァの動向に関心をもった人がいた

としても、それに関する記事が継続して掲載されることはなく、ボスニア内戦下で繰り返された惨事の一つとして、記憶から消え去ってしまったのだろう。共通歴史教材に収められたリハの記事の抜粋は、バルカン諸国の大学の教員や学生がボスニア内戦を理解するうえで最良の歴史教材であることは確かだが、この教材と関連してさまざまな分野の文献を読んで準備をすることは不可欠である。

　スレブレニツァ事件から四半世紀を経た現在でも、セルビア人のあいだで、スレブレニツァ事件に対する共通理解ができているとは言えない。2019 年にノーベル文学賞を受賞したオーストリア出身の作家ハントケ（Peter Handke）は、ユーゴ紛争時のセルビアの状態を第二次世界大戦時のユダヤ人のそれに準えて、セルビア擁護の論陣を張っている。スルプスカ共和国の政治家ドディクは、2010 年にスルプスカ共和国首相としてスレブレニツァ事件の存在は肯定したが、意図的な大量殺害のジェノサイドではなかったと主張した。現在、スレブレニツァ事件がなかったと考えるセルビア人はほとんどいない。しかし、事件がジェノサイドであったのか否か、犠牲者数がどれほどだったのか、犠牲者は兵士なのか住民なのか、ムラディチ評価とも絡んでスルプスカ共和国軍の関与はあったのか否かについて、かれらの見解は一様ではない。スレブレニツァ事件当時のジャーナリズムの報道がセルビア社会の分断を進めてしまった側面があり、その責任は大きいと言わざるをえない。

バルカンは特殊なのか

　最後に、スレブレニツァは歴史的にどういう意味があるのだろうか、スレブレニツァ事件を含むボスニア内戦での惨事は特殊なものだったのか、そもそもバルカンという地域は特殊なのか、ヨーロッパとは違うのかという問題についてふれておく。確かに、クロアチアとセルビアに挟まれ、400 年以上におよぶオスマン帝国支配下でムスリムへの大量の改宗が生じ、セルビア人、ムスリム、クロアチア人が生活を共にしてきたボスニアは、ある意味で特殊

な地域ということができる。ボスニア生まれで、旧ユーゴスラヴィア時代の1961年にノーベル文学賞を受賞したアンドリッチ（Ivo Andrić）は、宗教の違いから緊張をはらむボスニアの特色を、憎悪の土地であると同時に信頼と優しさの土地でもあると述べている（アンドリッチ 1997）。二律背反する特色を生み出したボスニアの歴史は、多様で複雑なバルカン地域のなかでも特殊であった。それゆえ、ボスニアに生きる人々はこの特殊性を自覚しながら、知恵を働かせて共生してきたのである。歴史のなかで人々が培ってきたこのような共生の知恵を無視して、ボスニアの特殊性に内在する危険を封じ込めた「パンドラの箱」を開けてしまったのが、自らの勢力の利害のみを追求したボスニア内戦の政治指導者たちであった。そのことが、スレブレニツァ事件を引き起こす結果に至ったといえよう。

　アメリカのバルカン史研究者のトドロヴァ（Maria Todorova）は、ヨーロッパとは異なる「特有の道」としてバルカンを研究すべきではなく、一方、バルカンという地域についても一括りにするのではなく、その多様性に注目して、それぞれの固有な歴史を洗い出すことが必要だと述べている（トドロヴァ 2008:43-44）。地域概念は目的をもって外から与えられるのであり、トドロヴァが主張するように、バルカンという地域概念もつくられたものにすぎない。こう考えると、ボスニアは共通の特徴をもつバルカンという地域の一部ではあるが、特殊な社会構造をもつボスニアの歴史が他のバルカン地域のそれと異なっていても不思議ではない。

　また、オスマン帝国から独立を達成したバルカン諸国が西欧型の国民国家を目指して自前の軍隊をつくり、領土問題で相互に対立した19世紀から20世紀にかけて、バルカンは西欧から「ヨーロッパの火薬庫」としてのレッテルを貼られた。「紛争地域」としてのバルカンのイメージは、1990年代のユーゴ紛争のなかで容易に再燃する。ボスニア内戦は紛争イメージの強いバルカンの争いとみなされ、納得してしまう傾向が強かった。これと関連して、バルカンに付与された地域のイメージはつねに暴力とも結びつけられた。「後進性」に基づく「バルカンの特有な道」から暴力が生じると考えられたからである。暴力がヨーロッパとバルカンを区分するメルクマールとさ

れ、暴力の歴史に満ちたバルカンは特殊なのだとする論調も見られた（ヘプ
ケン 2008:47-48）。しかし、ヨーロッパの近現代史を見ればわかるように、暴
力は近代性そのものに内包しているのであり、ヒトラーの事例をあげるまで
もなく、ヨーロッパの各地に暴力が散見される。バルカンの特殊な現象とす
ることはできないだろう。

　スレブレニツァ事件もバルカンの特殊な現象としてすませてはならない。
ボスニアの特殊な背景のなかで生じた大量殺害ではあるが、暴力の問題は
ヨーロッパの問題でもあり、セルビアの問題でもある。さらには、私たちの
問題でもあることを忘れるべきではないであろう。

参考文献

アンドリッチ、イヴォ 1997、田中一生・山崎洋訳『サラエヴォの鐘——短編集』恒文社
クルリ、クリスティナ総括責任、2013、柴　宜弘監訳『バルカンの歴史——バルカン近現
　代史の共通教材』明石書店
柴　宜弘 2014「バルカンにおける共通歴史教材づくり」『歴史学研究』第 916 号、2014
　年 6 月
柴　宜弘 2019「教育——民族による分断を超えられるか」柴　宜弘・山崎信一編『ボ
　スニア・ヘルツェゴヴィナを知るための 60 章』明石書店
トドロヴァ、マリア 2008「バルカンにおける分析カテゴリーとしての記憶、アイデンティティ、
　歴史遺産」柴　宜弘編『バルカン史と歴史教育——「地域史」とアイデンティティの再
　構築』明石書店
ヘプケン、ヴォルフガング 2008「バルカンの歴史は『暴力の歴史』か」柴　宜弘編『バル
　カン史と歴史教育——「地域史」とアイデンティティの再構築』明石書店
マゾワー、マーク 2017、井上廣美訳『バルカン——「ヨーロッパの火薬庫」の歴史』中
　公新書
Koulouri, Christina and Repe, Božo (eds.)2016, *Teaching Contemporary Southeast European*：
　History Source Books for History Teachers, Volume 2 : Wars, Divisions, Integration (1990-2008) ,
　CDRSEE, Thessaloniki
Riha, Antonela 2015, 'Reporting on Srebrenica, July 1995: Independent Media could not
　believe it, Pro-government ones glorified war criminals', *Cenzolovka*, 10 July, 2015

第4章
"共存"の政治風土は醸成され得るのか
──投票行動にみるスレブレニツァの現在

橋本敬市

本章の概要

　2005年秋、帰還民支援プロジェクトの調査で訪れたスレブレニツァの町は文字通り、ゴーストタウンだった。市役所前のメーン・ストリートでさえ、道行く人はまばらで、町の中心部にある小学校から子供たちの歓声が聞こえてくることもない。市街地を離れ、ドリナ川に近いエリアまで足を延ばすと、紛争末期に故郷を追われたボシュニャクの廃墟が手つかずのまま放置されていた。

　ここに共存可能な共同体を再建する──。2006年に始まった国際協力機構（JICA）の支援は、紛争後、スレブレニツァを"支配"していたセルビア人とボシュニャク（ボスニア・ムスリム）帰還民の両方を視野に入れた取り組みで、協働作業（主に農業）を通じて民族間の信頼関係を回復させ、かつては存在していたコミュニティーの紐帯を取り戻すことを目標としていた。

　2006年は隣国「セルビア・モンテネグロ（当時）」からモンテネグロが独立を果たした年であり、セルビア内のコソヴォ自治州では2年後の独立宣言に向け、「脱セルビア」のムードが増々高まりつつあった。ボスニア・ヘルツェゴヴィナ（以下、ボスニア）のセルビア人社会の中では、"母国"セルビアが領土を失い続ける状況下、悲壮感を伴う民族意識が掻き立てられ、自民族中心主義を掲げる政治家ミロラド・ドディク（Milorad Dodik）が極右的レトリックを駆使しながら権力を掌握していく。ドディクと、彼が党首を務める独立社会民主同盟（Savez nezavisnih socijaldemokrata：SNSD）はその後の選挙でも民族意識に訴えて連戦連勝し、国際社会や国内のボシュニャク、クロアチア人との対立を深めていく。

　民族共存を目指す支援を行うには極めて厳しい政治環境ではあったが、この和解・信頼醸成プロジェクトは7年半にわたって実施された。凄惨な虐殺を経

験したスレブレニツァで、果たして両民族の和解・共存は実現し得るのか——。本章では、スレブレニツァ市を含むセルビア人居住地域全体の有権者の投票行動と、スレブレニツァ住民のそれを継続的に比較検証し、排他的なプロパガンダを続ける SNSD に対し、スレブレニツァの有権者がどのようなスタンスを示したのか、あるいはその投票行動に変化が生じたのか——を調べることを通じ、共存社会再建の可能性について考える。

第1節　紛争後選挙の特殊事情

　3 年半に及ぶボスニア紛争に終止符を打った「包括的和平合意（いわゆる「デイトン合意」）」の策定者は、「代議制政府の基礎を築き、ボスニア全土において民主的な目標を段階的に達成することを保証するため（同合意付属書3前文）」、署名当事者に対して紛争終結後出来るだけ早く選挙を実施することを求め、特に国政選挙については「デイトン合意発効後、遅くとも9か月後（同2条4項）」に行うことを規定していた。新生ボスニア国家の建設が「まさに灰燼からのスタート（ロバート・フローウィック（Robert Frowick）OSCE ボスニア・ミッション団長＝当時）」[1]であったことを思えば、この期限設定はかなり楽観的なものだったと言えるだろう。

　デイトン合意は、さらに「自由・公正な選挙実施のための条件、特に政治的に中立な環境が存在することを保証し、表現の自由、メディアの自由を確保するとともに、結社の自由を擁護・促進する（同1条1項）」義務を課し、選挙当日までに難民の帰還が「軌道に乗っている（同6条1項）」ことを期待していた。

　しかし、1996 年9月に実施された紛争後初の民主選挙（国政、政体[2]、県の各レベル。市レベルの選挙は翌1997 年まで延期された）はデイトン合意の高邁な期待からは程遠いものとなった。民族主義指導者たちによる脅迫、投票強要、投票用紙の偽造等の不正行為が頻発、なかでも最も深刻な影響を及ぼしたのが難民・国内避難民（IDP）の投票をめぐる混乱だった。デイトン合意は、紛争中に各勢力が武力で獲得した領土を追認する形で取りまとめられたため、かつての居住地が他民族の支配下に置かれた地域では難民・IDP の帰還が全く進んでいなかった。同選挙を管理・運営した「欧州安全保障協力機構（Organization for Security and Co-operation in Europe:OSCE）」は家を追われた有権者たちに選挙権を保証するための方策を講じ、これら難民・IDP の有権者たちに、「将来住みたいと思う場所」での有権者登録を認めた（いわゆる "P2" 方式の登録）。これが予想をはるかに超える不正登録を招いたのである。民族主義指導者たちは、紛争の結果生まれた民族の棲み分け状態を固定化するため、

図4-1　ボスニア・ヘルツェゴヴィナ

　自民族の難民・IDP を脅迫し、紛争前の居住地がどこであれ、「民族浄化作
戦」によって自民族が多数派となっている市に登録するよう強要した。こう
したやり方は特にユーゴスラヴィア（当時）に避難していたセルビア人難民
に対して広範に行われ、これら難民は、デイトン合意によってセルビア人の
居住地として認知された「スルプスカ（セルビア人）共和国」(政体の一つ) で
登録を行った。その結果、スルプスカ共和国では紛争が終わった後も民族浄
化が進行し、より純然たるセルビア人支配地になっていったのである。
　スルプスカ共和国では唯一、スレブレニツァだけが異なる様相を呈してい
た。紛争前、スレブレニツァの人口は約3万7,000人。うち約3分の2がボ
シュニャク、残りはセルビア人だった。紛争終結直前の1995年7月、セル
ビア人軍による大量虐殺の結果、約8,000人のボシュニャク男性が殺害され、
女性は「ボスニア・ヘルツェゴヴィナ連邦（スルプスカ共和国とともにボスニア国家
を構成する政体。以下、「連邦」)」側へ強制移住させられた。デイトン合意の結果、

セルビア人が紛争中に武力で獲得した地域（ボスニア全体の 49%）がスルプスカ共和国となり、紛争前は連邦側に住んでいたセルビア人もスルプスカ共和国で有権者登録したことにより、紛争前は全人口の 33% に過ぎなかったセルビア人がスルプスカ共和国では住民全体の 92% を占めるに至り、他民族には帰還が困難な地域となっていた。しかし、虐殺によって「民族浄化」のシンボリックな場所となったスレブレニツァでは、ボシュニャク指導者による政治的動員が大規模に行われ、1 万 9,746 人もの在外ボシュニャクが有権者登録を行ったのである。

1997 年 9 月に実施された初の市議会選挙では、スルプスカ共和国の他地域全てにおいて、紛争を主導したセルビア民族主義政党「セルビア人民主党（Srpska Demokratska Stranka:SDS）」が圧勝したが、スレブレニツァのみ、ボシュニャクの民族主義政党「民主行動党（Stranka Demokratske Akcija:SDA）」を中核とする政党連合が過半数の議席を獲得している（定数 46:SDA 連合 24、SDS12、RS セルビア人急進党（Srpska radikalna stranka Republike Srpske:SRS・RS）9、無所属 1。別表参照）。

この時期、同市住民のほとんどがセルビア人だったことから、当選したボシュニャク議員たちは、日常的にいやがらせや脅迫を受け、市内に留まることはできなかった。これら議員たちは普段は連邦側に住み、議会が招集されるたびにスレブレニツァに“通勤”し、閉会後には急いで連邦へ戻っていたが、1997 年 10 月には、ボシュニャク議員が議場横のトイレで殴打されて刺されるという事件も発生している。

第 2 節　民族共存に向けた方策──JICAの取り組み

上記の通り、有権者登録の濫用により、さらに「民族浄化」が進んだことから、ボスニアの復興・民主化を支援する国際社会は 2000 年以降、いわゆる「マイノリティー・リターン（かつての居住地が紛争によって他民族支配となり、帰還者が少数民族（マイノリティー）となっている地域への帰還を指す。帰還しても多数派民族からの嫌がらせや就職・就学での差別が続いた）」に本腰を入れ始めた。

　スレブレニツァでは、有権者登録上だけではなく、実際にボシュニャクの帰還を促進するための支援が本格化し、JICA も 2006 年 3 月から、セルビア人とボシュニャクの共存を可能とするための環境整備を目的とした「和解・信頼醸成プロジェクト」を開始した（当初は長期専門家一人派遣。2008 年 9 月―2013 年 11 月は、その成果を発展させて技術協力プロジェクトを実施）。農業（ハーブ生産・加工、野菜栽培、養蜂、牧草生産等）、児童保育施設運営等への支援を通じ、コミュニティーの再構築と住民の経済的自立を目指すもので、両民族合同の NGO や地元共同体に実施を委ねた。同プロジェクトはスレブレニツァ全域をカバーし、計 20 種の活動により裨益人口は延べ 5,347 人（セルビア人 2,846 人、ボシュニャク 2,501 人）に上った[3]。

第 3 節　スレブレニツァ住民の投票行動の変遷

プロジェクト開始前後におけるスルプスカ共和国の政治状況

　JICA がプロジェクトを開始した 2006 年は奇しくもボスニアの政治状況、特にスルプスカ共和国における政治勢力の変遷を見る上で、大きな分岐点となった年だった。紛争終結後の国際社会の介入が 10 年を過ぎても国家建設プロセスが停滞し経済改革も難航する中で、紛争後は影を潜めていた民族主義的レトリックが再び政治の表舞台に出てきた時期である。

　同年 6 月、隣国の「セルビア・モンテネグロ（当時）」から構成共和国のモンテネグロが住民投票を経て独立したことを受け、それまで中道左派の穏健派として国際社会の期待を担っていた独立社会民主同盟（SNSD）のミロラド・ドディク党首が、スルプスカ共和国の分離独立にまで言及しながら、「住民の意志の民主的な表現が望ましい」と発言[4]。ドディクはこれ以降、コソヴォの独立宣言（2008 年 2 月）等の機会を捉え、2010 年にスルプスカ共和国大統領に就任するまで、少なくとも 7 度、公けに「スルプスカ共和国独立の是非を問う」等を内容とする住民投票実施に言及、国内の他民族や国際社会との対決姿勢を強めていく。同共和国住民も 2006 年 6 月中旬、数千人がバニャ・ルカでデモを行い、ボスニアからの分離独立を求めるなど、共

表 4-1　ボスニア・ヘルツェゴヴィナの主な政党

略称	政党名	特徴
SNSD	独立社会民主同盟	セルビア民族主義政党（元は中道左派）
SDS	セルビア人民主党	セルビア民族主義政党
SRS・RS	セルビア人急進党	極右政党
SPRS	RS 社会党	中道左派
SNS	セルビア人民同盟	SDS から離党し中道右派。DNS が分離
SDA	民主行動党	ボシュニャク民族主義政党
SBiH	ボスニアのための党	SDA から分離
SBB・BiH	ボスニアのよりよい将来のための連合	中道右派
HDZ・BiH	クロアチア民主同盟 BiH	クロアチア人民族主義政党
DNS	民主人民連合	中道政党
	進化するスレブレニツァ	中道右派
SDP・BiH	社会民主党	多民族政党

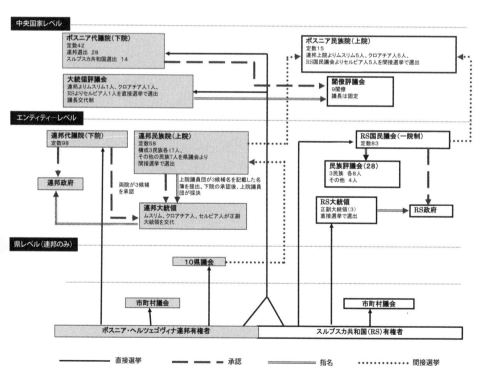

図 4-2　ボスニア・ヘルツェゴヴィナ立法・行政機関

和国全体に民族主義的レトリックが拡大していった。

　紛争を主導した SDS が依然として影響力を維持していた 1998 年、ドディクは国際社会の強いバックアップを受け、当時まだ小政党だった SNSD から初めてスルプスカ共和国首相に選出され、民主化を促進する政治家として期待されていたが、2000 年に自ら汚職に関与して国際社会の信頼を喪失していた。他方、国際社会はこの時期、民族主義政党への締め付けを強化しており、党員の切り崩し等によって SDS が弱体化し始めたことから、ドディクは生き残りをかけて突然、"民族主義者"に転向し、SDS の支持者層を取り込み始めていた。

　上記の通り、スルプスカ共和国全体で民族主義が高まった政治環境の中で実施された 2006 年 10 月の国政・政体選挙では、ドディクの SNSD が地滑り的勝利を収め、ボスニア紛争勃発（1992 年）以来、セルビア人社会で自民族中心主義を主導してきた SDS から初めて、政体議会（スルプスカ共和国国民議会：RSNA）第一党の地位を奪っている[5]。

　この年の選挙では、直接選挙で選出されるスルプスカ共和国大統領選でも SNSD のミラン・イェリッチ（Milan Jelić）が勝利を収め[6]、首相に就任したドディクとともに、同共和国政界で確固たる地位を築いていく。ドディクは次の 2010 年国政・政体選挙では、自らスルプスカ共和国大統領選に出馬して当選。SNSD は RSNA ではやや議席を減らしたものの、第一党の地位を維持し、逆に議席数を伸ばした中央下院を含めてボスニアのセルビア人政界をリードしていく[7]。セルビア人の民族意識を大きく煽る結果となったコソヴォの独立宣言後、初の国政選挙だった同年選挙は、「ボスニア史上、最もお金がかかり、メディアが濫用された選挙キャンペーン」と言われるが[8]、紛争中のような「憎悪スピーチ」がメディアで喧伝され続けた。

　こうした政治状況の変化に加えて、2006 年には、選挙制度にもスレブレニツァの議会政治に大きな影響を与える改正がなされた。ボスニアでは紛争終結後、選挙のたびに有権者登録作業が行われていたが、同年、全国民への支給が義務付けられていた ID カードに基づき、有権者リストが自動的に更新される制度が導入され、登録に絡む不正行為が激減した。

表 4-2 スレブレニツァにおける登録有権者数・民族別有権者数

登録有権者数 2002-2012 年

	居住者による投票	不在者投票	郵送による投票	計
2002	9,956	10,935	484	21,376
2004	10,162	10,084	369	20,615
2006	7,406	4,228	545	12,179
2008	9,523	5,087	882	15,492
2012	11,316	1,699	1,075	14,090

民族別有権者数 2008 年

	居住者による投票	不在者投票	郵送による投票	計
ボシュニャク	2,377	5,060	876	8,313
セルビア人	7,133	27	5	7,165
クロアチア人	7	0	0	7
他	6	0	1	7
計	9,523	5,087	882	15,492

(OHR 資料)

　また、上記の通り、1996 年 9 月の選挙以来、難民・IDP の政治参加を促すために"不在者投票"が認められてきたが、戦後 10 年の間に推計約 200 万人の難民・IDP のうち、かつての居住地へ戻ることを求めた約 100 万人は概ね帰還を果たしたと判断され、次第に現住地での投票が主流化。2008 年の選挙法改正により、スレブレニツァを除いて、現住所での投票が義務付けられた[9]。最後まで特例措置として不在者投票が認められていたスレブレニツァでも 2012 年の地方選挙ではこれが廃止され、初めて居住者のみによる投票が行われることになる。

スレブレニツァにおける政治風土の変化

　上記した通り、スレブレニツァでは、スルプスカ共和国の他地域以上にボシュニャクの帰還が困難だったことや、紛争終結後の政治的動員によって、以下の表（上級代表事務所（OHR）[10]作成）に見られるように、非居住者による不在者投票の占める割合が大きく、1997 年の市町村議会選挙以降も、ボ

シュニャクの SDA が第一党の地位を維持し続ける。

　2012 年にスレブレニツァ特例措置が廃止されるまで、ボシュニャク政党が獲得した議席の多くが、国際社会（JICA を含む）の支援とは無関係の市外居住者によって獲得されたものであるため、ボシュニャク票を同市における政治風土変遷の検証対象とすることは難しい。他方、セルビア人有権者については、そのほとんどが同市在住者であり、実際に帰還してきたボシュニャクと共に、支援の裨益者となっていることから、その投票行動がスルプスカ共和国他地域と同様、民族主義の影響を受けたのか、あるいは段階的であれ、穏健派政党や多民族政党への志向に変化したのかを検証することには妥当性があると考えられる。

　JICA が両民族を対象としたプロジェクトを開始した 2006 年以降、スルプスカ共和国全体を見れば、民族主義が極度に高まり、中道左派だった SNSD が極右的レトリックを使いながら権力を掌握していく時期である。スレブレニツァ市議会でも、2004 年選挙と、コソヴォ独立宣言直後の 2008 年選挙を比較すると、SNSD は 4 から 7 へと議席数を増やしている。

　しかし、ここで特徴的なのは、民族主義的キャンペーンが最も大規模に展開された 2010 年の国政・政体選挙直後の 2012 年市議会選において、スレブレニツァでは SNSD が早くも失速し始めたことである（別表参照）。ボスニア公共放送局（BHRT）の選挙報道チーフ、セナダ・クルロヴィチ（Senada Krlović）氏は「ドディク SNSD 党首は 2010 年の選挙キャンペーン中、『スレブレニツァの虐殺は存在しなかった』と主張し、ボスニア全土のボシュニャクから反発を受けた。共存を模索し始めたスレブレニツァのセルビア人には、ボシュニャクを刺激するようなレトリックとして、かえって不評だったと思われる」と分析する。また、SNSD が票を伸ばした 2008 年市議会選でも、市議会内では政体議会 RSNA と異なり、SNSD が野党 SDS（3 議席）と協調路線を模索するなど、「政策決定で極端な主張は避けようとする」（同氏）傾向が見られた。スレブレニツァでは、メディアにおいても、国際社会との対決路線を押し出すドディク党首の露出は限定されていたという（RTV Srebrenica の記者アドナン・メフメドヴィチ（Adnan Mehmedvić）氏談）。

2012年10月地方選

　「IDP 資格を持たない非居住者の不在者投票も可」とするスレブレニツァ
特例が廃止された 2012 年地方選では、初めて非居住者による組織票を失う
ボシュニャクが、紛争終結後維持してきた市長ポストを守れるかどうかに大
きな注目が集まった。結果は無所属のボシュニャク候補チャミル・ドゥラ
コヴィチ（Ćamil Duraković）が 4,323 票を獲得し、セルビア人政党連合のヴェ
スナ・コチェヴィチ（Vesna Kočević:3,661 票）を振り切り、ボシュニャク市長
が続くことになったが、2003 年以来、同市の政治状況を分析している上級
代表事務所フィールド・オフィスのダルコ・セクリッチ（Darko Sekulić）氏は
「この選挙で有権者がドゥラコヴィチに投票した最大の理由は、彼が実際に
スレブレニツァに在住する初めての候補者だったこと。もはや住民は市内に
住んでもいない政治家に、市の将来を託したくないと主張したと言える」と
話している。バルカン報道を専門とするイタリア人ジャーナリスト、ロドル
ファ・トオ（Rodolfo Toe）氏もこの市長選後、ボシュニャク有権者から「ス
レブレニツァに住んでいる人なら、セルビア人の市長でもよかった。地元住
民に耳を傾けてくれることが一番大切」との声を何度も聞いている。スルプ
スカ共和国全体で極右的レトリックが蔓延する中で、国際社会の支援等を基
に民族の混住が進みつつあったスレブレニツァでは、民族を超えて、地元の
課題に向き合う姿勢が醸成されていたといえるだろう。セクリッチ氏による
と、就任後、ドゥラコヴィチ市長は「セルビア人にも目を向ける初めてのボ
シュニャク政治家」と評価されていたといい、セルビア人の市議会議長と良
好な関係を構築することに成功している。

　他方、同年の市議会選（有権者の減少により、定数は 27 から 23 に 4 減）では、ボ
シュニャクの「民主行動党（SDA）」・「ボスニアのための党（Stranka za Bosnu i
Hercegovinu:SBiH）」連合が 7、「ボスニアのよりよい将来のための連合（Savez
za Bolju Budućnost Bosne i Hercegovine:SBB・BiH）」2、セルビア人の SNSD が 6、
SDS3、民主人民連合（Demokratski Narodoni Savez:DNS）1、「進化するスレブレ
ニツァ（Napredna Srebrenica）」1、多民族政党の「社会民主党（Socijaldemokratska
partija Bosne i Hercegovine:SDP・BiH）」2、少数民族連合 1 という結果となった。

定数が 4 減する中で、SNSD は 1 議席を減らし、「進化するスレブレニツァ」や少数民族連合が議席を獲得している。スレブレニツァ地方選挙管理委員会のネルミン・アリヴコヴィチ（Nelmin Alivković）委員長によると、この市議選の特徴は、住民が SNSD や SDS 等民族主義政党以外の中道的な選択肢を模索するようになり、DNS や SDP・BiH がキャスティング・ヴォートを握り得るポジションを得たこと」だという。この結果、議員の間でも協調姿勢が以前より明確化し、初めて全政党による「プラットフォーム」が形成され、議会全体が与党となる「大連立」体制が築かれた。こうした政治姿勢は「各議員が一日も早く予算案を通し、速やかに年次計画を進めることが住民の期待であると認識した証左」(同委員長) と見られている。

2016年10月地方選

　2016 年の市議会／市長選は、2012 年選挙でみられた "寛容の精神を体現する政治風土" が定着し得るかどうかを見る上で重要な試金石となった。

　和平合意後 6 回目の地方選となる同選挙は、372 の政党 / 政党連合リスト・無所属候補者が 141 市（連邦 78、RS63）及びブルチュコ特別区で計 3136 議席を争った。ボスニア全体でみると、選挙結果はボシュニャク社会では SDA を核とする政党連合、セルビア人社会では SNSD、クロアチア人社会ではクロアチア民主同盟 BiH（Hrvatska demokratska zajednica Bosne i Hercegovine:HDZ・BiH）と、いずれも民族主義政党／政党連合が圧勝。これら 3 政党／政党連合だけで、全体の 4 分の 3 以上の市において過半数を獲得している。

　また、選挙前に実際された選挙法改正により[11]、小政党の細分化がさらに進み、たとえばスルプスカ共和国のルド市では定数 17 を 11 政党で分け合うなど、各政治勢力の影響力が分散した結果、民族主義を掲げる既存の大政党に対抗できる政治家・政党は一層少なくなった。

　他方、市長選でもこれら民族主義政党の支配が継続した。スルプスカ共和国では SNSD が最多の 30 市で市長ポストを獲得。連邦では SDA と HDZ・BiH が計 49 市（SDA29、HDZ・BiH20）で市長ポストを分け合った。

　この選挙において、民族主義政党の圧勝に大きな影響を与えた要因は、投票日のわずか 1 週間前に実施されたスルプスカ共和国の住民投票だった[12]。中央政府に対して非協力的姿勢を続けるドディク・スルプスカ共和国大統領は、紛争当時にセルビア民族主義指導者が他民族に対する "民族浄化" を布告した 1 月 9 日（セルビア正教会の祝日）を「国家の日（祝日）」とする方針を発表。これに対し、ボスニア憲法裁判所は「この決定はスルプスカ共和国内から他民族を排除することにつながりかねず、ボスニア憲法の精神に反する」との判断を下したことから、同大統領はスルプスカ共和国内だけで住民投票を実施し、「1 月 9 日を『国家の日』とすること」の是非を問うと発表、国際社会が強く非難する中で、地方選の日程に合わせて住民投票を断行した。同住民投票に際し、ドディク大統領及び SNSD は、セルビア人の民族意識に訴え、スルプスカ共和国の "国家性" を改めて強調した結果、50% を超える有権者が投票し、圧倒的多数の賛成で「国家の日」に対する支持が表明された。こうしたスルプスカ共和国内での民族意識の高まりを受け、連邦側でも、ボシュニャク、クロアチア人の各コミュニティーで、それぞれの自民族中心主義的な感情が掻き立てられ、続いて実施された地方選のキャンペーンでは、「本来、地方選にふさわしい地方の開発、雇用機会創出、青少年の教育問題などに関する政策論争は軽視され、全土で民族のアイデンティティーに訴える選挙戦が声高に継続」する結果となった[13]。

　こうした民族主義の高まりの中で実施された地方選において、スレブレニツァでは以下のような選挙結果となった。

市議会選：（有権者数の減少により定数は 23 から 21 に削減）
　SDA/SBB・BiH/SBiH 7 議席、SNSD 5 議席、SDS 2 議席、DNS 2 議席、
　SDP・BiH 2 議席、SRS 1 議席、PDP 1 議席、
　「改革のための運動」1 議席。

市長選：
　ムラデン・グリュイチッチ（Mladen Grujičić）
　　　（スレブレニツァのための連合、セルビア人）　　　　4,678 票

チャミル・ドゥラコヴィチ（無所属、ボシュニャク）	3,910 票
デスニッツァ・ラディヴォイエヴィチ（Desnica Radivojević）	
（無所属、セルビア人）	15 票

　このように、スレブレニツァ市議選では、ボシュニャクの政党連合が第一勢力の座を維持する一方で、住民投票前から民族主義的レトリックを使い、スルプスカ共和国全土で圧倒的な強さを示した SNSD が 1 議席減（定数は 2 減。SNSD は 1 議席減で議席占有率が 26% から 24% に低下）、同様に民族主義政党の SDS も 1 議席減らせた。これに対し、多民族政党の SDP・BiH、中道政党の DNS がそれぞれ 2 議席を獲得し、引き続き議決のキャスティング・ヴォートを握るポジションを維持し、市議会全体が協調路線を継続する体制が固まった。前回選挙同様、有権者が政治の多元主義、他民族の隣人との融和を求めた結果とみられ、支援プロジェクトが残した和解の種が着実に結実し始めた結果とも言えるだろう。

　他方、市長選では紛争終結後、初めてスレブレニツァにセルビア人の市長が誕生した。これに対して、選挙直後は国際社会のみならず、地元メディアでも、帰還を果たしたボシュニャクに対する人権侵害が促進されるのではないかと不安視する声も聞かれた。だが、グリュイチッチの勝利について、上級代表事務所フィールド・オフィスのセクリッチ氏は次のように分析する。

○これまでの選挙戦においては、セルビア人社会は SNSD と SDS の各支持者層に分断されていたが、グリュイチッチが初めて党派を超えた支持を得て、「スレブレニツァのための連合」を形成し得た。

○これまでセルビア人候補は、党中央が選任する「落下傘候補」だったが、グリュイチッチはセルビア人では初めての市内出身者（JICA プロジェクトの裨益者代表の一人＝ゴスティリ MZ（ローカル・コミュニティー）長）でもあり、ボシュニャクの地元指導者とも日常的にコミュニケーションを取っていた。

○今回の選挙結果はボシュニャクの前市長ドゥラコヴィチの一期目に対する批判の表明であり、有権者が民族とは無関係に政策遂行能力を判

断したとすれば、健全な民主主義定着の萌芽とも言える。

　また、同国で民主制度定着のための支援を続けている欧州安全保障協力機構（OSCE）ボスニア・ミッションのホエリ・マース（Joeri Maas）政策／計画担当部長は「新市長は就任以来、両民族に対して均等に配慮を示しつつ、比較的健全な市政運営をしている」と評価した上、それを示す事例として以下を挙げた。

○スレブレニツァの虐殺記念日（7月11日）に合わせて、虐殺の事実を否定するセルビア人研究者リリャナ・ブラトヴィチ（Ljiljana Bratović）が講演を予定（スルプスカ共和国政府等が主催）していたが、地元ボシュニャクへの配慮から市長が直接ブラトヴィチに講演中止を要請
○その一方で、スレブレニツァでは紛争中、セルビア人にも多数の死傷者が出ており、その遺族の間では、セルビア人の戦争責任のみが糾弾され続けていることに反発が強いことにも理解を示し、選挙キャンペーン期間中、メディアから求められても『虐殺』という言葉を使用することを拒否し、一貫して『両民族にとって不幸な過去』[14]と表現し続けた。

　34歳の新市長はメディアに対し、「私はスレブレニツァの住民に対し、信仰や民族にかかわりなく、すべての人々がここに定住できるよう、前のみを見て人生を再建し、市の新しいページを開いてくれるよう求めていく」[15]と語っている。
　新市長就任後、予算案を含む全ての議決事項は毎回、ほぼ全会一致で可決されている。

2018年10月国政・政体選挙
　本選挙の登録有権者数は335万2,933人。中央、政体、県レベルで中央選挙管理委員会に登録した政党／政党連合は計60（これらのリストに計3,515人の候補者）、無所属候補は25人だった。

　ボスニア中央下院選（定数 42：連邦 28、スルプスカ共和国 14）では、それぞれ
の民族主義政党が各民族第 1 党の地位を維持した（SDA：8 議席＝前回より 1 議
席減、SNSD：6 議席＝前回と同数、HDZ・BiH：5 議席＝前回より 1 議席増）。大統領
評議会代表選では、ボシュニャク代表に SDA のシェフィク・ジャフェロ
ヴィチ（Šefik Džaferović）が順当に当選。セルビア人代表は、これまでスルプ
スカ共和国大統領を 2 期連続で務めていたドディク SNSD 党首が 3 選禁止
規定に基づいて、中央政府の同代表選に出馬し、現職のムラデン・イヴァ
ニッチ（Mladen Ivanić）を破った。クロアチア人代表のみ、中道政党「民主
戦線（Demokratska Fronta:DF）」のジェリコ・コムシッチ（Željko Komšić）党首が、
HDZ・BiH のドラガン・チョーヴィチ（Dragan Čović）党首を破り、民族主義
の牙城を崩したが、これは選挙制度上の特殊事情によるもので想定の範囲内
だった[16]。
　他方、スルプスカ共和国国民議会（定数 83。RSNA）では、SNSD が 28 議
席を獲得して議会第一党の地位を堅持（前回は 29 議席）。2 位の SDS 連合の
16 議席（同 24 議席）を大きく引き離した。同共和国大統領選でも、SNSD 副
党首のジェリカ・ツヴィヤノヴィチ（Željka Cvijanović）が SDS ヴコタ・ゴヴェ
ダリッツァ（Vukota Govedarica）候補を破って当選を果たした。連邦では下院
及び全県議会選で、SDA、HDZ・BiH が圧勝し、これら 3 民族主義政党の
支配体制が強まった。

　SNSD/SNSD 候補の得票率：スルプスカ共和国全体とスレブレニツァの比較
○大統領評議会セルビア人代表選
ドディク候補　　　　　共和国全体　53.88%、スレブレニツァ　59.21%
○ボスニア下院スルプスカ共和国選出分
SNSD　　　　　　　　共和国全体　39.10%、スレブレニツァ　41.11%
○スルプスカ共和国国民議会
SNSD　　　　　　　　共和国全体　31.87%、スレブレニツァ　35.41%
○スルプスカ共和国大統領
ツヴィヤノヴィチ候補　共和国全体　47.04%、スレブレニツァ　47.56%

　スレブレニツァでは上記した通り、この 2 年前の地方選まではスルプス
カ共和国他地域に比べて SNSD に対する支持率は低く、穏健派政党にキャ
スティング・ヴォートを委ねる選択が続いていたが、今回の選挙では逆に他
地域より SNSD に対する支持率が上がっている。

第4節　スレブレニツァで今、何が起こっているのか？

　「2016 年の地方選以降、スレブレニツァでも SNSD 支配が強まった——」。
上級代表事務所フィールド・オフィスのセクリッチ氏によると、同年の市
長選で当選したグリュイチッチ市長は無所属（全セルビア人政党の支持）で選挙
戦を戦い、勝利を収めていたが、2018 年の国政・政体選挙を前にした時期
に SNSD 支配を受け入れ、同党主導のスルプスカ共和国政府の傘下に組み
込まれることになった。「過去 7 回の選挙（国政及び地方）を勝ち続けている
SNSD はセルビア人社会全般に対する党支配を確立した。その結果、警察、
裁判所、メディアを支配下に収め、公職者を自党の党員で固めるようになっ
ている」という。
　欧州議会・OSCE 合同の『国際選挙監視ミッション報告（ボスニア総選挙、
2018 年 10 月 7 日）』は、同選挙を「体制維持の勝利」と表現。「党の支配体
制」の傘下に入った者だけに「就職、福祉、安全を保証する政治主導の行政
管理」が支配していると指摘している[17]。OSCE ボスニア・ミッションに
よると、ボスニア主要政党に属する党員総数と公務員数はほぼ同数で、政党
に支持を表明することが安定した職業（ほとんどが公務員ポストの割り当て）につ
ながっており、全国民の約 20% が民族主義諸政党の党員となっているという。
　2016 年以降、ボスニア全土で民族主義政党の支配が一層強まったことに
ついて、OSCE ボスニア・ミッションは、「背景に周辺国（クロアチア、スロヴェ
ニア）の EU 加盟がある」と指摘している。両国が 2013 年に EU 加盟したこ
とにより、農産物を中心に輸出が困難になり（「シェンゲンの壁」）、経済活動の
停滞状況が深刻化した。さらに 2014 年にはセルビアが EU と正式に加盟交
渉を開始。こうした状況を受け、ボスニア国内では自国の将来に希望を持て

ない学生や専門職従事者が次々に国を捨て、EU 加盟国や候補国に流出し始めた[18]。

　農業への依存度が高いスレブレニツァでは、一次産品の輸出不振が住民の生活を直撃。JICA プロジェクトの裨益者だった養蜂業者は「市内農業従事者の約 3 割は離農した。こうした転職者は SNSD に加盟して公務員ポストを与えられるか、セルビアやスロヴェニアで季節労働者になっている」と話す。

　スレブレニツァ地方選挙管理委員会のアズラ・ハシッチ（Azula Hašić）氏によると、「登録有権者数は前回 2016 年地方選挙時に 1 万 4,074 人だったが、2018 年選挙では 1 万 690 人と 3,000 人以上減少している」という。

　同市は元々、選挙時に各政党による動員が活発に行われ、選挙期間中にのみ同市に居住している住民も多く、永住者については 2018 年時点で推計約 7,000 人（うち約 60% がセルビア人、残りがボシュニャク）に留まっている。市雇用センターによると、そのうち約 2,000 人が失業者として登録されている。

　また、同市によると、2016 年地方選以降、市役所職員数は 74 人から 128 人まで増えているといい、上級代表事務所のセクリッチ氏は「こうした公務員数の激増はここ数年、ボスニア全土で見られる傾向」だという。前出の欧州議会・OSCE 合同報告書は「2018 年の選挙では、特にスルプスカ共和国東部で、投票の何か月も前から軍人、幹部公務員、市長らがこぞって SNSD に逃げ込んだ」と指摘する[19]。

　スレブレニツァに隣接するブラトゥナッツ市長は 10 年にわたり、野党 SDS 党員として市政を率いてきたが、2020 年の次期市長選に向けて SNSD に鞍替えした。これを受けて、同市住民の SNSD 党員加盟も進み、同市役所ばかりでなく、隣のスレブレニツァ市役所に職を得る市民も増えたという（ハシッチ氏）。

　その一方で、上記養蜂業者は「もはや生活が最優先で、民族の違いなど取るに足らない問題になっている。依然として農業を続けている住民は、民族ではなく能力の有無によって協働パートナーを探すようになった」と話す。セクリッチ氏も「現在、住民の関心は他民族と共存出来るか否かではなく、

生活のために政党の圧力に屈するかどうか、に移っている」と話している。

おわりに

2018年国政・政体選挙の結果、SNSDによるスルプスカ共和国支配がさらに進んだ状況下でも、スレブレニツァ市議会は協調路線を継続、2019年予算案を全会一致で採択し、市役所に対して予算の迅速且つ平等な分配を要請している。2019年3月には、国際社会の長い懸案だった「平和の記念碑建立に関する決定」も全会一致で可決した。前述した通り、多民族政党のSDP、中道政党のDNSが存在意義を示し続けている同市議会は、住民の生活優先を主眼に議会運営を続けている。JICAプロジェクトを含む国際社会の支援が醸成した「民族共存」「他民族に対する寛容」を受容する政治風土が現時点では残されていると言えるだろう。

他方、スルプスカ共和国全体を見れば、SNSD主導の政府が公然と他民族の「同化」政策を採り始めている（OSCEボスニア・ミッションのアフメド・リファトベゴヴィチ（Ahmed Rifatbegović）政治アドバイザー）。他民族への表立った迫害はしないものの、セルビアの文化、教育以外は提供せず、公的文書ではキリル文字以外受け付けない。

2019年3月、スルプスカ共和国のヴィシェグラードではセルビア民族主義団体「チェトニク（第二次世界大戦時、ユーゴ国内でクロアチア民族主義団体「ウスタシャ」と相互に凄惨な殺戮を展開。1991年以降の紛争の際も“民族浄化”を主導したとされる）」が大規模集会を開き、その示威行動が同共和国内のボシュニャクを震撼させる事態となった。リファトベゴヴィチ氏は「いったん帰還していたボシュニャクも次々にスルプスカ共和国を離れ始めている。政治環境は紛争以降、最悪になっていると言えるだろう」と語っている。

2018年の国政・政体選挙時、経済状況の悪化から離農した有権者たちが一定程度、SNSDの「党による支配体制」に組み込まれることを選択したスレブレニツァでは現時点、市議会が“民族共存”の最後の砦となっている。前出のプロジェクト裨益者は「現在のスレブレニツァでは、経済状況の改善

表 4-3 紛争終結後のスレブレニツァ市議会選挙結果（BiH 選挙管理委員会資料より作成）

1997 年（定数 46）	2000 年（定数 25）	2004 年（定数 27）
SDA 連合 : 24	SDA : 11	SDA : 13
SDS : 12	SDS : 3	SNSD : 4
SRS・RS : 9	SNSD : 2	SDS : 3
無所属 : 1	SBiH : 2	PDP : 2
	PDP : 1	SBiH : 2
	SNS : 1	SDP・BiH : 2
	SDP・BiH : 1	DNS : 1
	DSP : 1	
	SPRS : 1	
	王と祖国のために : 1	
	DNS : 1	

2008 年（定数 27）	2012 年（定数 23）	2016 年（定数 21）
SDA : 11	SDA/SBiH : 7	SDA/SBB・BiH /SBiH : 7
SNSD : 7	SNSD : 6	SNSD : 5
SDS 連合 : 3	SDS : 3	SDS : 2
SDP・BiH : 2	SDP・BiH : 2	SDP・BiH : 2
ボスニアの力 : 2	SBB・BiH : 2	DNS : 2
DNS : 1	進化するスレブレニツァ : 1	SRS: 1
無所属 : 1	少数民族連合 : 1	PDP : 1
	DNS : 1	改革のための運動 : 1

民主行動党（Stranka Demokratske Akcija:SDA）
セルビア人民主党（Srpska Demokratska Stranka:SDS）
セルビア人急進党（Srpska radikalna stranka Republike Srpske:SRS・RS）
独立社会民主同盟（Savez nezavisnih socijaldemokrata:SNSD）
ボスニアのための党（Stranka za Bosnu i Hercegovinu:SBiH）
民主進歩党（Partija Demokratskog Progresa:PDP）
セルビア人民同盟（Srpski narodni savez:SNS）
社会民主党（Socijaldemokratska partija Bosne i Hercegovine:SDP・BiH）
民主社会党（Demokratska socijastička partija:DSP）
RS 社会党（Socijalistička Paretija RS: SPRS）
王と祖国のために（Za kralja I otadžbinu）
民主人民同盟（Demokratski Narodni Savez:DNS）
ボスニアのよりよい将来のための連合（Savez za Bolju Budućnost Bosne I Hercegovine :SBB・BiH）
ボスニアの力（Snaga Bosne）
進化するスレブレニツァ（Napredna Srebrenica）
スルプスカを信頼の手に（Srpska u sigurne ruke:SRS）
改革のための運動（Pokret za preokret）

が最優先。そのためには民族を超えた協力を拒む者はいない。こうした有権者の意識が現在の議会運営に反映されているようだ」と話す。

　民族主義の高まりの中でスタートした JICA プロジェクトは、「紛争で破綻した共同体の紐帯を民族間の協働作業で取り戻す」という理念に基づいている。経済状況の悪化により、SNSD の党支配が強まりつつあるとはいえ、バランスの取れた市議会構成を志向する住民の間には、プロジェクトの理念がしっかりと根付いていると言えるかもしれない。

注

1　1996 年 9 月 2 日、筆者とのインタビュー。

2　新生ボスニアを構成する 2 つの自治政府（エンティティー）。デイトン合意によりボスニアは国家の一体性を維持しながらも、ボシュニャク、クロアチア人主体の「ボスニア・ヘルツェゴヴィナ連邦」と、セルビア人主体の「スルプスカ共和国」から成る実質的な"連邦国家"に生まれ変わった。中央政府の権限は外交や通貨政策等、わずか 10 項目（憲法第 3 条 1 項）に限定されており、教育や司法・警察権を含むその他の「政府機能・権限はすべてのエンティティーのそれに属する」（同第 3 条 3 項（a））こととなった。

3　スレブレニツァ市の正確な人口動向は政治的な理由で明らかにされていないが、市統計局によると、紛争終結後の永住者（有権者登録数とは別）は概ね 7,000 ～ 9,000 人で推移している。ユーゴスラヴィア時代には定期的に国勢調査が実施され、ボスニアでも 1990 年には正確な人口統計が存在したが、紛争による人口の減少・流出により、民族比が激変。紛争後は各民族指導者が自民族人口の減少が国内での影響力低下につながるのを懸念し、長く国勢調査の実施を拒否してきた。2013 年 10 月、国際社会の圧力により、紛争後初の国勢調査が実施されたが、不正や改竄が相次いで発覚、信頼度の高い調査結果は出ていない。

4　*Dnevni Avaz*, 27 May 2006, cited in Adis Maksić, "Referendum discourse in Republika Srpska politics 2006-2008: An analysis of its emergence and performative structure", unpublished thesis, Virginia Polytechnic Institute, 15 October 2009

5　2002 年の RSNA 選挙では SDS が 26 議席、SNSD が 19 議席。2006 年選挙では SDS が 17 議席と 9 議席減らしたのに対し、SNSD は 41 議席と 2 倍以上の躍進を遂げている（中央選挙管理委員会資料）。

6　2007 年のイェリッチ急死を受けて実施された大統領選でも、SNSD のライコ・クズマノヴィチ（Rajko Kuzmanović）が勝利を収めている（同上）。

7　2010 年、SNSD は RSNA で 37 議席。中央下院（スルプスカ共和国の定数 14）で前回から 1 議席増の 8 議席を獲得。4 議席の SDS を大きく上回った（同上）。

8　ICG Europe Report No. 214, "Bosnia: What does Republika Srpska want?" (6 Oct

2011), p.2

9　中央選挙管理委員会によると、上級代表事務所が 2003 年に「IDP 法」を発効させ、IDP の資格要件を厳しくしたことから、かつての居住地に住んでいない人々の半数以上が IDP 資格を喪失。次いで 2008 年の法改正で、IDP 資格を持たない者については原則、現住所での投票が義務付けられた。

10　デイトン合意の「民生部門に関係する各組織の活動を適切に調整する（同合意付属書 10 第 1 条 2 項）」ために設置が規定された国際社会の代表（「上級代表」）を支援する機関。

11　BiH. 2016 Zakon o izmjenama i dopunama i Izbornog Zakona BiH 31/16: 4-16。主要な変更点は政党リスト内における議席の配分法。過去の選挙では、まずリストの候補者のうち少なくとも 5% の票を獲得した候補者に対して優先的に議席が与えられ、残る議席はリストの上から順に割り当てられていたが、改正によりこのラインが市町村議会選では 10% に引き上げられた。これにより候補者に順位をつける政党の影響力が増し、党内で離反者や分派が増加した。

12　Damir Kapidzic, "Local Elections in Bosnia and Herzegovina", *Contemporary Southeastern Europe*, 2016, 3(2), pp.127-34

13　Ibid, p.129

14　BBC News, "Can Serb Mayor ease Bosnia's Srebrenica pain?", 18 March 2017

15　Al Jazeera, "Inside Story-What is behind Bosnian vote on January 9 holiday?", 10, October 2016

16　大統領評議会各民族代表選は、連邦からボシュニャク、クロアチア人各代表、スルプスカ共和国からセルビア人代表が選出されることになっている。連邦内ではどちらの民族代表にも投票できるため、クロアチア人の 2 倍以上の人口を有するボシュニャク有権者がクロアチア人代表選に投票すれば、クロアチア人が求めていない候補者を勝たせることも可能。実際、コムシッチはこれまでにも 2 度（2006 年、2010 年）、同代表選に勝利を収めているが、今回と同様、ボシュニャク多数派県で多くの票を集めている。これに対し、HDZ・BiH は「他民族に決定権を委ねている現制度は容認できない」と反発している。

17　欧州議会・OSCE「国際選挙監視ミッション報告（BH 総選挙、2018 年 10 月 7 日）」。

18　OHR によると、2000 年から 2019 年までに、ボスニア市民権を放棄した人は約 8 万 2,000 人。2019 年現在、市民権を保持したまま海外で生活するボスニア国民のうち、居住する国で永住権獲得を待つ人は、その 8 ～ 10 倍存在するとみられ、市民権放棄の"予備軍"となっている。

19　上記「国際選挙監視ミッション報告（BH 総選挙、2018 年 10 月 7 日）」。

参考文献

Al Jazeera, "Inside Story-What is behind Bosnian vote on January 9 holiday?", 10, October

2016

BBC News, "Can Serb Mayor ease Bosnia's Srebrenica pain?", 18 March 2017

BiH. Zakon o izmjenama i dopunama i Izbornog Zakona BiH 31/16, 2016

European Parliament / OSCE, Joint Report of Election Observation Delegation to the General Elections in Bosnia and Herzegovina (7 October 2018), 2019

ICG Europe Report No. 214, "Bosnia: What does Republika Srpska want?", 2011

Kapidzic, Damir, "Local Elections in Bosnia and Herzegovina", *Contemporary Southeastern Europe*, 2016

Maksić, Adis, "Referendum discourse in Republika Srpska politics 2006-2008: An analysis of its emergence and performative structure", unpublished thesis, Virginia Polytechnic Institute, 2009

第II部　国際刑事裁判と国際法学の視点から

第5章
ICTYによる国際刑事捜査とスレブレニツァ

藤原広人

本章の概要

　本章の主眼は、国連安全保障理事会（国連安保理）によって1993年に設立された旧ユーゴスラヴィア国際刑事裁判所（UN International Criminal Tribunal for the former Yugoslavia　以下ICTY）が、1995年7月に発生したスレブレニツァの虐殺事件をどのように取り扱い捜査したのか、その過程を解明することである。

　スレブレニツァはボスニア戦争において重要な位置を占めてきた。スルプスカ共和国軍（VRS）にとっては、スレブレニツァ、ジェパ、ゴラジュデといった地区の陥落に対する障壁が戦闘を激しくさせた一因であった。結果的に、スレブレニツァの陥落とその後に起こった大虐殺は、それを防ぐ立場にあった国連保護軍（UNPROFOR）内部における意思決定過程の複雑さを露わにし、ボスニアにおける国連の失敗を決定づけることとなった。このボスニアでの経験はのちに1999年に発生したコソヴォ紛争に際しての軍事介入への布石となる（Delpla, The Judge, the Historian, and the Legislator 2012, 29）。

　また、スレブレニツァの大虐殺は、ボスニア戦争の中でセルビア人によって継続された民族浄化政策を代表する出来事であった。そしてその後、スレブレニツァ事件を裁いたICTYにとってこの事件は最も重要な裁判のひとつとなった。本章では、ICTYによるスレブレニツァ事件の捜査過程を詳述する。

第1節　本稿のデータ収集方法

　本稿は筆者がルーヴェン・カトリック大学（ベルギー）法学部に提出した博士学位論文 "The International Criminal Investigation and the Formation of Collective Memory in Post-Conflict Societies – An Analysis of Investigation Process and an Epistemology of War Crimes"（「国際刑事捜査と紛争後社会の集合的記憶の形成―捜査過程の分析および戦争犯罪の認識論」）の一部である。この学位論文執筆にあたり、筆者は1995年から2000年にかけて ICTY 検察局において スレブレニツァ事件の捜査に携わった元 ICTY 検察局職員数名の聞き取り調査を実施した[1]。聞き取り調査の対象は以下の四名である。

- ジャン・レネ・ルエズ（Jean René Ruez 元主任捜査官、調査日：2017年2月9日、調査形式：対面インタビュー、調査地：フランス・リヨン）
- マーク・ハーモン（Mark Harmon 元主任検察官、調査日：2018年3月27日、調査形式：対面インタビュー、調査地：オランダ・ハーグ）
- ピーター・マクロスキー（Peter McCloskey 元主任検察官、調査日：2018年3月22日、調査形式：Skype インタビュー）
- ステファニー・フリーズ（Stephanie Frease 元犯罪分析官、調査日：2018年4月1日、調査形式：Skype インタビュー）

聞き取り調査の主たる関心事項は以下の通りであった。
- 捜査の開始・捜査対象の選定・起訴状の起案に至る、捜査の時系列の解明
- 捜査を担当する検察組織の設営、および捜査部局内部の職員間の関係
- 捜査過程で収集された証拠の種類
- ジェノサイド（集団殺害罪）を訴因に加えることとなった経緯

第 2 節　ICTY によるスレブレニツァ事件の捜査過程

予備捜査

VRS によるスレブレニツァの占領と虐殺は 1995 年 7 月 11 日に始まった。おりしもその時、オランダ・ハーグの ICTY 検察局ではカラジッチおよびムラディチに対する最初の起訴状が作成されている最中であった。スレブレニツァ虐殺が起きた 10 日後には、ICTY 捜査官ジャン・レネ・ルエズ (Jean René Ruez: 仏) は予備捜査に着手していた²。その時まで ICTY の捜査は、1991 年にクロアチア、1992 年にボスニアで始まった紛争に伴い生じた事件の捜査に集中していた。スレブレニツァは ICTY にとり初めて事件の発生とほぼ同時進行で進められた捜査であった。かつてルエズはインタビューに答えて次のように語っている。

> 「（スレブレニツァに関する）ICTY の予備捜査は、1995 年 7 月 20 日にトゥズラで始まった。法的にはこれは flagmente delicto（現行犯）に対する捜査であった」³ (Delpla, The ICTY Investigations - Interview with Jean René Ruez 2012: 42) (Hagan 2003: 133)

スレブレニツァで何か大変なことが起きているらしいという噂は、安全地帯の陥落後、すぐに現地メディア、NGO、国際機関関係者の間で囁かれ始めていた。ICTY 検察長リチャード・ゴールドストン (Richard Goldstone: 南ア) は、先遣隊をトゥズラへ送り、スレブレニツァを逃れてトゥズラの飛行場の滑走路に避難している難民たちと最初の接触を持つこととした。先遣隊はトゥズラに到着するとさっそく、現地警察が聴取した数十の証言調書を渡された。ICTY トゥズラ先遣隊の一員、犯罪分析官ステファニー・フリーズ (Stefanie Frease: 米) と現地のアシスタントは、すぐに証言調書の英訳を行い証言内容の重大さに基づく調書の優先付けを行った（ルエズ、筆者インタビュー 2017.2.9）(Delpla, The ICTY Investigations - Interview with Jean René Ruez 2012: 47)。当時トゥズラにはおよそ 25,000 人の難民がいたが、その殆どが、女性、子供、老人であった。飛行場の滑走路に避難してきた難民達は、スレブレニツァで組織的な虐殺が発生する前に現地を逃れてきたのであった。これら難民の証

言は、ポトチャリで彼らがバスに乗せられボスニア・ヘルツェゴヴィナ共和国軍（ARBiH）支配地域であるクラダニへと護送される途中で目撃した光景、すなわち、単発の殺人、多くの男性捕虜の存在、路肩に転がる死体、道中耳にした銃声、などであった。しかしこれらの証言からは、証人が目撃した死体が文民であるのかあるいは戦闘中に殺害された兵士のものであるのか判然としなかった（ルエズ、筆者インタビュー 2017.2.9）。ICTY 先遣部隊は当面三つの筋を捜査の焦点とすることを決定した。

1）ポトチャリの状況（男性と女性・子供の分離、そして死体の目撃証言）
2）ポトチャリからクラダニへ向かう途中で目撃したこと
3）虐殺生存者の証言に基づく殺害の状況（ルエズ、筆者インタビュー 2017.2.9）

　その頃になって、虐殺を逃れてきた生存者がトゥズラに徒歩で到着を始める。こうした生存者による証言は、ICTY 捜査官たちに事件の規模の大きさを初めて感じさせるものとなった（ルエズ、筆者インタビュー 2017.2.9）。
　ルエズ率いる ICTY 先遣隊は、1995 年 8 月一杯トゥズラに滞在した。その間に応援の捜査官とアシスタントがトゥズラに到着した。そのうちの一人はトゥズラ出身のアディサ・カムラトビッチ（Adisa Kamuratović: ボスニア）で、のちに捜査班の主要なメンバーとなっていく。ルエズはハーグの ICTY 本部にさらなる増員要請を行った。しかし ICTY 本部はこの要請を却下。ルエズと先遣隊にハーグへの帰還を命じた。多くの職員が夏休みで、人手が足りないというのが理由であった（ルエズ、筆者インタビュー 2017.2.9）。ハーグに戻るとトゥズラ先遣隊は解散した。捜査官たちはそれぞれ、元いた捜査チームに戻るよう、上層部から指示を受けた。ルエズだけがスレブレニツァ事件の捜査活動を継続し、証言調書の分析を通じて事件の時系列を再構築する作業を続けた。この作業を通じ、ルエズは少しずつ、事件が発生した時系列を確実に理解していった。しかし、この時点で集まってきていた情報はまだ断片的で、正確な時系列を作成するには足りなかった。生存者から収集した情報は曖昧

で、犯罪現場とされる地域一帯はいまだ VRS の支配下にあり、立ち入ることができなかった [4]（ルエズ、筆者インタビュー 2017.2.9）。

　この時点ではまだ、捜査対象のスレブレニツァ事件が集団殺害罪（ジェノサイド）に相当するかどうかの検討はされていなかった。しかし捜査が進むにつれ VRS に捕らえられたボシュニャクの男性たちのほぼ全員が行方不明になっていることははっきりしてきた（ルエズ、筆者インタビュー 2017.2.9）。当時、VRS はスレブレニツァで起きたことを隠ぺいしていた。VRS 側は、行方不明になっているのは戦闘中に死亡した兵士であり、そのなかに文民は含まれない、と主張した。一般の目を欺くために、VRS は 1995 年 7 月 18 日 VRS 司令部が VRS 兵士に対し殺害行為を止めるように指示を出したのちに捕虜となった少数の ARBiH 兵士を釈放した。ボシュニャクたちは処刑されたのではなく捕虜として捕らえられたということを示すためであった。しかし VRS と ARBiH の間の捕虜交換がその後進むにつれ、行方不明になっている人間の殆どがすでに生存していないことがはっきりしてきた（ルエズ、筆者インタビュー 2017.2.9）。

捜査チームの立ち上げ

　スレブレニツァ事件の発生当時、ICTY 検察局の捜査部門はオランダ人捜査部長によって指揮されていた。ルエズは彼の部下だった。フランス警察の警視から ICTY に着任した当初、ルエズはまだ 30 代半ばであった（Hagan 2003, 132）。ルエズの一家はドイツとフランス双方におり、ルエズ自身はドイツ語を理解する。こうした家族の背景が、のちに彼自身が戦争犯罪に関心を持つようになるきっかけを作ったという。しかしルエズは、「スレブレニツァの捜査が自分の人生を変えた」と振り返る（ルエズ、筆者インタビュー 2017.2.9）。

　実は、フランスは ICTY と設立当初から複雑な関係を持っており、ルエズもその例外ではなかった（Hagan 2003: 133）。ルエズとオランダ人捜査部長との関係は必ずしも友好的なものではなかったが、それは長期的な捜査活動の障害となるほどのものではなかった。ルエズはスレブレニツァ事件の最初か

ら、この事件の捜査の重要性を理解していた。しかし、当初、捜査部の上層部の反応は鈍かった。ルエズの配下にスレブレニツァの捜査を担当する捜査官を配置されることはなく、1995 年を通じスレブレニツァ捜査担当チームは設立されなかった（ルエズ、筆者インタビュー 2017.2.9）。先のトゥズラ先遣隊に参加した捜査官達は、他の捜査チームから一時的な援軍として加わっただけであり、ハーグに戻るとそれぞれがもとの捜査チームに戻っていった。当初、ルエズには適当な仕事のスペースすら与えられず、そればかりか、ルエズはオランダ人捜査部長が、彼をスレブレニツァ捜査から外そうとしているのを感じていた。1995 年 10 月には、オランダ政府がスレブレニツァの虐殺事件に関する報告書を公表したが、ルエズは数か月にわたってその報告書の英語版を手にすることができなかった。ルエズはたまたまその報告書を職場の書庫のなかに見つけたのだった。こうしてスレブレニツァ捜査は、オランダ人捜査部長が退任するまで、主だった支援を受けることはなかった（Hagan 2003, 133）（ルエズ、筆者インタビュー 2017.2.9）。

　1996 年のある日、ルエズは検察局の廊下でステファニー・フリーズとすれ違った。ステファニーは、トゥズラ先遣隊の一員であり、現在はスレブレニツァとは関係ない事件を担当させられていた。これを聞いたルエズは、その場でステファニーに対し、スレブレニツァ事件へ配置転換になるよう上層部にかけあうことを提案した。ステファニーはその足で、新任のオーストラリア人捜査部長ジョン・ラルストン（John Ralston）の元へ行き、その申し出は承認された。こうしてスレブレニツァ捜査チームは 2 名の要員を得ることになった。当事者たちはこのチームを皮肉交じりに「幽霊チーム」と呼びならわした（フリーズ、筆者インタビュー 2018.4.1）（ルエズ、筆者インタビュー 2017.2.9）（Hagan 2003: 135）。「幽霊チーム」がスレブレニツァの虐殺の犯行地を特定するための活動を始めた 1996 年初め、ルエズはもう一名のチームメンバーを得た。アシフ・シエド（Asif Syed: パキスタン）であった。シエドはアフリカで国連人権捜査官の経験を持つパキスタン出身の警察官であった。ICTY への着任当初、シエドは別の捜査班に所属していたのだが、その捜査班がうまくいかなくなったので、シエドは配属転換を希望したのだった。「幽霊チー

ム」の要員は今や三名になった。これは現地捜査を行うために最低限必要な
人数であり、実際に現地へ出かける際は、その都度、他の捜査チームの援軍
に頼ることとなる（Hagan 2003: 143）。

　1996 年の秋、ピーター・マクロスキー（Peter McCloskey: 米）が法律顧問と
して捜査チームに加わった。マクロスキーは米国司法省の公民権部門で検察
官の経験があった。マクロスキーによると検察官が捜査チームに捜査段階か
ら加わるのは稀なことだという。マクロスキーはその点、特異な経歴の持ち
主であった。米国の公民権事案は、警察官をはじめとする法執行官が捜査
対象となることが多く、検察官が捜査の初めから関与するのである（マクロス
キー、筆者インタビュー 2018.3.22）。一般的に言って、検察官と捜査官の関係は常
に良好なわけではない。それは両者が捜査に当たって注力するポイントが大
きく異なるためである。捜査官は実際に何が起きたのかできるだけ明らかに
することに集中するのに対し、検察官は法廷で提出可能な証拠を集めること
に集中するためである[5]。しかし、ルエズとマクロスキーの場合、二人の関
係は最初からうまくいっていた。マクロスキーはこの点に関し「ルエズは優
れたリーダーかつ捜査官であった。私を最初から快く受け入れてくれ、若干
の緊張する局面はあったものの、我々の関係は全体的には大変肯定的だっ
た」（マクロスキー、筆者インタビュー 2018.3.22）と述べている。マクロスキーは後に、
ICTY 捜査部を調査した米国の社会学者ジョン・ヘイガン（John Hagan）との
インタビューで、「（ルエズは）カリスマ的で、人を引き付ける魅力にあふれ
たリーダーであった」と述べている（Hagan 2003: 144）。

　同じく 1996 年にスレブレニツァ捜査チームに加わった軍事分析官のピー
ター・ニコルソン（Peter Nicholson: 英）は、同年にスレブレニツァ捜査チーム
が行った現地調査のすべてに関わった。のちに彼は ICTY 規則 70 条に基づ
く外国政府からの諜報情報の提供に当たって、中心的な役割を果たすことと
なった（ルエズ、筆者インタビュー 2017.2.9）。こうして、時間とともに「幽霊チー
ム」は新しいメンバーを加えていった。スレブレニツァ捜査チームのメン
バーたちはお互いに固く結ばれており、この捜査への献身の度合いが強かっ
た[6]。ICTY 検察局の捜査チームとしては大変珍しいことに、捜査期間中を

通じて人員の入れ替わりがほとんどなかった[7]。

外国政府による支援

　スレブレニツァ捜査への外国政府による支援の兆しは、捜査の早い段階から見られた。例えば、ICTY がスレブレニツァの捜査を開始する以前に、米国政府は衛星写真を使って遺体の埋設地を特定する作業を開始していた（ルエズ、筆者インタビュー 2017.2.9）。虐殺から数週間後に米国政府はジョン・シャタック（John Shattuck）国務次官補をトゥズラへ派遣し生存者と面会させた。生存者の証言をもとに、米国国務省は中央情報局（CIA）に偵察衛星の写真を検索するように要請した。1995 年 8 月 3 日には初の検索結果が出た。1995 年 7 月 13 日に撮影された衛星写真にはスレブレニツァ近郊にあるサッカー場に数百の捕虜が集結しているのが見て取れる。数日後に撮影された写真ではその捕虜の集団は消えており、掘り起こされたばかりの地面の様子を見ることができる。これらの写真は 1995 年 8 月 5 日に国連安保理で公開された[8]（ルエズ、筆者インタビュー 2017.2.9）(Hagan 2003: 133)。その後、セルビア人側は NATO 軍の空爆により撤退を余儀なくされ、1995 年 11 月のデイトン合意によりボスニア戦争は正式に終結することとなる。

　デイトン合意がセルビア側指導者に免責を与えるのではないかという懸念から、ICTY 検事長リチャード・ゴールドストンは副検事長のグラハム・ブルーイット（Graham Blewitt: 豪）とともに、スレブレニツァ事件に関するカラジッチとムラディチに対する起訴状の発行を急いだ (Hagan 2003: 134)。1995 年 10 月には ICTY 主任検事マーク・ハーモン（Mark Harmon: 米）が起訴状草案を起案した。起訴状はスレブレニツァで起こったとされる犯罪を含んでおり、その基礎となる事実はルエズが作成した時系列に基づいていた（ルエズ、筆者インタビュー 2017.2.9）。それは組織的なボシュニャク捕虜の処刑がスレブレニツァ近郊で 7 月 13 日に始まり、場所をズヴォルニクに移して 14、15、16 日と継続したことを示していた。ブルーイットはのちに、ヘイガンのインタビューに答えて次のように回想している。

　　　「我々はデイトンでの紛争解決プロセスに参加することを望んでいた」

　「デイトン合意は NATO 軍に対し、戦争犯罪人を捕らえる圧力を与える効果はなかったが、少なくとも ICTY の役割と戦争犯罪の訴追を公式のバルカン政策に加えることに成功した」(Hagan 2003: 134)

　1995 年 11 月 15 日、ゴールドストンはワシントンへ飛び米政府高官と面談した。出発の直前、ゴールドストンが米政府に書き送った書簡（諜報情報の提供の遅れに対し苦情を訴えている書簡）がワシントンポストによってすっぱ抜かれた。CIA 長官ジョン・デウッチ (John Deutch) はそのことに激怒したが、両者の面談は、結果としては具体的な成果をもたらした。それは、ワシントンとハーグの間にホットラインを設置し、CIA 内部にある ICTY への協力関係部署を強化することであった。後にヘイガンのインタビューにゴールドストンは次のように回答した。

　「我々は、必要としていたものすべてを得ることができた」(Hagan 2003: 134-135)。

　こうしてハーグの米大使館は、スレブレニツァ捜査にとって死活的な重要さをもつ機密情報の引き渡し場所となった (Ruez 2017)。ICTY のスレブレニツァ捜査班は、捕虜の処刑、あるいは遺体の埋葬が行われた可能性のある場所を、証言から割り出し、当該地区で事件の前後に撮影された衛星写真を請求する。当時、米国の戦争犯罪担当大使であったデビッド・シェファー (David Scheffer) はこのプロセスを次のように説明する。

　「専門家チームがワシントンからハーグへ飛び、持ってきた証拠の要旨をブリーフィングし、それに続きいくらかの討議が行われる。最終的には米国政府が ICTY に提供した衛星写真は莫大な量に及んだ。時には、あまりに大量の証拠を開示しすぎたため、ハーグの米大使館の書庫には、ワシントンから送られた証拠が山のように積まれていたこともあった。」(Hagan 2003: 135)

第3節　本格的捜査の開始

犯行地へのアクセス

　ボスニア戦争の終結に伴い捜査チームの活動の主眼は犯行地へのアクセスの確保と証拠収集へと移行した。捜査対象は明確だった。対象は1995年7月15日スレブレニツァの陥落以降に行われた犯罪行為である。スレブレニツァの陥落そのもの、また国連安全地帯の占拠に伴って行われた犯罪行為は捜査の対象ではなかった。またUNPROFORによる空爆ないしそれが実行されなかった理由も捜査対象ではなかった（ルエズ、筆者インタビュー2017.2.9）。

　1996年1月、トゥズラで聞き取り調査を行っていたルエズのもとに、ハーグから一本の電話が架かってきた。米国政府の人権担当国務次官補のシャタックがベオグラードからブラトゥナッツ、ポトチャリ、スレブレニツァまで車で行くということであった。シャタックの目的はメディアに対し、米国の国連大使マデリン・オルブライト（Madeleine Albright）が国連安保理で1995年8月に公開したノヴァ・カサバのサッカー場を見せること、およびデイトン合意によって移動の自由が実現されていることを示すことであった。ルエズはそれに同行し、スレブレニツァに行く道中、スレブレニツァ事件に関連する場所を説明した（ルエズ、筆者インタビュー2017.2.9）。

　ルエズがスレブレニツァ事件の犯行地を初めて訪れたとき、その多くは手つかずの状態で残っていた。例えば、クラヴィツァ村の農業用倉庫では、ルエズは建物の内部に入り壁面にこびりついていた血液のサンプルを採取し、それをのちにオランダ法医学実験室へ送りそれが人間の血液であることを明らかにした。倉庫内には銃創の跡が残っており、その様相は銃撃が倉庫内部で、かつ近接距離において行われたことを示していた。しかしクラヴィツァ倉庫周辺の地面は雪に覆われており遺体の埋葬場所を特定することはできなかった（ルエズ、筆者インタビュー2017.2.9）（Hagan 2003: 135）。この訪問の収穫は、捜査官が犯罪関連地相互の位置関係と距離を把握することができたことであった（ルエズ、筆者インタビュー2017.2.9）。犯罪関連地は南北70キロ、東西40キロの地域にわたって点在しており、その中には捕虜の集結地、拘禁場所、

処刑地、そして埋設地などがあった。これほどの広大な地域でオペレーションを行うには、軍による大掛かりな兵站支援が必要であることは明らかだった[9]。

　ルエズが不思議に感じたのは、VRS が犯行地を破壊したり証拠の隠滅をはかったりした形跡がないことであった。犯罪捜査のプロとしてルエズは、犯罪者は通常、警察に追われていることを察すると、証拠を隠滅し、アリバイ作りに奔走することを知っていた。しかしスレブレニツァの場合、状況は非常に異なっていた。あたかも、マフィア組織によく見られる、「話してはいけないし、相談してもいけない」という沈黙のルールが存在するようであって、虐殺ののち完全な沈黙の掟が犯罪者たちを支配したようであった（ルエズ、筆者インタビュー 2017.2.9）。事件発生から四年近くが経過した 1999 年に、ICTY の捜査官がスレブレニツァ事件の関係者の召喚を開始した。捜査官や検事による取り調べの最中、関係者たちはスレブレニツァで起きたことへの自らの関与を否定する一方で、他の者が行ったことについて口にすることをためらわなかった。そしてこれは捜査進捗の一助となった。こうした証言が、捜査官がすでに収集していた証拠の裏付けを与えることとなったのである（ルエズ、筆者インタビュー 2017.2.9）。

エルデモヴィチの自白

　1996 年 3 月、検察局はベオグラードにいる米国務次官補シャタックから、再び一本の電話を受け取った。シャタックはルエズにドラジェン・エルデモヴィチ（Dražen Erdemović）の ICTY への引き渡しに関してセルビア側の説得に成功したと語った（ルエズ、筆者インタビュー 2017.2.9）。エルデモヴィチは VRS の第 10 破壊工作分遣隊の一員であり、捕虜の処刑に携わった一人だった。エルデモヴィチは当初、同僚によって撃たれた傷の治療のためにベオグラードに滞在していた。ベオグラードでエルデモヴィチはアメリカ大使館への接触を試みた。しかし大使館側は面会を拒否、追い詰められたエルデモヴィチは西側ジャーナリストへの接触を試みる。しかしこのジャーナリストの通訳が、セルビア治安当局の工作員であり、エルデモヴィチは当局に引き

渡されてしまう。エルデモヴィチと会うはずだったフランス人ジャーナリストがICTYにエルデモヴィチの存在を伝えてきた。最初にこのジャーナリストからの電話を受けたのはルエズであった。エルデモヴィチはセルビア当局にとって都合の悪い情報を持っているらしく、ルエズはセルビア治安当局がエルデモヴィチの引き渡しに同意するかどうか確信がなかった（ルエズ、筆者インタビュー 2017.2.9）。

　エルデモヴィチの証言はのちに決定的な証拠となる。VRS参謀本部と虐殺とのリンクを示すものだったからである（ルエズ、筆者インタビュー 2017.2.9）（ハーモン、筆者インタビュー 2018.3.27）。第10破壊工作分遣隊はVRS参謀本部の参謀ズドラヴコ・トリミル（Zdravko Tolimir）将軍が率いる諜報・治安担当部門に直接所属する部隊であった[10]（ICTY, Trial Chamber 2012）。もしこの部隊の参加がなければ、VRSは虐殺は一部の跳ね返り分子による単独犯行であると主張したことであろう（ルエズ、筆者インタビュー 2017.2.9）。

　エルデモヴィチによると、ブラニェヴォ農場における虐殺当日の7月16日、トリミルは第10破壊工作分遣隊に対し、ヴラセニツァの分遣隊本部からズヴォルニクへミニバンに乗って出発するように命じた[11]。ズヴォルニクでドリナ軍団（Dorina Corps）の治安担当将校ヴヤディン・ポポヴィチ（Vujadin Popović）中佐の出迎えを受ける。ポポヴィチは一行をブラニェヴォ農場へ連れていき、「間もなく捕虜たちが連行されてくるのでこれを射殺するように」と告げた。捕虜を乗せた最初のバスは午前10時ころに現場に到着し、すぐに処刑が開始された。捕虜の処刑は同日午前10時から午後3時ごろまで続いた。処刑が終了すると、エルデモヴィチの一団はピリツァ村の文化センターへと送られた。ピリツァ村では第10破壊工作分遣隊一行は、すでにその日十分な捕虜を殺害したとして処刑に加わるのを拒否した。そのころまでにブラトゥナッツからボランティアが到着しすぐに捕虜の処刑に加わった。処刑が継続している間、エルデモヴィチは現場近くのカフェで他の分遣隊隊員たちとともに座っていて、そこから処刑の様子を目撃していた。その日、ブラニェヴォ農場で1,200名、ピリツァ文化センターで500名の捕虜が処刑された（ルエズ、筆者インタビュー 2017.2.9）（Trial Chamber 1997）。

エルデモヴィチがスレブレニツァ捜査にとってかけがえのない証人であったのは、彼自身が捕虜の殺害に直接関与しただけでなく、集団処刑を目撃しその処刑を実行した組織を説明することができた点であった。ルエズはエルデモヴィチが提供した情報を遺体埋設地の掘り起こし作業に利用し、さらには虐殺の詳細またそれに関与した組織の構成および指揮命令系統を解明することに使用した（ルエズ、筆者インタビュー 2017.2.9）。

エルデモヴィチとルエズの間には特別な関係が築かれ、エルデモヴィチは一貫して捜査に協力的だった。二人の関係につき、犯罪分析官ステファニー・フリーズは筆者のインタビューに答えて次のように説明した。

　　　「ルエズは彼（エルデモヴィチ）の扱いがとてもうまかった。ルエズは自分の仕事をよく理解していて、人とつながるのが上手かった。おそらく、二人の間には独自のケミストリーがあったのだと思う」（フリーズ、筆者インタビュー 2018.4.1）

エルデモヴィチが ICTY で証言を始めた 1996 年半ば、VRS の司令官ムラディチはスレブレニツァの虐殺の事実を否定していた。しかしムラディチによるこうした否認は、エルデモヴィチの行った証言、すなわち、8 名からなる彼の部隊がスレブレニツァ近郊の農場で如何にして処刑を実行し、その場所だけで 1,200 名を超えるボシュニャク捕虜が処刑され、処刑後は遺体を隠すために重機で土砂をかぶせたのかに関する詳細な証言によって維持するのが困難になっていった（ルエズ、筆者インタビュー 2017.2.9）。

第 4 節　証拠の収集

犯行地の捜索

先に見た通り、1996 年は「犯行の発生地を捜索・発見する年」であった（ルエズ、筆者インタビュー 2017.2.9）。

　　　「遺体の埋設地を発見すること、証言を聴取すること、証人が証言している場所や集団墓地の特定が主たる捜査の中心であった」（ルエズ、筆者インタビュー 2017.2.9）

　ルエズにとっての心配は、「遺体がなければ、犯罪はない（without bodies, there is no crime）」ことであった（ルエズ、筆者インタビュー 2017.2.9）。ムラディチは依然としてスレブレニツァの虐殺を公然と否定していた。集団墓地を見つけ出し遺体を掘り起こす作業は、メディアが報道したよりもはるかに困難を極めた。ルエズは、捜査初期の困難さを次のように説明する。

　　　「（衛星）写真の中にはすべての情報があるのだが、一体写真のなか
　　　のどこを見ていいかわからない」（ルエズ、筆者インタビュー 2017.2.9）

　衛星写真から最大の結果を得るためには、捜査官は写真検索の精度を増すために十分な情報を米国側に提供できなければならない。しかしこうした情報を得るために不可欠である現地調査は、セルビア系現地住民の捜査に対する反感、埋設地雷の存在、さらには現地に展開する平和実施部隊（IFOR）による消極的な協力姿勢のために困難を極めた[12]（Hagan 2003: 140）。虐殺の発生当時、セルビア人側は NATO の偵察衛星がブラトゥナッツ周辺を撮影していることを知っていた。その前に VRS が 30 名のオランダ人兵士を人質にとっていたからである。自分たちの言動を偵察衛星に察知させぬため、VRS の治安部隊は、虐殺を実行する前にブラトゥナッツから遠く離れたズヴォルニクで捕虜の処刑候補地の詳細な下調べを行っていた。最終的に VRS が使用した主要な埋設地は 5 か所になる。さらに、デイトン合意の直前 VRS は埋設地が明るみに出るのを恐れ 30 か所に及ぶ再埋設工作を行った（ルエズ、筆者インタビュー 2017.2.9）。

　米国政府による写真の提出は ICTY 規則 70 条に基づいて実施された。ICTY 規則 70 条によると、捜査官はその情報を参照目的（lead purpose）のためにのみ使用することができ、法廷証拠として使うことはできなかった。マクロスキー主任検事は以下のように語る。

　　　「我々は大使館へ行き、写真を精査し、それが地図のどの場所に相
　　　当するのか確定した」（マクロスキー、筆者インタビュー 2018.3.22）

　捜査班にとっての課題は、衛星写真を閲覧することはできてもそれを大使館の外へ持ち出すことができないことであった[13]。そのため捜査官は、米大使館で閲覧した衛星写真をもとに、地図やスケッチを作成し、それを持参

してスレブレニツァの現場へ入った。集団埋設地が相次いで発見されるにつれ、衛星写真の数は増えていった。衛星写真の幾つかは証人の証言と見事に符合した。犯罪分析官フリーズは一つの例をあげる。

　　　「証人がクラヴィツァ倉庫のスケッチを描き、捕虜を乗せたバスが駐車した場所とその時の様子を説明した。そしてこれは衛星写真とぴったり合致した。」(フリーズ、筆者インタビュー 2018.4.1)

　ブラニェヴォ農場に関して米政府は 1995 年 7 月 17 日に撮影された衛星写真を提出した。写真は遺体が地上に散らばっている様子を写していた。ルエズは言う。

　　　「この写真は証人が我々に話した内容と合致していた。」

　　　「どのように遺体が並べられたのか。衛星写真からも並べれている遺体を判別できた。」[14] (ルエズ、筆者インタビュー 2017.2.9)（Hagan 2003: 140）

　オラホヴァツ学校の処刑地では、ICTY 捜査官はオラホヴァツの地図をARBiH の情報将校から受け取っていた。地図には学校が示されていた。捜査官は 1995 年 7 月に同場所を写した衛星写真を米政府に要請した。最初に撮られた写真の日付は 1995 年 7 月 5 日で、それは何も異変を示していなかった。次の写真の撮影日は 7 月 20 日で、そこには地面が掘り返された跡がはっきり見て取れる。写真が示す異変を示す場所は、生存者による証言から割り出された遺体の埋設地と合致していた（ルエズ、筆者インタビュー 2017.2.9）。このようにして、次第にそれまでばらばらだった情報の断片が繋がってきた。再び、ルエズは言う。

　　　「こうして、集まってきた衛星写真を見る際に、我々はそこに現れている情報が、どの事件の文脈の中で起きたことか（ほとんど数日内の時系列の範囲の中で）明確に理解するようになった。写真が大変重要である理由である。」(ルエズ、筆者インタビュー 2017.2.9)（Hagan 2003: 145）

　しかし衛星写真と証言の符合は最初のステップに過ぎなかった。実際の発掘作業を開始する前に、捜査チームは更に正確に地区を絞り込んで、どこに遺体が埋められているのかを確定しなければならなかった。捜査官は、証言と衛星写真を照らし合わせる作業を延々と繰り返した。捜査は徐々に進展

していったが、まだ繋げなければならないパズルのピースが多く残っていた（ルエズ、筆者インタビュー 2017.2.9）。

遺体発掘作業

　現地調査による証拠収集は、捜査チームのスルプスカ共和国への入国が可能になった 1996 年 4 月より開始された。現地調査はスルプスカ共和国内に駐屯する、唯一の IFOR 構成国である米軍による保護のもとに行われた（ルエズ、筆者インタビュー 2017.2.9）。先に述べたように、1996 年 1 月にルエズがジョン・シャタック一行と共にクラヴィツァ倉庫を訪れた際、現場は手つかずの状態であった。1996 年 6 月に捜査チームが現場を再訪したとき、現場はいまだ手つかずであった。米海軍から二名の専門家が派遣されて、クラヴィツァ倉庫の爆破現場から血液のサンプル・毛髪・皮膚など、数百点に及ぶ証拠物を採取した。これらの物質はそれが人間のものであることを示していた（ルエズ、筆者インタビュー 2017.2.9）。ルエズのハーグのオフィスには、1995 年 7 月に処刑された数千の遺体を埋葬した 30 を超える埋設地を示したチャートが掲げてあった。チャートの縦軸は埋設地の位置を示し、横軸はその場所に関する証拠のリストである。リストの内訳は、遺体の一部・証拠書類・化学的および人体の残余物・弾丸・薬莢・目隠し・手かせ・時計などである。例えば遺体が身に着けていたセイコーの腕時計。時計は、スレブレニツァで処刑された時計の持ち主の死亡時刻の推定に役立った。捜査チームは、時計の製作会社からこの種の自動巻き式時計はネジを巻き上げる運動が停止したのち 24 時間から 36 時間動き続けるという回答を得た。この情報と腕時計の日付表示に基づき被害者の死亡推定時刻が割り出された（Hagan 2003: 132）。

　法医学者ウィリアム・ハグランド博士（Dr. William D. Haglund: 米）の ICTY への着任はスレブレニツァ捜査にとって重要な出来事であった。ハグランドの着任によって捜査官が特定した埋設地の発掘が現実的になった。ICTY 着任前ハグランドはルワンダ国際刑事裁判所（ICTR）ですでに多くの遺体発掘作業に携わっていた。1996 年 6 月にハグランドが ICTY に加わった時点

で、スレブレニツァの埋設地は多くがすでに特定されており、特定された地
区を少し掘り起こすだけで多くの残余物が見つかった（ルエズ、筆者インタビュー
2017.2.9）。実際の発掘作業の開始に際しては、重要な課題である発掘現場周
辺の治安に関する問題を解決する必要があった。発掘作業は治安上、深刻な
不安のある環境下で行われた。発掘作業を行う一帯は、ICTY の捜査に敵対
的なセルビア人がいまだ完全に支配しており、現地は無数の地雷が敷設され
ていた。このため、発掘作業の開始前にまず行われたのは、発掘地及びその
周辺に埋められている地雷の除去であった。地雷処理が完了すると 3 台の
装甲兵員輸送車（Armoured personnel carrier: APC）に同乗した捜査チームが発掘
現場に到着した（Hagan 2003: 143）。発掘作業中、発掘作業現場の周辺には武
装した IFOR 兵士が配置された。発掘現場は黄色の非常線で区分けされ、捜
査官がおよそ 150 センチ長の金属製の中空の筒を地面に突き刺して歩いた。
地面から筒を抜き取ると、筒の中に採取した土の臭いを嗅ぐ。そうして腐敗
した遺体がその場所に埋められているかどうかを特定する。フリーズはこの
作業を「ひっかいて嗅ぐ試験 scratch and sniff test」と呼んでいた（フリーズ、筆
者インタビュー 2018.4.1）（Hagan 2003: 143）。1996 年夏には三つの埋設地が掘り起
こされた。オラホヴァツ、ブラニェヴォ農場、そしてツェルスカ渓谷である。
掘り出された遺体は、冷蔵庫に保管されカレシヤにある遺体安置所へ運ばれ
たのち、死因の特定がなされた。1996 年だけで 450 体の遺体が掘り起こさ
れた（ルエズ、筆者インタビュー 2017.2.9）。

　ツェルスカ谷の埋設地の特定は数人の証言が元になった。虐殺が起きた時、
生存者の一人は、ツェルスカ谷を見渡すことのできるコニェヴィチ・ポリェ
にいた。しかし VRS がトゥズラへ逃避行を続けるボシュニャクの隊列を遮
断したため、証人はツェルスカ谷へ向かって進むことができなかった。しか
し一行の一部はすでに一日前に出発していた。証人は隠れている場所から装
甲兵員輸送車（APC）に伴われた 3 台のバスが林の近くに到着するのを見た。
その 10 分後、証人はその方向から集中砲火の音を聞く。銃声が止むと、ほ
どなくして重機が作業している音が聞こえた。また、別の証人は、セルビア
人の遮断線を突破することに成功し、ツェルスカ谷を通過した。谷を歩いて

いる際、証人は裸足であった。歩いているうちに、証人は足の裏にこびりつ
く粘着質の液体が血液であることに気づいた。また別の証人は、自分たちが
居た場所から、スレブレニツァの方角へ引き返すことを選んだ。そしてツェ
ルスカ谷を渡った時、何かひどい悪臭を感じたと証言した（ルエズ、筆者インタ
ビュー 2017.2.9）。これらの証言から、何か酷いことがツェルスカ谷で起こっ
たことは明白だった。捜査官はツェルスカ谷でおよそ 150 名が殺害された
と推察した。根拠は証人が目撃した 3 台の 50 人乗りバスであった。捜査官
はまず、証人が言っている場所の特定を試みた。現場のビデオ撮影が行われ
それが証人に見せられた。しかし、ツェルスカ谷は 4 キロに渡る広大な地
域であり、殺害現場を正確に特定する可能性は極めて小さく思われた。しか
し、ビデオを見ている途中で証人の一人が、水道管が写っているのを見つけ
殺害現場はこの水道管の近くだと証言した。この情報を元に捜査チームは再
び現地を訪れた。一行が現地に着くと、犯罪分析官フリーズが、重機が使わ
れた跡と思しき形跡を谷の斜面に発見した。その場所から道を挟んだ反対側
には、土砂と木の枝が人工的に折り重ねられたような跡があった。しかしな
がら、10 か月余りの時間の経過により、処刑現場と思しき周辺には雑草が
生い茂っていた。捜査チームはさらに慎重に現場付近の検証を行った。する
と多数の薬莢が見つかった。それを受けて捜査チームは周辺の発掘作業を開
始した。2 か月に及ぶ発掘作業の結果、この現場から 149 体の遺体が発見さ
れた（ルエズ、筆者インタビュー 2017.2.9）。

　エルデモヴィチが証言したブラニェヴォ農場の埋設地は、1996 年夏に
発掘作業が行われた。埋設地はサッカー場の 3 分の 1 ほどの広さであった。
折からの風雨が現場での作業を困難にし、プールのようになった埋設地か
ら水をポンプで汲み出さねばならなかった。足場の悪い滑りやすい状況下
で、作業員たちは遺体の保存のために全力を尽くした。作業に加わった者が、
ジャーナリストのインタビューに答えて次のように回想している。

　　　　「掘り起こされた遺体はゼラチン化してジクジクしており、ほとん
　　　　ど白骨化していなかった」
　　　　「膝まで泥につかる状態で、遺体同士の区別もつきにくい状態だっ

た」(Neuffer 2001: 243)

　ノヴァ・カサバの埋設地は、米国の衛星写真の写す範囲から少しずれていたため発見に時間がかかった。この埋設地で捜査チームは遺体の下に弾丸を発見した。これは犠牲者が穴の中へ向いた状態で後ろから銃撃されたことを示していた（ルエズ、筆者インタビュー 2017.2.9）。1996 年も秋に入りその年の発掘シーズンも終盤に入る頃には、エルデモヴィチによって明らかにされた第一次埋設地の大半は発掘し終わっていた。捜査チームの次の課題は、第二次埋設地の捜索だった（ルエズ、筆者インタビュー 2017.2.9）。

二次埋設地の捜索

　発掘作業が進展するにつれ、捜査官達は埋設地が何者かによって手を加えられた跡があることに気が付いた。埋設地には掘り起こされた形跡があり、発見された遺体には重機か何かによって分断されたような跡があった[15]。ツェルスカ谷はその中で唯一手つかずの埋設地だった。捜査官は埋設後に何が起きたのか次第に明らかにしていった。これまで発見されていたのは、全部で 5 か所の処刑地、そしてその近くの埋設地だった。しかし一人のセルビア人証人が、VRS が埋設地を掘り返し遺体を再埋葬するためにどこか遠くへ運び去ったと証言した（ルエズ、筆者インタビュー 2017.2.9）。ルエズは語る。

　　　「(虐殺の) 数か月後の 1995 年秋、デイトンで停戦合意が間近になった際、セルビア人は、遺体の埋設地が容易に発見されるのではないかと恐れた」(ルエズ、筆者インタビュー 2017.2.9)

　実際に、デイトンでの和平交渉の際、米国代表リチャード・ホルブルック（Richard Holbrooke: 米）はスロボダン・ミロシェヴィチ（Slobodan Milošević）セルビア大統領に、ジョン・シャタックのスルプスカ共和国訪問を実現させ遺体の埋設地への訪問を実現させるように圧力をかけていた（Hagan 2003: 141）。VRS は危機感を募らせた。そして遺体の大規模な再埋葬計画を立案・実施した。再埋葬に関する最初の兆候は、1995 年 9 月 29 日に撮影されたブラニェヴォ農場の衛星写真が示していた。1995 年 10 月末に遺体の掘り起こし作業が行われたことは明確だった。この作業の目的は、より小規模かつ

遠隔地へ遺体を運び再埋葬することだった（Ruez 2017）。捜査チームは最終的に 30 の二次埋設地を確認した。再埋葬作業はほとんどが夜中に実行された。ヘイガンのインタビューに答えて、かつてルエズは次のように語った。

　　　「数十台のトラックが何百もの遺体を搬送する。2 週間にわたってこの作業が続く。腐敗した遺体を満載したトラックが住宅地域を通り過ぎる際に、住民はひどい腐臭を感じたに相違ない。もしかすると、遺体の一部がトラックの荷台からはみ出しているのを目撃したかもしれない。このようなことが行われたこと、それは人類に対する犯罪である。一次埋設地と二次埋設地双方が発見されて、初めて、スレブレニツァで何が起こったのかはっきりするのだ。」（Hagan 2003: 142）

　また、同じくヘイガンのインタビューに答えて ICTY の捜査部長だったジョン・ラルストンは以下のように述べている。

　　　「もし我々が数千の遺体をスレブレニツァから掘り起こさなかったら、歴史修正主義者が現れて言っていたことだろう、『ほら、誰も死ななかったのさ。ただ行方が知れないだけだ』と」（Hagan 2003: 142）

　セルビア側による再埋葬オペレーションは 1995 年 11 月のデイトン合意直前に終了した。1996 年に ICTY による集団墓地の発掘作業が始まった当初、捜査官達はジャーナリストに扮したセルビア諜報機関の人間がマークしていることに気づいていた。しかし、諜報機関員は、捜査官が埋設地で少人数の遺体しか発見できないとわかるとその場を離れていった。後に明らかになったことであるが、再埋葬作業の際、VRS は実際の虐殺数を低く見せ、ボシュニャク側の主張する犠牲者数はでっち上げであると見せかけるための工作として、故意に少数の遺体を一次埋設地に残していったのだった（ルエズ、筆者インタビュー 2017.2.9）。例えばブラニェヴォ農場では、捜査チームが掘り出したのは、証人の証言から想定されていたおよそ 1,200 体には及ばない、わずか 115 体であった。その頃になると VRS のムラディチ将軍は集団埋設地の存在自体を否定しなくなっていたが、これらの集団埋設地は戦闘地帯にありそこに埋葬されている遺体は各地で戦死した兵士の遺体を「衛生上の理由

で」集めたものだと主張していた。ICTY 捜査チームは、遺体の多くが、後ろ手に縛られるなど、典型的な処刑の跡をとどめていることを証明する必要があった。結果的に 1997 年の多くは第二次埋設地の発見に費やされ、1998年はその発掘に費やされた年であった（ルエズ、筆者インタビュー 2017.2.9）。発掘作業はその後数年間にわたって行われ、最終的に 6,000 体を超える遺体が発掘された（Manning, Testimony of Dean Manning 2000）。

発掘作業－リソースの問題

　1996 年の時点では、捜査チームによる発掘作業は進展の兆しを見せていたものの、それにかかる費用、時間、そして人員の観点から、果たして発掘作業が実施するに値するのか否か疑問視する者も ICTY 検察局内部にはいた。スレブレニツァの犯罪を証明するのに必要な遺体の多くは、いまだ土中に埋もれていた。ルエズは彼のチームが ICTY 検察局上層部から十分な支援を受けていないと感じていた。1997 年 9 月、検察局の捜査チームのチームリーダー達が、ブルーイット副検事長の席へ呼ばれた。そこで告げられたのは、その年の発掘作業を打ち切るという宣告であった。しかし、その時点でスレブレニツァ捜査に関わる、1997 年に予定されていた発掘作業はまだ一つも実行されていなかった。ルエズの抗議をうけて、検察局上層部はスレブレニツァの発掘作業の開始をしぶしぶ了承したが、今度は現場の作業員たちが作業を拒否することとなった。それまで発掘作業を行っていたブルチュコで、発掘作業を阻止しようとする地元住民たちに、作業員たちが取り囲まれるという事件が起こっていたからであった（ルエズ、筆者インタビュー 2017.2.9）。スレブレニツァでの発掘を実現するために、ルエズは検察局上層部に対し、何度も訴え出なければならなかった。

　　　「上層部に、その年の発掘作業の必要性を認めさせるためには、出
　　　来るだけ多くの発掘現場が存在することを示す必要があった」（ルエズ、
　　　筆者インタビュー 2017.2.9）

　更に追い打ちをかける事件が発生する。スレブレニツァ捜査に参加したある法医学官が埋設地に関するデータの改竄を行っていたことが判明したので

ある。ルエズは言う。

> 「その法医学官は、自分たちが今、掘り起こしている遺体が、最終
> 的に法廷で証拠として使われる日が来ることなど信じようともせず、
> 他の者に無断で死因に関する記述を書き換えたのだ」（ルエズ、筆者イ
> ンタビュー 2017.2.9）

　その上、遺体の各部位を誤認したことに対して苦情が来たこともあった。
ブルーイット副検事長は、徹底した捜査活動だけがこうした疑念を晴らして
くれると信じていた。スレブレニツァ捜査チーム担当のマクロスキー主任検
事が、全ての検視報告書が正確で正しい手続きに則って作成されたものであ
ることを証明する作業を行うこととなり、そのために 1997 年のほとんどを
費やした。ヘイガンの質問に答えて、マクロフスキーはこの作業を以下のよ
うに説明した。

> 「（その作業は）世界中にいる（スレブレニツァ捜査に関わった）法医学官た
> ちのところへ行き、彼らが作成した検視報告書について尋問し必要
> であれば書き換えさせたうえで報告書の正確さを確定する、という
> 作業だった」（Hagan 2003: 146）

捜索と押収

　時は 1998 年。ルエズは発掘作業が思うように進展していないことにいら
立ちを募らせていた。しかしそんな時、思わぬ好機が訪れた。マクロスキー
主任検事とルエズは、スレブレニツァ捜査の停滞が VRS サイドのガードを
低くしていることに気づいていた。周到に計画された、的を絞った証拠書類
の捜索・押収オペレーションを実行することができれば、有益な証拠が収集
できるであろうことが予想された。ターゲットはズヴォルニクとブラトゥ
ナッツに駐屯する VRS の旅団の本部。この時点での捜査の焦点は VRS によ
るスレブレニツァオペレーションの兵站と指揮命令系統の解明であった。エ
ルデモヴィチによって既に証言されたもののまだ明確になり切っていない、
虐殺を計画・準備・実行した部隊の指揮命令系が明らかにされる必要があっ
た（ルエズ、筆者インタビュー 2017.2.9）。

　そもそも、捜索・押収オペレーションには外部からの協力が不可欠である。しかもこのオペレーションは、ICTY の捜査に敵対的な勢力が支配する地域で実行されるものである。そのためこのオペレーションが成功するためにスルプスカ共和国と UNPROFOR、NATO の協力が不可欠であった。犯罪分析官フリーズは、この捜索・押収ミッションを実現させた立役者であった。ステファニーはある日 ICTY 捜査部の廊下で他の捜査チームがバニャ・ルカで捜索・押収オペレーションを計画していることを耳にした。フリーズは言う。

　　「それで、自分のチームのところへ戻って言った。『なぜ私たちも
　　やらないのか』と」（フリーズ、筆者インタビュー 2018.4.1）

　スレブレニツァ捜査チームはそれまでに、犯行現場に関する証拠を固めていた。しかし、この虐殺を実行した部隊の指揮命令系統については証拠が不足していた。そしてその証拠は実行部隊の本部の書類ファイルの中に存在することが予想された。フリーズは捜索・押収オペレーションが成功するためには、経験を積んだ捜査官が多数必要であることを認識していた。ヘイガンとのインタビューに際しフリーズは次のように回答している。

　　「必要だったのは、まず捜査内容を理解している人、そして現地の
　　言葉が理解できる人、押収した証拠の扱いに関する手続きを知って
　　いる人、そして、捜査チームが何を探しているのか明確に理解して
　　いる人。それで、結果的には大人数になった」（Hagan 2003: 147）

　捜索・押収オペレーションの総指揮は ICTY 捜査部長ジョン・ラルストンがとった。ICTY 捜査部にはその当時、11 の捜査チームがありそれぞれのチームに主任捜査官であるチームリーダー、法律顧問、数名の捜査官、犯罪分析官、軍事分析官が所属していた。二つないし三つの捜査チームが一人の捜査指令官（investigation commander）の元にあり、それらすべてを束ねるのが捜査部長であった[16]。ラルストンは、本国オーストラリアでブルーイット副検事長とともに戦争犯罪捜査を行った経験を持ち、ICTY に入ってからは順調に出世の階段を登ってきた人物であった。ラルストンは、ルエズとマクロスキーに対して敬意の念を持っていた。ラルストンは言う。「捜査チームは、チームリーダーと法律顧問が一つになって働いたときに最大の結果を生

む」(Hagan 2003: 147)。ラルストンは、ルエズがダイナミックなリーダーであ
りながら非常に慎重にマクロスキーを法律顧問として選定した、と語る。歴
史学者イザベル・デルプラによるインタビューの際、ラルストンは捜査部に
おける人選につき次のように語っている。

　　「捜査部はいつも人手が足りなかった。そこで、我々は全員が秀逸
　　な仕事をしそうな者同士を組み合わせた。そしてそれは大抵上手く
　　いった」[17] (Delpla, The ICTY Investigations - Interview with Jean René Ruez 2012:
　　47)

　また、ラルストンはヘイガンとのインタビューの中で、マクロスキーの無
私な点を高く評価する。

　　「ICTY に来てから最初の数年、ピーター（マクロスキー）は、法廷に
　　立つ機会がなかった。彼の担当する（スレブレニツァ）ケースは起訴者
　　がおらず、しばらくルエズの率いる捜査だけが継続した。それでも、
　　ピーターは腐らずに法律顧問の仕事をつづけたんだ。しかし、この
　　状況はクルスティチが捕まったことで一変した」(Hagan 2003: 148)

　クルスティチは VRS のドリナ軍団の司令官であり、米軍特殊部隊によっ
て捕縛され 1998 年 12 月 2 日に ICTY へ引き渡された。ICTY による最初の
捜索・押収オペレーションは 1997 年プリエドルで実施された。そしてその
数か月後 1998 年 2 月にはバニャ・ルカで実施された。スレブレニツァ捜査
チームによる捜索は、バニャ・ルカの数週間後ズヴォルニクとブラトゥナッ
ツで実施された。捜索にあたっては、まず捜査令状を携えた ICTY 捜査官が
スルプスカ共和国の大統領府や司法省、国防省の高官を訪れた。その訪問直
後に捜査チームが現場に入る。チームリーダーと法律顧問がまず ICTY 裁判
部が発令した捜査令状をもとにして現場へのアクセスを交渉する。現場の担
当者によってアクセスが拒否された場合、（或いは、良くあることだが）遅延され
た場合は、現地の捜査責任者がこの担当に対しさらに上の上層部に電話をす
るように要請する。ラルストンは、この方法で少なくとも一度現場担当者に
「大統領に電話すること」を要請した。ボスニアの上級代表事務所（Office of
the High Representative）は、ICTY への協力を確保するためスルプスカ政府に対

して政治的圧力をかけた（Hagan 2003: 148）。最終的にラルストンとチームは、ボスニアにおけるあらゆる場所への捜索・押収のアクセスを得た。ラルストンはヘイガンとのインタビューに答えて次のように述べている。

　　「我々は協力を要請し、常にそれは得られた。時に時間がかかることはあったが。我々と行動を共にしたのは、我々の身体の安全を守る IFOR のエスコートであり、我々は証拠を押収するとすぐにその場から撤退した。」（Hagan 2003: 148）

　捜索・押収現場には、証拠管理官（exhibit officer）が任命され、彼らのもとに捜査官が押収した全ての証拠物が挙がってきた。

　　「（証拠管理官）は、証拠品の一つ一つを記録し、袋に詰め、安全な場所に移動するまでその場を離れなかった。」（Hagan 2003: 148）

　押収した証拠書類はトラックで運び出された。後にクルスティチ将軍を有罪とした証拠の多くがこうして収集した押収書類であった。ルエズはセルビア側が、捜査官の到着前に多くの証拠書類を焼却していたことを承知していた。例えば、ドリナ軍団の場合 1995 年の書類の多くが破棄されていた。しかしルエズは言う。

　　「我々は、（セルビア側が）思いもよらなかった書類群の中から、珠玉の証拠を発見した」（Hagan 2003: 149）（ルエズ、筆者インタビュー 2017.2.9）

　それは、例えばドリナ軍団の工兵大隊（Engineering Battalion）が残していたログブックであった。そのログブックには、捕虜の殺害、埋葬に関わった治安部隊の給油地や移動が記録されていた。また、VRS 部隊の運転手のログは、彼らがどの場所へ、どの時刻に行ったかを示していた。工兵大隊のログには、「ブラニェヴォでの穴掘り作業」が記録されていた。ブラニェヴォは軍事地区ではない。こうした証拠の積み重ねが、それまでに捜査官が築いていた事件の時系列を裏付けるものとなった。ルエズは言う。

　　「セルビア側は、大掛かりな証拠隠滅作業を行ったが、それは徹底していなかった。たとえば、埋設地から遺体を掘り起こしたが多くの遺体を残したままにした。また、1995 年の書類は焼却したが、それでもいくつかの重要な書類を破棄していなかった。工作部隊のロ

グブックは重機を使用して埋設地を掘ったことを示していた。その他、
捕虜たちの監視をする憲兵の配置表も発見された。」(ルエズ、筆者インタ
ビュー 2017.2.9)

　「彼ら（セルビア側）は、何を捜査官から隠す必要があるのか理解し
ていなかった」(Hagan 2003: 149)

ルエズはさらに続ける。

　「それまでに我々は、犠牲者の視点から見た事件の再構築を終えて
いた。しかし、(この押収証拠によって) 加害者の視点から、この虐殺が
どのように組み立てられていったのかを理解することが可能になっ
た。」(Hagan 2003: 149) (ルエズ、筆者インタビュー 2017.2.9)

被害者の証言からは「何が（現地で）起きたのかを再構築することはでき
ても、誰がそれを行ったのかは明らかにできない」(Hagan 2003, 149)。押収書
類は、この点で、加害者の上層部が如何にして虐殺を計画・準備・実行した
のかを再構築するために重要であった。最終的にズヴォルニクとブラトゥ
ナッツから捜索・押収によって、ICTY が収集した証拠書類は三万点以上に
のぼった (Hagan 2003: 149)。

傍受記録

　1998 年 4 月、捜査官達は ARBiH が傍受した VRS の無線の交信記録を入
手することに成功した。犯罪分析官フリーズは特にこれに関心を示した。現
地の言葉が理解できバルカンの文化の理解もある彼女にとって、VRS の将
兵が交信している内容は興味を掻き立てられるものだった。

　「(傍受記録を通じて) 今何が起きているのかを同時進行で、話者同士
の会話を通じて理解することができる」(Hagan 2003: 149)

　時間の経過とととともに、ICTY 捜査部に到着する傍受記録は膨大な分量に
なっていった。最初フリーズは、なぜほぼ同内容の傍受記録が常に二つ存在
するのか理解できなかった。しかし、のちにこれが重要な意味を持つことが
分かってきた。ARBiH は、二つの山の頂上に別々の傍受設備を持っており、
異なる ARBiH 部隊が同時に VRS の無線交信を傍受していたのだった。この

ため、一見、同じことを記録しているように見える二つの傍受記録が存在することになり、これが ARBiH にとっては VRS の交信内容の確認、正確さの確保につながり、また、会話内容が何を意味しているのか理解する助けとなった（フリーズ、筆者インタビュー 2018.4.1）（ルエズ、筆者インタビュー 2017.2.9）。しかし、フリーズは交信記録の内容が額面通りに受け取れないことを承知していた。

> 「（交信記録を）読み解く（こちらの）側としては、疑問の塊だった。これは何を意味してるのか？　本当のことを言っているのか？　こうした思いは私の中に常にあった。交信者は、私たちをからかっているのか？　それとも、真実を話しているのか？」(Hagan 2003: 150)

彼女は検察局の翻訳者を採用し傍受記録の絞り込みを始めた。ボスニアへ飛び、無線傍受を担当した ARBiH の担当者をインタビューした。彼らはのちに ICTY の裁判で証言台に立つこととなる。傍受記録の内容の照らし合わせの作業は、スレブレニツァ捜査班のごく一部のスタッフによって行われた（フリーズ、筆者インタビュー 2018.4.1）。フリーズは回想する。

> 「（傍受記録の解読作業は）とてつもなく退屈で、気の遠くなるような作業だった。しかし、この作業は極めて細心の注意を払い、正確を期する必要があった。このため可能な限り完璧に作業を進めた」
> (Hagan 2003: 150)

やがて、交信記録の中から核となる重要な会話が出現してきた。例えば、部隊の移動に必要な燃料や人員の移動をめぐる会話である。

> 「ガソリンをめぐる会話記録が出てきたときは、とても興奮した」
> (Hagan 2003: 150)（フリーズ、筆者インタビュー 2018.4.1）

問題は、交信の当事者たちが使用する、婉曲表現や暗号が意味するところを理解することだった。ジョン・ラルストンは後にヘイガンのインタビューに答えてこう語っている。

> 「一般的に、戦場で無線交信をする際、人々は平易な言葉を使わない。従って、のちにこれを読み解く者は、実際に何が話されているのか、何が起きているのか調べなければいけない」(Hagan 2003: 150)

　傍受記録はその性質から、その内容の正統性を証明することが困難であった。このため、実際には傍受記録は、捜査官がすでに持っている情報をさらに補足するものとして使用された。傍受記録を解読する作業は、捜査の継続中ずっと続けられそれは公判が開始されたのちも続いた（Hagan 2003: 150-151）。

内部通報者の召喚

　1998 年の終わりから、多数の VRS の要員 —— 運転手から将軍に至るまで——が取り調べのため ICTY の捜査官のもとに召喚された[18]（マクロスキー、筆者インタビュー 2018.3.22）（ハーモン、筆者インタビュー 2018.3.27）。召喚は ICTY 規則 39 条に則って行われた。クルスティチ自身も逮捕される前、ICTY 検察局に証人として召喚された。取り調べの際、彼らはスレブレニツァ虐殺への自らの部隊の関与を否定するために、他の部隊の行動について詳細に話した。しかし個々の証人たちが知っていることの範囲は、先に述べた「沈黙の掟」のために、全体のごく一部に過ぎなかった。これに対して、捜査官の側ははるかに多くの情報を持っていた。捜査官の側が犯人よりも多くの情報を握っているという状況は通常の犯罪捜査では滅多にないことであったが、これは、スレブレニツァの犯罪の規模と「沈黙の掟」によるものであった（ルエズ、筆者インタビュー 2017.2.9）。VRS の内部通報者の取り調べは、スレブレニツァ捜査チームのごく一握りのメンバーによって取り扱われた。通常、新たに事件を担当することになった捜査官が、担当事件の細部まで理解するのには時間がかかる。スレブレニツァのような複雑な事実が入り組んだケースでは、取り調べを担当している捜査官の知識を、証人が試すというような事態が起こる。もし仮に捜査官が証人よりも少ない知識しかもっていないことが証人にばれた場合、証人は口を閉ざし意味のある証言を引き出すことはほぼ不可能になる。このため 2000 年頃までルエズがほとんどの内部通報者の取り調べを担当した（ルエズ、筆者インタビュー 2017.2.9）。

第 5 節　収集証拠の分析

分析官

　犯罪捜査において事実関係を再構築するためには、収集した証拠を様々な角度から吟味する必要がある[19]。まず重要なのは、法医学的な分析に従事する分析官（forensic analyst）である。死因を特定するいわゆる医学的手法に加えて、法医学的分析は犠牲者の数を特定し、殺害の状況を明確にする役割を持っている。スレブレニツァ捜査では、法医学の分析官が発掘作業のすべての場面に関係し特に重要な役割を果たした（Delpla, The ICTY Investigations - Interview with Jean René Ruez 2012: 47）。

　次に、事実関係をもとに事件の正確な時系列を作成することは犯罪分析官（criminal analyst）の仕事である。スレブレニツァのような事案では、事件の発生時に多くの出来事が同時に進行しており、事件の正確な時系列を確定することは極めて重要である。時系列は大量の情報の山を峻別したうえで作成される。多数の証言や膨大な押収書類をふるいにかける作業が必要である。証言・調書の分析は、その内容の信憑性を、証人の記憶違いや、証人の持つ内面的・心理的偏見を峻別しながら行う作業である（Delpla, The ICTY Investigations - Interview with Jean René Ruez 2012: 48）。

　軍から押収してきた軍事関係書類の分析には軍事分析官（military analyst）の存在が不可欠となる。彼らの任務は、どの部隊がいかなる指揮命令系統に従って作戦に従事したかを明確にすることである。スレブレニツァ捜査においては、リック・バトラー（Richard "Rick" Butler: 米）軍事分析官が VRS によって行われたクリヴァヤ'95 作戦の分析を押収した軍事機密書類をもとに行った。軍事分析官は更に ARBiH によって傍受された無線交信記録の分析も行った。これらの記録は、どの部隊が作戦に参画したか、また誰が、どのような指揮命令系統に基づいて行動したのか理解する手がかりとなった（ルエズ、筆者インタビュー 2017.2.9）（Hagan 2003: 149）。

指揮命令系統

　1998 年はドリナ軍団の元司令官クルスティチが逮捕された年であり、スレブレニツァ捜査にとっても重要な年であった。スレブレニツァ事件の犯行地の全てはドリナ軍団の地理的管轄内で行われた。時系列的には、ボシュニャク捕虜の処刑は 7 月 13 日にスレブレニツァ市の近郊にあるクラヴィツァ倉庫から始まった。その後、14 日、15 日、16 日にかけて処刑地は北へ移動したが、最後の処刑地、ピリツァ文化センターは、他の VRS の部隊の管轄地との境界からわずか 300 メートルしか離れていなかった。この事実は、虐殺の首謀者たちが全ての殺戮行為をドリナ軍団の管轄域内で行うように周到な計画を持っていたことを意味している。それは、ドリナ軍団によって執行されたオペレーションの秘匿性を守るために必要なことであった。仮に、スレブレニツァの虐殺オペレーションが VRS の他の部隊の管轄地にまたがって行われていれば、その部隊とも当該オペレーションに関係する情報を共有する必要が生じ、より多くの人間を巻き込むこととなる。虐殺の首謀者たちにとって、それは避けたいことであった（ルエズ、筆者インタビュー 2017.2.9）。

　次に、一般住民による VRS の行動作戦への参加という観点からは、次のことが指摘できる。処刑地のいくつかは、セルビア系住民の居住地からわずか 800 メートルの場所にあった。これらの住民が、起きていることについて全く気が付かなかったとは考えられない。捜査官たちは、ボシュニャク捕虜を処刑する直前に目隠しをした布は、近隣の住民から提供された可能性が高いと見ている（ルエズ、筆者インタビュー 2017.2.9）。

虐殺の段階

　スレブレニツァ捜査チームによる証拠分析に基づき、スレブレニツァの虐殺は時間および場所の観点から二つの段階（フェーズ）に分かれて発生したことが明らかになった。第一のフェーズは、スレブレニツァ市の南部で 7 月14 日以前に発生した。その時点では、組織だった殺害はまだ起きておらず、誰もがボシュニャク人捕虜を好きなように殺害することができる状態にあった。VRS はスレブレニツァを攻撃した結果、投降してきたボスニア兵の多

さに戸惑い、扱いに困惑したのである。

　第二の段階である VRS による組織的な殺害行為は 7 月 14 日に開始した。7 月 13 日に VRS の治安部隊は処刑及び遺体埋設の候補地を偵察しており、殲滅の計画が周到になされた。その当時の VRS の指揮命令系統は以下の通りであった。

- ラトコ・ムラディチ（Ratko Mladić）将軍を司令官とする VRS 参謀本部
- その傘下に VRS 参謀本部諜報・治安担当幕僚ズドラヴコ・トリミル（Zdravko Tolimir）
- その傘下に、VRS 参謀本部幕僚で治安担当のリュビシャ・ベアラ（Ljubiša Beara）大佐。彼は、スレブレニツァの虐殺の際、ボシュニャク捕虜を担当する憲兵隊を指揮していた。ベアラ大佐は、スレブレニツァの虐殺の現場において、ムラディチ将軍と同等の権威をもって指揮にあたっていた。
- ベアラ大佐の傘下にはヴヤディン・ポポヴィチ中佐がおり、彼はドリナ軍団の治安部隊の指揮官であり、名目上はクルスティチ将軍の指揮下にあった。しかしポポヴィチは実際の指命はベアラ大佐から受けていた。
- ポポヴィチ中佐の傘下にブラトゥナッツ旅団とズヴォルニク旅団があった。両師団が処刑オペレーションの実際の指揮を執った。

　VRS ズヴォルニク旅団本部における捜索・押収の際、捜査官は同旅団の配下にあるすべての部隊の配置が示された地図を発見した。そして、その地図を処刑地のある場所に重ね合わせると、どの部隊がどの地の処刑場を担当していたのかが明確になった（ルエズ、筆者インタビュー 2017.2.9）。

　虐殺における政治家の役割という点では、ミロスラヴ・デロニッチ（Miloslav Deronjić）がスルプスカ共和国大統領ラドヴァン・カラジッチ（Radovan Karadić）との重要なつなぎ役であった。デロニッチはセルビア民主党（SDS）のブラトゥナッツ支部長であり、一時はスルプスカ共和国国会の副議長であった。デロニッチは後に ICTY によって起訴されたのち検察側証人として ICTY の多くの裁判に出廷した。彼はその後、第三国へ移送されそこで癌に

より死亡した（ハーモン、筆者インタビュー 2018.3.27）。

犠牲者の数

　ルエズは、ICTY の管轄に入るスレブレニツァの犠牲者の総数は 6,400 から 7,000 人とみている（ルエズ、筆者インタビュー 2017.2.9）。これは DNA 検査によって確定した犠牲者の総数である。このほかに、これに含めないものとして、ルエズはおよそ 1,000 人がスレブレニツァからトゥズラへ向かう隊列の中におり戦闘中に死亡したか自殺したと考えている。最新の ICTY による法医学報告によると、6,849 名が DNA 鑑定により死亡と身元が確定したとしている。しかし多くの西側メディアでは、今でもスレブレニツァ事件の犠牲者の総数はそれよりはるかに多く伝えられており、8,000 名としている（ルエズ、筆者インタビュー 2017.2.9）。

第6節　法医学による真実の解明

　ICTY によるスレブレニツァ捜査の特徴は、押収書類や証言など言語的な証拠と、集団墓地の発掘によって得られた物理的な証拠の双方が組み合わされていることである。ICTY は、犯行現場に直接にアクセスすることが可能でまた大規模な発掘調査を行う能力を有する唯一の機関であった。また ICTY は、スルプスカ共和国の政府および軍の文書保管庫へおもむき、機密書類の捜索・押収をする権限を持った唯一の機関であった。デルプラは ICTY によるスレブレニツァ捜査を以下のように描写する。

　　「（集団墓地や軍の文書書庫など）特定の場所で（スレブレニツァ事件の）歴史を語る物語が、物理的な現実性を帯びて眠っていた［…］スレブレニツァ捜査によって、証言や文書などの言語ないし表象的データは、（集団墓地の）発掘作業によって得られた物理的および技術的なデータと関連づけられ、そしてその両者の連関が、同捜査に人間的な様相を与えることとなった。通常は、証人の証言に、それを超えた歴史的・文脈的な視座を与えるのは社会科学の役割である。スレ

ブレニツァ捜査においては、物理的・医学的科学がこの役割を果たした。法医学者たちは、検視記録に基づき、証言が存在しない状況下において起きた出来事を再構築するという決定的な役割を果たしたのである」(Delpla, Facts, Responsibility, Intelligibility. Comparing the Srebrenica Investigations and Reports 2012: 138)

　以下の議論では、法医学的見地がスレブレニツァ事件に関するナラティブの構築に際してどのような役割を果たしたのかを検討する。ICTY によるスレブレニツァ捜査において、法律家、捜査官、そして法医学者が関係した場面は 3 段階に分けられる。1) 法医学以前の捜査、2) 法医学上の捜査、3) 法廷における専門家証言、である (Klinkner 2008: 450)。

法医学が入る以前の捜査

　ひとたび、法医学の専門家を捜査に参加させる決定がなされると、スレブレニツァ捜査チームは、発掘調査の計画を策定するために犯罪実行地と集団墓地を特定する必要があった。先に見た通りスレブレニツァ捜査チームは、米政府から提供された 1995 年 7 月 7 日から 27 日にかけて撮影された衛星写真と証言をもとに集団埋葬地の疑いのある場所を特定していった。法医学専門家の助言により埋設地の特質が確定され、綿密な発掘作業計画が策定されていった。法医学者たちは、発掘地から掘り起こされる可能性のある物について助言を行った (Klinkner 2008: 450)。

専門家たち

　ICTY 法医学チームの構成は、法医学の専門家、捜査官と多数のサポートスタッフである。その中で重要な役割を占めるのは捜査官、法医考古学者、法医人類学者、そして法医学者である。このうち、後の三者は発掘現場ないし遺体安置所に常駐して全体の作業の指揮をとる。ICTY 捜査官だったディーン・マニングは発掘作業および検死作業における捜査官の役割を次のように説明する。

　　　「発掘現場に立ち会うこと、犯行現場に関するブリーフィングを行

うこと、異なる埋設地から発掘された埋設物の比較、遺体のボスニア政府への引き渡し、発掘現場から収集された証拠物のハーグへの移送」(Dean 2003)

　法医考古学者の仕事は、発掘地の調査および発掘技術を発掘現場に応用することである。彼らは埋設地の形状を記録し、土壌の変化を観察し、人体の一部やその他の人工物を見つける専門家である。こうしたものは犠牲者の死亡時やその後の状況を明らかにする手助けとなる。スレブレニツァ捜査では法医考古学者は、処刑地と埋設地のつながりのほか第一次埋設地と第二次埋設地の連結についても分析をおこなった(Sterenerg 2005: 224)。犠牲者の死に関する犯罪的な要素の有無に関しては、法医学者が遺体に拷問の跡がみられるか、あるいは死の直前に何も食べていないか、銃創の状態などを精査する。彼らは、法医人類学者、法医歯学者、放射線技師らと密接に仕事を行う(Sterenerg 2005, 224)。法医人類学者は残された骨および歯の分析および、遺体の石化(taphonomy)に関する専門家である[20](Klinkner 2008)。骨の状態から犠牲者の生前の状態、死亡時刻、および死亡後の置かれた環境を特定することができる。また、遺体のDNAから、先祖、性別、年齢、および身長、利き手などを判別できる。また法医人類学者は、破損し分散した遺骨から埋設地における最低限の人数を割り出す(MNI)手法を使用する(Sterenerg 2005: 224)。発掘現場から採集された物はログブックに記入され、検視報告書、写真、X線、フィールドノートを通じて徹底的に記録される(Klinkner 2008: 452)。

発掘地の限界

　スレブレニツァ捜査の間、17か所の集団埋設地が発掘されさらに23か所が調査された(Dean 200: 4)。発掘地は検察局の方針と発掘地の境界に基づいて選定され、法医学の専門家たちは物理的に区分けされた境界線の内部で仕事をするように要請された。発掘作業の限界は、捜査活動のなかで作業にかけられる時間および場所的制約から生じたものだが、こうした限界により、発掘によって発見できる事実は全体の一部に過ぎなくなる。こうした制約のもとに作業を余儀なくされた法医学専門家たちの仕事は、実際に発見できた

ものから得られるデータだけでなく、発見できなかった潜在的証拠についても分析を行うことであった[21]。

活動上の制約

発掘に従事する要員の安全の確保は極めて重要である[22]。発掘地に敷設された地雷をはじめとする爆発物は発掘チームが到着する前に、毎日除去される必要があった。また発掘作業に必要な機材や設備、要員の健康を維持するための設備の有無は発掘作業の成否に影響を与える[23]。不適切な設備、機材は発掘作業に悪影響を与え、こうした状況から生じる限界は、法廷の場で明確に説明される必要があった。

専門家たちの中立性の確保

発掘作業は予算上の制約も受ける。スレブレニツァ捜査チームにとって時間は極めて重要な要素であった。1998 年 12 月 3 日、発掘作業が進行している時期に、クルスティチ将軍が逮捕されハーグへ護送されてきた[24]。ブラウン（Browne N.M）は、時間的制約のない状況下で価値中立的に正しい科学的手続きに則って行われた発掘作業と、明確な価値志向かつ時間的制約のある中で行われた作業との違いを指摘する（Browne 1998: 39）。現地で捜査官が法医学チームに行うブリーフィングは、事実および背景説明のみに限定されなければならず、「想定されるシナリオなど、専門家が捜査官の描くシナリオに沿った結論を意図的に導く危険性を」回避する必要がある[25]。捜査関連情報をどの程度、法医学チームと共有するべきかどうかについては専門家の間でも意見が分かれるが、問題は、法医学専門家が、捜査中のケースに関する詳細なブリーフィングを受けた場合いかにして「想定されるシナリオ」へ誘導される危険性から免れ、先入観のない状態で活動できるか否かという点である。

法医学専門家に検察側のシナリオを伝えることは、法医学分析の結論をある方向性に導く危険性をはらむ。実際にはスレブレニツァ捜査において法医学専門家たちは捜査中の事件についてほとんど情報を与えられなかった（Skinner 2003: 223）。法医学者クリストファー・ローレンス（Christopher

Lawrence）はこの点について、ICTY の公判の場で証言した。弁護側による反対尋問のなかで、法医学者が検察のシナリオを証明することを期待されていたかと質問されたとき、ローレンスは次のように証言した。

　　「いいえ。法医学者としての私の役割は、提供された情報に関して
　　それが真実であるかどうかを精査することです。いかなる捜査であっ
　　ても、私の役割は、私に与えられた情報の成否を吟味することなの
　　です」（J. Clark 2007）

法医学的真実とは何か

　発掘現場および遺体安置所において得られた専門家の知見は、法医考古学者、法人類学者、および法医学者の作成した報告書に記載されている。スレブレニツァの場合それらの報告書は次の内容を含んでいる［Manning, Srebrenica Investigations Summary of Forensic Evidence - Execution Points and Mass Graves 2000］。

　1）発掘現場で発見された犠牲者の最低数
　2）犠牲者の性別
　3）死因
　4）目隠しや手かせの存在
　5）生物学的サンプル
　6）埋設地で発見された自動巻きの腕時計
　7）血液および肉片のサンプル
　8）爆発物の残骸
　9）薬莢

　専門家たちはこれらのデータを吟味し何を報告書に記載するかを取捨選択する。専門家がデータを解釈し文書化する結果、それは知の創造行為となり「法医学的真実」を包含するものとなる。「法医学的真実」とは、一定の条件の下で構築された知であるには違いないが、それは客観的な真実の装いをもって法廷に提出される。そして法廷の場において、その客観性につき検察側と弁護側双方がそれぞれの立場から議論を繰り広げるのである[26]。

第7節　被疑者の選定と訴因の確定

被疑者の選定

　スレブレニツァ捜査において容疑者の選定は 1998 年初めに始まった。捜査官たちは、クルスティチを容疑者として選定することは明確だが同時に複雑であるとも感じていた。クルスティチはスレブレニツァの虐殺が発生した際のドリナ軍団の司令官である。しかしクルスティチは自分が司令官となったのは、殺害が起きた後であると主張していた。このため捜査官にとって、クルスティチがドリナ軍団の司令官となった正確な時期の確定は決定的であり、動かぬ証拠が必要であった（ルエズ、筆者インタビュー 2017.2.9）（ハーモン、筆者インタビュー 2018.3.27）。

　1995 年 7 月のスレブレニツァの虐殺を捜査しているチームとは別に、ICTY 検察局にはボスニア軍によって 1992 年から 1993 年にかけてスレブレニツァで行われた犯罪を捜査しているチームが存在した。この捜査チームの捜査官が、聞き取りを行った証人からある証拠書類を受け取った。その証人の名前はミレンコ・ジヴァノヴィチ（Milenko Živanović）将軍。ドリナ軍団のクルスティチの前任者であった。ジヴァノヴィチはクルスティチがスレブレニツァの虐殺時の司令官はジヴァノヴィチだと主張していることに憤っていた。ジバノヴィチが捜査官に渡した軍事機密書類は、クルスティチが 1995 年 7 月 13 日の時点でドリナ軍団の指揮権を握っていたことを示していた（ハーモン、筆者インタビュー 2018.3.27）。

訴因の選定

　1996 年末、ニューズウィーク誌に次のような見出しの記事が掲載された。「死体の無いジェノサイド」（New York Times 1996）。西側メディアはスレブレニツァの虐殺をジェノサイドと呼んでいた。しかし ICTY での捜査では、その時点でジェノサイドはまだ検討される段階にはいっていなかった。「ジェノサイド」はメディアによる呼称であって法的な意味はまだ持っていなかった（ルエズ、筆者インタビュー 2017.2.9）。

スレブレニツァにおいては、犯罪規模の大きさが検察官にとって最終的にジェノサイドを訴因に加える際の重要な要因となった（ハーモン、筆者インタビュー 2018.3.27）。「犯罪規模の大きさ」自体はジェノサイド罪の構成要件ではない。しかしながら ICTY の検察官は、これほどの大規模の虐殺が行われるためには集団を殲滅するという意図の存在が不可欠であると考えた。この点は ICTY 主任検事マーク・ハーモンによるクルスティチ裁判の冒頭陳述で明確にされている。

> 「（裁判官たちが、これから始まる裁判の公判の過程で直面し）判示することを求められることになるのは、数千のボシュニャクが VRS によって処刑されたという事実が、（起訴状のパラグラフ 24 にあるように）ジェノサイド罪を構成するかどうかという点である。これから提出される証拠は、これらの大規模な殺害行為が（起訴状にあるように）、想像を絶するものであり、これら行為がジェノサイドを構成するものであることを我々は主張する」（Harmon, Opening Statement 2000: 460-461）

検察側はジェノサイド罪に固有の構成要件である「特別な意思」の存在を立証する必要があった。証拠が示すところによれば、スレブレニツァを陥落させることを主目的とした VRS によるクリヴァヤ'95 作戦の立案計画中、すべてのボシュニャク男性を殺害することは予定されていなかった。兵役年齢に達した全てのボシュニャク男性を殺害するという決定は、この作戦実行の途中でなされたものである可能性が高い。この点に関し、虐殺発生時スレブレニツァに駐留していた、ケニア人国連軍事監視団ジョセフ・キンゴリ（Joseph Kingori）大佐によるクルスティチ裁判における以下の証言は重要な鍵の一つとなった。

> 「質問（検察官）：よろしい。大佐。では次に、（ボシュニャク）男性が（ポトチャリ）で選別されたとき、何が起きたのかあなたは目撃しましたか？」
>
> 「キンゴリ：まずは白い建物から話を始めさせてください。私はそこにいました。そして男性の一群がその建物に向かって連行されてくるのを目撃しました。その建物のところで、男性たちは身の周

り品をすべてそこに置いていくように指示されているのを見ました。身の回り品というのは、金銭、ポケットナイフ、財布、その他全てです。彼らは、建物の中に入っていく前に、それらを全て置いていかなければなりませんでした。」

　「質問（検察官）：あなたが、今言った（置いていくように強制された）品には、身分証やその他の身の回り品も含まれていたということですね。それらを目撃して、あなたはどのように考えましたか？」

　「キンゴリ：実際に何が起きているのか把握することは困難でした。しかし、身分証明書も置いていくように指示するのは、一般的に言って、彼らが何者であるかを、（VRS 側が）認識する意図がないことを意味するのではないでしょうか？　身分証のみが、彼らが何者であるかを証明する手がかりなのですから。（Trial Chamber 2000: para.1850-1855)」

　捕虜たちは、身分証を置いていくことを強要された。ボシュニャク男性を女性から引き離す際に VRS が主張していたのは、「戦犯」の捜索であった。しかし身分証の剥奪はその主張と矛盾する。ICTY 検察官は、身分証を剥奪した VRS のこの行動は、彼らがボシュニャク男性を文民と戦闘員の区別をつけずに、ただ一つの集団として取り扱う意図を持っていたことを示していると見た（ハーモン、筆者インタビュー 2018.3.27)（マクロスキー、筆者インタビュー 2018.3.22)。

　女性や子供たちから引き離されたのち、ボシュニャク男性たちはバスに乗せられた、その際彼らの顔には明白に恐怖が浮かんでいた。

　「質問（検察官）：バスに連行された人たち（ボシュニャク男性）と何か会話をしましたか？」

　「キンゴリ：それはエモーショナルな場面でした。なぜなら、その男性たちのうちの何人かは、私たちが近郊の村で一緒に暮らした人達が含まれていたからです。路肩で一列に整列させられている時でさえ、彼らは私たちに向かって叫び助けを求めていました。『こいつらは我々全員を殺す。あなたたちは何もしてくれないのか？』と私

たちに向かって叫んでいました。(Trial Chamber 2000: para. 1856)」

のちに、クルスティチはビデオカメラに向かって作戦が「大成功裡に終わった」ことを吹聴して見せていた (Hagan 2003: 161)。

結　論

　検察の観点からは ICTY のスレブレニツァ捜査は、起きた出来事の事実関係を確立したという点で、最も成功したケースであり、ベストケースの一つとして語り継がれている。当初の ICTY 検察局上層部の気乗りしない態度にも関わらず、最終的には多大なリソースがこの捜査に割かれ、大規模な発掘調査や証拠書類の押収、内部通報者の召喚も実施された。捜査官は極めて詳細に事件の時系列を作成し、それは裁判においても揺らぐことがなかった。スレブレニツァケースはまた、米国はじめとする外部から多大な協力を得られたという点でも類まれなケースであった。最終的に、ICTY 判決は一審、二審共にスレブレニツァにおけるジェノサイドの認定を下したのである (Trial Chamber 2001: para.727) (Appeals Chamber 2004: 87)。

注

1　聞き取り調査は、非構造化インタビューの対話形式で行われ、一回の聞き取り調査の所要時間は 3 時間から 8 時間であった。

2　ルエズが ICTY に着任したのは 1995 年 4 月 7 日。最初に配属されたのは、サラエヴォ包囲を捜査しているチームであった。

3　後に ICTY 検察長ルイーズ・アーバー (Louise Arbour: 加) はスレブレニツァ捜査を「リアルタイムの捜査」と呼んだ。(Hagan 2003: 133)

4　ルエズはサラエヴォ包囲の捜査チームに戻ることを命じられたが、トゥズラで得た証言を肌身離さず持ち歩き、その分析を続けた。

5　これは本稿著者が ICTY 検察局 (1995-2009) およびクメール・ルージュ特別法廷捜査判事部 (2010-2016) に勤務した際の観察にもとづく。

6　ルエズはスレブレニツァ捜査チームのメンバーと特に固く結びついており、その関係はスレブレニツァ捜査が行われた 5 年間ずっと続いた。(Hagan 2003: 133) (フリーズ、筆者インタビュー 2018.4.1)

7　本稿著者が ICTY 検察局に勤務していた当時 (1995-2009 年) の個人的な観察に基づく。

8　しかしこの 2 枚の写真は後に連関がないことが判明した。証言の裏付けなしに写

真から得られる情報だけに頼ることが、誤った結論を導く恐れがある例である（ルエズ、筆者インタビュー 2017.2.9）。

9　のちに判明したのは、VRS は国連など国際社会に対して犯罪の露見を難しくするため、意図的に犯行地を広範囲に散らしていたことであった。（ルエズ、筆者インタビュー 2017.2.9）

10　トリミルは ICTY で裁判にかかり、最終的に終身刑の判決を受けた。

11　第 10 破壊工作分遣隊は、セルビア系、クロアチア系、ボシュニャクの異なる民族から構成されていた。エルデモヴィチによると全員、ボシュニャク捕虜の殺害を命じられた。（ルエズ、筆者インタビュー 2017.2.9）

12　IFOR の司令官の一人は、捜査チームの言動に関して次のような不満を述べた。
　「彼ら（捜査チーム）と一緒に働くのは大変だった。その行動は首尾一貫しておらず、どこに行きたいのか、どこを調べたいのか、はっきりしていなかった。彼らは、突然、ある場所へ行き調査をすることを決定することがよくあった。」(Hagan 2003: 140)

13　マクロスキーは語る。
　「（米大使館で）我々は、掘り起こされた形跡のある地域、家並み、道路の位置をスケッチした。ルエズは絵を描くのがとても上手だった。それで、彼の描いたスケッチはとても正確だった。座標つきの地図も持参して、ほぼ 25 ヤードの正確さで描写した。」（マクロスキー、筆者インタビュー 2018.3.22）
　のちに、写真の示す現場が、敷設地雷のため極めて危険であることがわかると、米政府は捜査チーム衛星写真を持ち出すことを了承した。（ルエズ、筆者インタビュー 2017.2.9）

14　ルエズは言う。
　「時には、掘られたばかりでまだ埋められていない穴が写真に写っていることがあった。その穴は数日後には土砂がかけられ埋められていた。」（ルエズ、筆者インタビュー 2017.2.9）

15　ルエズは捜査官がどのようにして、遺体の再埋葬の疑いを持ったのか筆者に以下のように説明した。
　「1996 年末、主だった埋葬地の八割を調査した時点で、見つかっていたのは 500 体程であった。発掘作業の第一段階が終わったところで、埋葬地が掘り起こされた形跡があり、埋めれていた遺体の殆どが持ちさられた可能性が非常に高いことがはっきりしてきた。そのため、1997 年は第二次埋設地の捜索に費やされた。」（ルエズ、筆者インタビュー 2017.2.9）

16　本稿著者が ICTY 検察局に勤務していた当時（1995-2009 年）の個人的な観察に基づく。

17　「ICTY 捜査部の 90 名の人員の中で捜査官は 30 名だけだった。この人数で 1992 年から始まり当時まだ継続中であった戦争の渦中で犯された戦争犯罪を捜査していた。その時点で戦争がいつ終わるのかわかっていなかった。」(Delpla, The ICTY Investigations - Interview with Jean René Ruez 2012: 47)

18　ICTY 手続き規則 29 条は以下のように規定する。

　　「捜査の執行にあたり、検察官は被疑者、証人を召喚し証言を記録すること、証拠物の収集、現地調査、を行うことができる。」（筆者訳）

　　この規定により、検察官は、裁判官に証人を召喚する権能を付与した手続き規則 54 条とは別に、独自の判断で証人を召喚する権能を有する。

19　証拠の分析について、ルエズは筆者に次のように説明した。

　　「（証拠の分析）プロセスはいくつかの段階があり、それはちょうど家を建てるのに似ている。まず、基礎を築くために地面を固める――事件の再構成のプロセスである。次に壁を築く。そしてすべての事実が固まったところで、屋根を付ける。それが、責任者の選定と訴因の確定段階である」（ルエズ、筆者インタビュー 2017.2.9）

20　Taphonomy は組織の変質および化石化を研究する学問である。

21　G. ロリン・デ・ラ・グランドメゾンはスレブレニツァの幾つかの集団墓地が発掘されなかった点を問題視する。このことが発掘調査に先入観がありそれが示す事実には歪みがあるとする思惑を許すこととなった、と指摘する。（G. Lorin de la Grandmaison 2006: 85）

22　スキナーは「最も危険なのは、発掘現場への往復の道中である」と指摘する（Skinner 2003）。

23　クラークは次のように指摘する。

　　「適切な人員保護設備（Personal Protection Equipment :PPE）は法医学専門家を臭気・視界・感情的な要素に触れることから守り、仕事の質および誠実さ（integrity）を確保することにつながる。」（J. Clark 2005: 367）

24　ICTY 規定 41 条によると被告は遅滞なく裁判を受ける権利を有する。

25　E. ストーヴァー（Eric Stover: 米）と R. シゲカネ（Rachel Shigekane: 米）は、後のコソヴォの例をあげて、発掘作業をできるだけ短期間で終了させるための圧力があったと指摘する（Stover E. 2004: 85-103）。

26　発掘調査に関わった専門家の作成した報告書は、法廷に証拠として提出されるが、報告書の作成者が必ずしも専門家証人として法廷で証言する訳ではない。(Klinkner 2008, 457)

参考文献

Browne, N.M., Keeley, T.J., and Hiers W. J. "The Epistemological Role of Expert Witnesses and Toxic Torts." *American Business Law Journal* 36 (1998): 39

Clark, J. "Pathological Investigation." In *Encyclopaedia of Forensic and Legal Medicine*, by J. Payne-James, 367. Elsevier, 2005

Delpla, Isabelle. "Facts, Responsibility, Intelligibility. Comparing the Srebrenica Investigations and Reports." In *Investigating Srebrenica – Institutions, Facts, Responsibilities*, by Xavier Bougarel, and Jean-Louis Fournel Isabelle Delpla. New York, Oxford: Berghahn Books, 2012

Delpla, Isabelle. *The ICTY Investigations - Interview with Jean René Ruez*. Vol. 12, in *Investigating Srebrenica – Institutions, Facts, Responsibilities*, by Isabelle Delpla, Xavier Bougarel and Jean-Louis Fournel, edited by Konrad Jarausch and Henry Rousso. New York, Oxford: Berghahn Books, 2012

Delpla, Isabelle. *The Judge, the Historian, and the Legislator*. Vol. 12, in *Investigating Srebrenica - Institution, Facts, Resonsibilities*, by Isabelle Delpla, Xavier Bougarel and Jean-Louis Fournel, edited by Konrad Jarausch and Henry Roussso. New York, Oxford,: Berghahn Books, 2012

G. Lorin de la Grandmaison, M. Durigon, G. Moutel and C. Herve. "The International Criminal Tribunal for the Former Yugoslavia (ICTY) and the Forensic Pathologist: Ethical Considerations." *Medicine, Science and the Law* 48 (2006)

Hagan, John. *Justice in the Balkans*. Chicago: The University of Chicago Press, 2003

Judgment. IT-96-22, Prosecutor v. Dražen Erdemović (ICTY, The Hague 7 10 1997)

Judgment. IT-98-33, Prosecutor v. Radoslav Krstić (ICTY, The Hague 2 8 2001)

Judgment. IT-98-33-A, Prosecutor v. Radoslav Krstić (ICTY, The Hague 19 4 2004)

Klinkner, Melanie. "Proving Genocide? Forensic Expertise and the ICTY." *Journal of International Criminal Justice* 6 (2008)

Manning, *Dean. Srebrenica Investigations Summary of Forensic Evidence - Execution Points and Mas Graves*. The Hague: ICTY, 2000, 12-15

Neuffer, Elizabeth. *Key to My Neighbour's House*. New York: Picador, 2001

New York Times. *GENOCIDE WITHOUT CORPSES*. 3 11 1996. https://www.newsweek.com/genocide-without-corpses-176146 (accessed 8 6, 2018)

Opening Statement. IT-98-33, Prosecutor v. Krstić (ICTY, The Hague 3 10 2000)

Skinner, M., Alempijevic, D., and Djuric-Srejic, M. "Guidelines for International Forensic Bio-Archaeology Monitors of Mass Grave Exhumations." *Forensic Science International* 134 (2003): 85

Sterenerg, M.Skinner and J. "Turf Wars: Authority and Responsibility for the Investigation of Mass Graves." *Forensic Science International* 151 (2005): 224

Stover E., and Shigekane, R. "Exhumation of Mass Graves: Balancing Legal and Humanitarian Needs." In *My Neighbor, My Enemy: Justice and Community in the Aftermath of Mass Atrocity*, by and Weinstein H.M. Stover E., edited by Cambridge　University Press, 85-103. Cambridge: Cambridge, 2004

Testimony of Dean Manning. IT-02-54, Prosecutor v. Milošević (ICTY, The Hague 24 11 2003)

Testimony of Dean Manning. IT-98-33, Krstić trial (ICTY, The Hague 26 5 2000)

Testimony of Joseph Kingori. IT-98-33, Prosecutor v. Radislav Krstić (ICTY, The Hague 31 3 2000)

Testimy of John ClarkV. IT-05-88, Prosecutor v. Popović et al. (ICTY, The Hague 19 2 2007)

Trial Chamber Judgment, Proecutor v. Zdravko Tolimir. IT-05-8812-1 (ICTY, The Hague 12 12 2012)

第6章
国際刑事裁判におけるジェノサイド罪と迫害罪
──スレブレニツァからイトゥリへ

尾崎久仁子

本章の概要

　スレブレニツァ事件が冷戦後の国際社会に与えた影響には、計り知れないものがある。この事件は、冷戦終了後のユーフォリアを打ち砕き、21世紀の国際社会の前途がこれまで以上に多難なものであること、従前の対応を超えた新たな地域的安全保障の枠組みが必要であること、自由と民主主義が勝利したかに見える時代にあって、各国又は地域が、それぞれの政治や社会の在り方を問い直して行く必要があることを、衝撃的な形で示したのである。

　中でも、90年代に強まりつつあった国際社会における法の支配への期待、特に、その下で急速に発展しつつあった国際人道法及び国際刑事法の理論と実務に対してスレブレニツァ事件が与えた影響は、極めて大きなものであった。

　本稿においては、最近の国際刑事裁判所（以下「ICC」という）における裁判例の動向を踏まえ、旧ユーゴ国際刑事裁判所（以下「ICTY」という）におけるスレブレニツァ事件関係の裁判例がICCに与えた影響を、ジェノサイド罪と迫害罪の対比を中心として論じることとしたい。なお、本稿中意見にわたる部分は筆者の個人的見解である。

第1節　ICTYとICC

（1）裁判所設立の背景、裁判所の組織及び適用される法

　検討にあたって、まず、ICTYとICCの関係を整理することとする。

　ICTYは、1991年以降に旧ユーゴで起きた事態における個人の犯罪を裁くことを目的として、国連憲章7章に基づき、国連安全保障理事会によって設立された裁判所である。

　これに対し、ICCは、国際条約であるローマ規程によって設立された普遍的な裁判所である。ICCの設立の背景には、人類の良心にもとる深刻な犯罪に対する適正な処罰を実現するには、政治的な機関である安全保障理事会が特定の紛争について強制的にとる措置として設立されるアドホックな裁判所ではなく、すべての国の合意に基づいて設立される恒久的な国際刑事裁判所が必要であるとの認識があった。

　ローマ規程は、ICCの仕組みの多くをICTYにならって規定している。

　まず、ICCは、ICTYと同様、裁判部、これから完全に独立して捜査・訴追を行う検察局及び事務局から構成される。裁判は、両裁判所とも第1審と上訴審からなる2審制であり、各裁判体の構成も同一である。ただし、例外として、ICCにおける予審裁判部の存在がある。予審裁判部の役割は、捜査開始の決定、逮捕状の発付、犯罪事実の確認などであり、裁判部が、検察局による捜査・訴追に対して強いコントロールを及ぼす仕組みになっている。訴追後の公判手続については、ICTYの手続がICCのものより英米法的であると言われることもあるが、近年では、両者の差異は小さくなりつつある。

　ICTYとICCに顕著な差異がみられるのは、適用される法についての原則と実体法である。

　ICTYが適用する法は国際慣習法であるのに対し、ICCは、実質的には実体刑法規定でもある管轄権規定（5条ないし8 bis条）を含むローマ規程を適用して裁判を行う。すなわち、ICTYは、裁判所設立以前に起きた犯罪に国際慣習法上確立した法を適用する。これは罪刑法定主義の要請でもある。これに対し、ローマ規程21条は、ICCが「ローマ規程、犯罪の構成要件に関す

る文書並びに手続及び証拠に関する規則を第1に適用する」旨を規定するとともに、「適当な場合には、適用される条約並びに国際法の原則及び規則、世界の法体系の中の国内法から見いだされた法の一般原則などを適用する」旨を規定している。適用される法についての原則は、手続法にも妥当するが、本稿の論点と密接に関連するのは、実体法における適用法であり、同適用法の違いによって、ICTYとICCは、犯罪の定義及び責任に関する原則の2点について異なる立場をとることがある。

　まず、ICTYが対象とするのは、ジェノサイド、人道に対する罪及び戦争犯罪であり、ICCは、これに侵略犯罪を加えた四つの犯罪を対象とする。

　責任に関する原則（正犯の定義、上官責任の定義など）については、ICTYは、スレブレニツァ事件の正犯に対して、いわゆる共同犯罪集団の法理（Joint Criminal Enterprise。犯罪を実現することを内容とする集団の共通の計画、企図又は目的を推進するために寄与した当該集団の構成員は、いずれも正犯に該当すると考えるもの）を適用した。これに対し、ICCは、個人の責任について定める25条3項を適用するにあたり、この法理を適用せず、いわゆる犯罪行為支配の原則（Control Over Crime。我が国の刑法総論において論じられる「行為支配」論に類似するもの）によっている。この点は、ジェノサイド罪と迫害罪の関係には直接には関係しないが、両罪の立証と正犯の認定に影響を与えている。

(2) 犯罪の実態と捜査・立証上の諸問題

　ICTYとICCにおけるジェノサイド罪と迫害罪の適用には、対象とする犯罪の性格のほか、外在的な要素である裁判所の管轄権と捜査における国際協力に係る問題が大きな影響を及ぼしている。

　上述のとおり、ICTYが審判対象とする犯罪は、1991年以降に旧ユーゴスラヴィア領域内で起きたものである。旧ユーゴ紛争は、早くから国連を含む国際社会の注目を浴びており、国際社会の対応の前提として、様々な情報の収集と分析が行われてきた。このため、紛争の性格や経緯、紛争当事者である各集団の性格、行動などについて多くの情報が共有されていた。スレブレニツァ事件発生当時、既に、ICTYの検察局及び裁判部は、紛争や各種犯罪

の実態についての膨大な知見を有し、捜査、訴追及び公判審理の経験を積み重ねていた。

　これに対し、ICC の対象犯罪には地域的・時間的限定はなく、ICC の検察局は、締約国や安全保障理事会によって事態が付託されたことによって、あるいは職権によって捜査を開始するごとに、一から知見を積み上げていく必要がある。検察局が、限られた予算の中でどのように対象となる事態又は事件を選択して、効果的かつ効率的な捜査・訴追を行うかが、ICC の成功の鍵を握っていると言われるゆえんである。

　ICC の捜査には法制的な制約もある。ICTY においては、安保理の強制権限の下に、すべての国家が捜査に協力することを義務づけられている（ICTY 規程 29 条）。これに加え、証拠収集にあたって、現地に展開する多国籍軍や PKO（UNPROFOR）、国連を始めとする関連国際機関が全面的な協力を行った。これに対し、ローマ規程は、締約国に捜査協力を義務づけてはいるものの、その協力を担保するのは締約国会合であり、その強制力は事実上ないに等しい。また、そもそも対象となる地域に有効な支配を及ぼす組織が存在しないことも多い。これらの要因によって、検察局の捜査能力は極めて限られたものとならざるを得ない。その結果、ICC の検察局が収集し、公判に提出できる証拠の量及びその証明力は大きく制約されており、このことが訴因とされる事実の範囲や内容に影響を及ぼすこととなる。

第2節　ICTYにおけるジェノサイド罪と迫害罪の適用

（1）ICTYとスレブレニツァ事件

　スレブレニツァ事件当時、既に活動を開始していた ICTY は、同事件の捜査及び公判を通じて、ジェノサイド罪及びこれに関連する人道に対する罪に関する裁判例の急速な蓄積を行い、ルワンダ国際刑事裁判所（以下「ICTR」という）の裁判例とともに、多くの国際裁判所及び国内裁判所がこれを先例として参照するようになった。カンボジア特別法廷のような刑事裁判所以外にも、例えば、国際司法裁判所（以下「ICJ」という）は、2007 年のボスニア・

ヘルツェゴヴィナ対セルビア・モンテネグロのジェノサイド条約適用事件判決において、ICTY の裁判例を踏襲した形で、スレブレニツァ事件についてジェノサイド罪を適用し [1]、2015 年のクロアチア対セルビアのジェノサイド条約適用事件においても、旧ユーゴにおける大量虐殺事案に対するジェノサイド罪の適用が争点となった。最近では、ガンビア対ミャンマー事件においてジェノサイド条約の適用の有無が争点となっている。

　これらの一連の裁判例を通じ、民族的、宗教的対立から生起した組織的あるいは広範囲の殺害などの行為の法的性格が明確になってきた。特に、これらの行為であってジェノサイドが認定されるに至らないものに対してしばしば適用されてきたのが、人道に対する罪である「迫害」の罪（以下、単に「迫害罪」ということがある）である。迫害罪は、ジェノサイド罪と同様に、集団に対する差別的意図を構成要件要素とする犯罪である。迫害罪は、ICTY において、スレブレニツァ事件についてジェノサイド罪とともに適用され、さらに、スレブレニツァ事件以外の虐殺行為について単独で適用されており、ICC においても多用される傾向がみられる。

(2) スレブレニツァ事件とジェノサイド罪

　ICTY 規程におけるジェノサイド罪の定義は、ジェノサイド条約の定義と同一であり、以下のとおりである。

　「国民的（national）、民族的（ethnic）、人種的（racial）又は宗教的な集団の全部又は一部に対し、その集団自体を破壊する意図をもって行う次のいずれかの行為をいう。(a) 当該集団の構成員を殺害すること、(b) 当該集団の構成員の身体又は精神に重大な害を与えること、(c) 当該集団の全部又は一部に対し、身体的破壊をもたらすことを意図した生活条件を故意に課すること、(d) 当該集団内部の出生を妨げることを意図する措置をとること、(e) 当該集団の児童を他の集団に強制的に移すこと。」

　ICTY においては、スレブレニツァ事件に関連して、クルスティチ（Radislav Krstić）、ポポヴィチ（Vujadin Popović）、トリミル（Zdravko Tolimir）、ムラディチ（Ratko Mladić）、カラジッチ（Radovan Karadžić）などがジェノサイド罪で訴追

され、有罪とされた。このほか、ジェノサイド罪が適用されず、人道に対する罪や戦争犯罪のみで有罪とされた被告人もいる。なお、旧ユーゴにおいては、文民に対する多くの殺害行為が行われたにもかかわらず、ICTY がジェノサイド罪を適用したのはスレブレニツァ事件のみである。

　スレブレニツァ事件にジェノサイド罪を適用するにあたっての主たる問題点を、迫害罪との相違に着目して整理すると、以下のとおりである。

　　① 　ボスニア・ムスリムは、「国民的、民族的、人種的又は宗教的な集団」に当たるか
　ジェノサイド罪は、特定の集団に対する行為を対象としている。対象となる集団の種類は限定されており、例えば、政治的集団や特定の性を対象とした行為はジェノサイド罪を構成しない。さらに、対象集団は積極的に定義された特徴を伴うものに限られており、例えば、「非セルビア人」は集団とは認められない[2]。他方で、列挙された 4 種類の集団の特徴は必ずしも明確ではない。

　スレブレニツァ事件に関する最初の裁判であったクルスティチ事件第 1 審判決は、「国民的、民族的、人種的又は宗教的集団は明確に定義されておらず、それぞれの集団を科学的に客観的な基準に基づいて区別することは、ジェノサイド条約の趣旨及び目的に反し、集団の特徴は社会的歴史的文脈の中で判断されなければならず、対象となる集団は、犯罪を行った者による、国民的、民族的、人種的又は宗教的な特徴として認識されたものに基づく烙印付け（stigmatisation）を基準として同定される」旨を判示した[3]。その上で、同判決は、ボスニア・ムスリムは、1963 年のユーゴスラヴィア憲法において "nation" として認められていたこと、1995 年 7 月の時点でボスニアのセルビア人政治指導者やスレブレニツァに展開したボスニアのセルビア人部隊がボスニア・ムスリムを "a specific national group" とみなしていたこと、他方で、当時スレブレニツァに居住していたボスニア・ムスリムを他のボスニア・ムスリムから国民的、民族的、人種的又は宗教的特徴により区別することはできず、当該ボスニア・ムスリム自身も区別していなかったことなどから、ボスニア・ムスリムをジェノサイド条約の定義上の集団と認定し[4]、こ

の認定は、上訴審においても争われず、維持された[5]。

②　スレブレニツァの被害者は「集団の一部」にあたるか。

　次に問題となるのは、ボスニア全体のボスニア・ムスリムの小さな部分（クルスティチ上訴審判決によれば、1995年当時のボスニア・ムスリム人口は約140,000であったのに対し、スレブレニツァのボスニア・ムスリム人口は、周辺地域からの避難民を含め約40,000であった[6]）を占めるスレブレニツァのボスニア・ムスリム、特に、そのさらに一部である成人男子が、「集団の一部」に該当するか否かである。

　この問題について上訴審として初めて判断を行った同上訴審判決は、「『集団の一部』とは、集団の実質的部分 "a substantial part of the group" を指すことは既に確立された解釈であり、ジェノサイド条約の目的は集団全体の意図的破壊を阻止することであることから、『集団の一部』に該当するためには、当該一部が集団全体に影響を与えるに足る重要性を有していなければならない」旨を判示した[7]。その上で、同判決は、実質的な一部であることの基準として、攻撃の対象者の数、全体の人口に対する比率、集団の中での重要性（象徴的な重要性を有していること、集団の生存に不可欠であることなど）、加害者の活動が及ぶ地理的範囲などを挙げ、セルビア人およびボスニア・ムスリム双方にとってのスレブレニツァの戦略的重要性、安全地帯としてのスレブレニツァに対する国際社会の注目などをも理由として、スレブレニツァの被害者を「集団の一部」と認定した[8]。この判断は、①の点に関する判断とともに、その後のICTYの裁判例で踏襲されている。

③　集団自体を破壊する意図とは何か。広範性又は組織性を有すること、政策又は　計画に基づくことの各要件は必要か。

　ジェノサイド罪の立証にあたっては、集団自体を破壊する意図をどのように立証するかも重要な論点である。この点についての初期の代表的判例であるイェリシッチ上訴審判決は、このような意図の直接的な証拠がない場合には、一般的な文脈、同じ集団に対して組織的に行われた他の犯罪行為、犯罪行為の規模、集団の成員であることを理由として組織的に被害者をターゲッ

トとしたこと、破壊的又は差別的行為の反復、計画や政策の存在などから推認が可能であると判示した[9]。なお、ICJ は、ICTY の裁判例を参照しつつ、「意図の存在は『行動のパターン（a pattern of conduct）』から推認されるが、かかる意図が当該パターンから生じる唯一の合理的な推認でなければならない」旨を判示している[10]。

　これに関連して問題となるのが、人道に対する罪と同様に、ジェノサイド罪を構成する行為が広範又は組織的なものの一部であること、また、集団を破壊する政策や計画が存在することといった文脈的要件を備えることが必要か否かである。

　クルスティチ上訴審判決は、広範性又は組織性の要件はジェノサイドの意図に関する要素として含まれているとの第 1 審の判断を否定し、ICTY 規程及び国際慣習法上のジェノサイド罪の定義にはかかる要件は含まれておらず、広範性や組織性は、ジェノサイドの意図を推認させる証拠としての間接事実にすぎないと判示した。また、政策や計画の存在についても、ジェノサイドの意図を推認させる間接事実にすぎず、ジェノサイドの要件には含まれないとのイェリシッチ上訴審判決の判断を踏襲した[11]。

(3)　ICTY規程上の人道に対する罪としての「迫害」

　上述のとおり、スレブレニツァ事件に関連してジェノサイド罪で訴追された被告人の多くは、人道に対する罪でも訴追されている。例えば、カラジッチとムラディチは、スレブレニツァ事件に関連して、ジェノサイドのほかに、人道に対する罪である迫害、殲滅、殺人、追放などで有罪となっている。また、上述のとおり、スレブレニツァ事件に関与したが何らかの理由でジェノサイド罪で訴追されず、人道に対する罪、特に、人道に対する罪である殺人、絶滅、迫害、追放などで訴追された被告人もいる。この中で、ジェノサイド罪との関連で特に注目されるべき犯罪は、ジェノサイドと同様に、集団に関する特別な意図を主観的構成要件要素（mens rea）とし、殺人等の個別の行為（actus reus と表現されることがある。「基礎となる行為（underlying acts）」とも称される。以下、本稿においては「組成行為」という）の集合を客観的構成要件要素とする迫

害罪である。

　ICTY 規程上の人道に対する罪としての「迫害」とは、「国内的又は国際的紛争下で行われ、文民に対して行われる、政治的、人種的及び宗教的理由による迫害」である。

　人道に対する罪については、タジッチ事件第 1 審判決以来、犯罪が広範又は組織的に行われた攻撃の一部として行われたことが文脈的要件とされている [12]。ただし、計画や政策の存在は文脈的要件ではない [13]。

　人道に対する罪としての迫害については、ジェノサイド罪のように集団を破壊する意図は要求されず、また、ジェノサイド罪によって保護される集団が上述のとおり変動可能な集団を含まないのに対し、政治的集団等も保護の対象に含まれることが特徴である [14]。

　迫害の組成行為は条文上は明記されていないが、確立した判例によれば、国際法に定められた基本的権利の侵害であって、5 条に列挙された他の犯罪と同程度の重大性を有するものがこれに該当する [15]。

　ジェノサイド罪の対象となる行為が 4 条に列挙された殺害等の行為に限定されており、いずれも、集団の物理的、生物学的破壊に直結する行為であるのに対し、迫害罪の組成行為は多岐にわたる。

　この点については、初期の裁判例である 2000 年のクプレスキチその他事件の第 1 審判決が、迫害罪の歴史にさかのぼって詳細な分析を行っている [16]。迫害罪は、ニュルンベルグ裁判所条例 6 条 (c) を嚆矢とする犯罪類型であり、管理理事会令 10 号 2 条 (c) に引き継がれた。これらを適用した裁判例においては、迫害罪の組成行為は、ジェノサイド罪に該当する行為や人道に対する罪に該当する他の行為（5 条に列記された行為）を含むが、これら以外の行為も含んでおり、同判決は、その例として、ユダヤ人等に対する教育へのアクセスの制限、職業制限、財産の所有制限、罰金の賦課、移動や居住の制限、婚姻の制限、黄色い星を身につけさせることなど、幅広い経済的社会的差別行為を挙げている [17]。

　その上で、同判決は、「迫害は、通常は、政策又はパターン化された慣行の一部をなす複数の行為から構成され、その文脈においてその成否が判断さ

れる必要がある」、「迫害を構成する組成行為に該当するかどうかについては、その文脈において検討され、かつ、その累積的効果が考慮に入れられなければならない」旨を判示した[18]。また、同判決は、「すべての人権侵害が人道に対する罪に当たるものではなく、罪刑法定主義の観点からその範囲は厳格に定義される必要がある」、「迫害は、1948 年の人権宣言やその後の人権関係条約から、その甚大な侵害が状況によっては人道に対する罪に当たるような基本的権利の侵害であって、被害者を社会から除外することを目的とした行為である」旨を判示し、迫害罪は、「差別的理由に基づいて、国際慣習法上又は条約上認められた基本的な権利を深刻に若しくはあからさまに（gross or blatant）否定する行為であって、ICTY 規程 5 条に列挙された他の人道に対する犯罪と同じレベルの重大性を有するものである」旨を判示した[19]。

第3節　ローマ規程におけるジェノサイド罪と迫害罪

(1) ローマ規程とジェノサイド罪

　ローマ規程は、ICTY 規程と同様に、ジェノサイド条約の定義をそのまま用いている。ただし、ローマ規程の付属文書である犯罪構成要件文書は、ジェノサイド罪を構成する各行為につき、「当該行為は当該集団に対する同様の行為の明白なパターンの文脈で行われたものであるか、その行為自体がそのような破壊の効果をもたらし得るものでなければならない」と定めている。なお、上述のとおり、ICTY においては、このような要件は国際慣習法上の要件ではないとされている。

　ICC においては、これまで、ジェノサイド罪での訴追例はない。捜査段階での適用例としても、スーダンのアル・バシール（al-Bashīr）前大統領に対する逮捕状を発布した予審部の諸決定[20]があるのみであり、決定の性格上、ジェノサイド罪についての詳細な法的分析は行われていない。

(2) ローマ規程上の迫害罪

　これに対し、ICC は、いくつかの事件について、迫害罪を適用した訴追

を行ってきた。

　ローマ規程における迫害罪の定義には、ICTY 規程と異なり、武力紛争とのリンクが含まれていないが、定義自体はより詳細なものとなっている。

　まず、人道に対する罪全体の文脈的要件として、「文民たる住民に対する攻撃であって広範又は組織的なものの一部として、そのような攻撃であると認識しつつ行う次のいずれかの行為をいう。」(7 条柱書)、「文民たる住民に対する攻撃とは、そのような攻撃を行うとの国若しくは組織の政策に従い又は当該政策を推進するため、文民たる住民に対して 1 に掲げる行為を多重的に行うことを含む一連の行為をいう。」(7 条 2 項 (a)) との規定がある。なお、犯罪構成要件文書は、「攻撃を行うとの政策の要件は、国家又は組織がこのような攻撃を積極的に推進又は奨励することを意味する。」と規定している。

　迫害罪について、ローマ規程は、「政治的、人種的、国民的、民族的、文化的又は宗教的な理由、3 に定義する性に係る理由その他国際法の下で許容されないことが普遍的に認められている理由に基づく特定の集団又は共同体に対する迫害であって、この 1 に掲げる行為又は裁判所の管轄権の範囲内にある犯罪を伴うもの。」(7 条 1 項 (h)) と規定した上、「迫害とは、集団又は共同体の同一性を理由として、国際法に違反して基本的な権利を意図的にかつ著しくはく奪することをいう。」(7 条 2 項 (g)) と規定している。この構成要件は、ICTY 上の迫害罪よりも迫害の理由を広くとらえているが、他方で、迫害の組成行為については、管轄権規定が定める行為に限っている。組成行為の範囲については、ICTY は、ローマ規程の定義が国際慣習法よりも狭いとの見解を示している[21]。

　第 1 審公判にまで至った事件における迫害罪での訴追事例としては、以下に詳述するンタガンダ事件のほか、ケニヤッタ事件、ルト事件、バグボ及びブレ・グデ事件、オングウェン事件、アル・ハサン事件などがある。ICTY における訴追と同様に、いずれも、殺人など他の犯罪と併用されているが、比較的最近の事件に集中しており、この罪による訴追が検察局の最近の方針であることがうかがえる。

(3) ンタガンダ1審判決における迫害罪の適用

　ICC において、第 1 審裁判部が迫害罪で有罪宣告を行った初めての事件は、コンゴ民主共和国（以後「コンゴ」という）のイトゥリ地方で起きた紛争中に行われた犯罪を対象としたンタガンダ事件である。

　コンゴは 2002 年にローマ規程の締約国となった。コンゴは、2004 年に、同国において 2002 年 7 月 1 日以降に起きた事態を ICC に付託し、検察局は、イトゥリ地方における紛争（いわゆる第 2 次コンゴ紛争）に関連して複数の事件を立件した。この捜査は ICC 検察局による最初の捜査であり、現在に至るまで、司法妨害事件と有罪答弁事件を除き、ICC において有罪が確定した事件は、この捜査により訴追された以下の 2 事件のみである。

　この紛争は、同地方において、主としてヘマとレンドゥという二つの部族集団の間に生じ、ウガンダ、ルワンダなども介入した大規模な地域紛争である。2012 年にヘマを中心とした武装グループの指導者であったルバンガが、戦争犯罪である児童兵士の徴集及び使用についての正犯として有罪判決（2015 年に上訴審において確定）を受け、次いで、レンドゥ側の武装組織の指導者であったカタンガが、2003 年 2 月 24 日のボゴロ村攻撃の際の人道に対する罪（殺人）及び戦争犯罪（殺人、文民に対する攻撃、財産の破壊及び略奪）の従犯として 2014 年に有罪判決を受け、この判決は上訴取下げにより確定した。このほか、ングジョロ・チュイ（2012 年に第 1 審で無罪、2015 年に上訴審で無罪確定）及びエムバルシナ（予審裁判部が起訴事実確認を拒否）が訴追されており、ムダクムラに対して逮捕状が発付されている[22]。

　ICC の管轄権は理論的にはすべての締約国（及び安保理の付託がある場合には全世界）に及ぶが、実際にはアフリカの事態に偏っている。他方で、現実には、アフリカの事態はその実態も法的性格も極めて多岐にわたるものであり、付託された事態のすべてを同等に捜査することは検察局の能力を超える。このような状況の下で、イトゥリ地方の紛争については、現地政府が捜査に敵対的ではなかったこと、現地の PKO（MONUC）との協力関係が構築されていたこと、長期にわたる継続的捜査が行われてきたことなどから、上述のICTY との比較における ICC 検察局による捜査の脆弱性が克服され、捜査・

訴追においてある程度の成功が得られたものと評価することができる。

　被告人のボスコ・ンタガンダ（Bosco Ntaganda）は、1973年ルワンダ生まれのコンゴ国籍の男性である。ICCは、2006年及び2012年に同人に対する逮捕状を発布し、同人は、2013年に自らに出頭してICCに引き渡された。予審部による犯罪事実の確認決定は2014年である。

　第1審裁判において、ンタガンダは、ヘマ系の武装組織であるコンゴ解放愛国戦線（FPLC。最高司令官は上述のルバンガである。）の幹部であった2002年8月から2003年12月にかけて、イトゥリ地方において、人道に対する罪である殺人及び殺人未遂、強姦、性的奴隷、迫害、強制移送、並びに、非国際的武力紛争における戦争犯罪である殺人及び殺人未遂、文民に対する攻撃、強姦、性的奴隷、略奪、住民の移動命令、児童兵の徴集・編入・使用、保護される建物等に対する攻撃、敵対する当事者の財産の破壊の罪の間接共同正犯（殺人及び迫害の一部については直接正犯）として、2019年7月8日有罪判決を受け、同年11月7日に30年の拘禁刑を宣告された。有罪認定の対象となった行為は、児童兵に係る行為を除き、FPLCが、2002年11月20日から12月6日までの間にイトゥリ地方のバニャリ–キロ地区で行った作戦（第1作戦）及び2003年2月12日ころから2月27日ころまでワレンドゥ–ジャツィ地区において行った作戦（第2作戦）中のレンドゥの文民に対する行為である。

　第1審判決は、パラグラフ987以下で迫害罪についての検討を行っている。

　まず、組成行為である基本的人権の侵害行為につき、判決は、上述のICTYクプレスキチ第1審判決を引用しつつ、その深刻な侵害が状況によって人道に対する罪に該当するような基本的権利を特定することが可能であると判示し、生命に対する権利、自由及び安全についての権利、残虐、非人道的、又は品位を傷つける取扱い若しくは刑罰を受けない権利、恣意的な逮捕又は抑留を受けない権利、などを挙げている。また、当該行為が深刻な又はあからさまな侵害に当たるか否かは、その文脈において、また、その累積的効果を考慮して判断されると判示した。また、「国際法上人権の侵害の主体は国家であるが、迫害罪の認定にあたって、国家以外の武装グループが主体

となり得ないとすれば、ローマ規程 7 条 1 項 (h) の規定は無意味なものとなる。いずれにしても、人道に対する罪は、同罪の文脈的要件上、十分に組織された集団が、文民を攻撃するとの政策に従って大規模または組織的に行うものであって、国家以外の個人によるあらゆる侵害行為を対象とするものではない」旨を判示した [23]。

　その上で、同判決は、第 1 作戦について、モングバル、サヨ、ンゼビ、キロ攻撃の際の文民に対する攻撃と財産の破壊、及び、攻撃後の殺人、略奪、強姦、文民の追放は、基本的権利の重大な侵害であると認定した [24]。また、第 2 作戦について、ニャンガライ、リプリ、チリ、コブ、バンブ、サンギ、ゴラ、ジチュ及びブリにおける文民への攻撃、殺人、追放、財産の破壊、略奪、強姦、性的奴隷化などについて、基本的権利の重大な侵害であると認定した [25]。

　差別的動機については、同判決は、特定の集団に属することを理由とする差別であっても、特定の集団に属さないことを理由とする差別であってもよいこと、また、集団性を認定するにあたっては、政治的、社会的、文化的な文脈を考慮し、また、客観的要素に加えて、加害者及び被害者双方の主観的な認識も考慮すべきことを判示している [26]。

　その上で、同判決は、被告人及び他の FPLC の指導者がすべてのレンドゥを攻撃対象となった地域から駆逐する共通の計画を有していたこと、被告人において FPLC の軍隊がレンドゥを攻撃対象とすることを意図していたこと、第 1 作戦及び第 2 作戦において、レンドゥに属する人々が、その属性を理由として攻撃されたことが客観的に明らかであること、などから、本件においては、迫害の対象となったグループは民族的（ethnic）集団であるレンドゥであると認定した [27]。

　これらの認定により、被告人は、迫害の間接共同正犯（モングバルにおける 1 名の殺人につき直接正犯）として有罪判決を受けた。

第4節　ジェノサイド罪と迫害罪の適用上の諸問題

（1）構成要件と国際法上の位置づけ

　ジェノサイド罪と迫害罪は、集団に対する攻撃や差別を主観的要件（*mens rea*）とし、複数の種類の行為を組成行為とするという点で類似した犯罪である。上述のとおり、両罪とも、主としてナチスによるユダヤ人迫害を想定した、ニュルンベルグ裁判条例6条(c)（人道に対する罪、すなわち、犯行地の国内法違反であるか否かを問わず、戦前若しくは戦時中になされた殺戮、殲滅、奴隷的虐使、追放、文民に対して行われたその他の非人道的行為、又は、裁判所の管轄に属する犯罪の遂行として若しくはそれに関連して行われた政治的、人種的若しくは宗教上の理由に基づく迫害）に由来する[28]。その後、6条(c)からジェノサイド罪がいわば切り取られる形で条約化され、ジェノサイド条約が国際社会において広く受け入れられるに伴い、迫害罪は、主として、ジェノサイドに認定されるには至らない行為に適用され、いわば、ジェノサイド罪を補完する役割を果たしてきたと言えよう。

　ジェノサイド罪は、国際社会全体の関心事である最も重大な犯罪の中でも最も悪性の高い犯罪として、国際法上の犯罪の中で特別の地位を占めている。ICJ は、既に 1951 年の「ジェノサイド条約の留保に対する勧告的意見」の中で、同条約の原則は条約上の義務を超えてすべての国家を拘束すると述べており[29]、2006 年の「コンゴ領域における武力活動事件管轄権判決」では、ジェノサイドの禁止は対世的効力を有するものであり、強行規範に該当することを確認している[30]。

　ジェノサイド条約におけるジェノサイド罪の定義の解釈は、ナチスによるユダヤ人迫害を契機として成文化されたという歴史的経緯、また、その後の解釈においても強行規範性を考慮した厳格な解釈がとられる傾向があったことから、比較的厳密なものとなっている。

　しかしながら、この定義が、冷戦後に頻発した人道危機の実態に対応し得るものであるかは疑問である。国際刑事法廷として初めてジェノサイド罪を適用した ICTR のアカイエス第 1 審判決は、フツと人種、言語、宗教、文化などを共有するツチをジェノサイド罪の対象となる集団と認定するにあたっ

て、安定的かつ恒常的な集団であるか否かなどを基準とする柔軟なアプローチをとり、また、上述のとおり、ICTY は、集団の認定にあたり主観的アプローチを併用している[31]。さらに、攻撃対象が「集団の実質的一部」であることを要求する点については、集団の構成員に対する攻撃が、あらかじめ明確に決定された計画に基づく殺戮というよりも、臨機にランダムな形で、作戦行動に従って移動しつつ殺人や強姦、略奪を重ねていくという形をとるンタガンダ事件のような犯罪形態には直ちには当てはめにくいと言えよう[32]。

　「集団自体を破壊する意図」の存在は、ジェノサイド罪を人道に対する罪と区別する中核的な要件であり、ジェノサイド罪の適用にあたっての最も高いハードルとなっている。集団を破壊する意図は、通常の差別的意図や、民族浄化の中でも特定の地域から特定の集団を排除することにとどまるものでは足りず、これを超えるものであることを要すると解されている[33]。上述のとおり、ICTY においても、ICJ においても、旧ユーゴ紛争中のセルビア・ムスリムその他の集団を対象とした各種事件の中で、ジェノサイド罪に該当すると判断されたものがスレブレニツァ事件のみであることはその証左であると言えよう。

　これに対し、人道に対する罪としての迫害罪の構成要件は、比較的緩やかである。差別の理由は、性別など、安定的な特徴であるが、ジェノサイド罪が規定する集団の特徴には該当しないものを含み、政治的意見などの変動可能な特徴もこれに該当する。

　組成行為の種類は、ICTY においては限定されていない。ICC においては、ローマ規程の管轄権規定に定められた行為に限定されてはいるものの、幅広い種類の行為を含む。これに加えて迫害罪の範囲を限定する要素としては、人道に対する罪全体の文脈的要件があり、ローマ規程はこれを詳細に規定している。また、組成行為である基本的権利の侵害行為が、全体として、他の人道に対する犯罪と同等の深刻さを有するものであるという要件も、ICTY において判例上確立しており（Schabas 2006: pp.217-218）、上述のとおり、ICC のンタガンダ事件判決もこれを踏襲している。

　迫害罪の国際法上の位置づけは、ジェノサイド罪に比して曖昧である。迫

害罪は、人道に対する罪の起源ともいうべきニュルンベルグ裁判条例 6 条
(c) に直結し、人道に対する罪を構成する様々な組成行為を、人道に対す
る罪のもう一つの重大な要素である差別性でくくった、人道に対する罪の中
でも、代表的であり、かつ多数の種類の行為を包摂する犯罪類型である。迫
害を含む人道に対する罪は、国際慣習法上の犯罪であるとされ、国連国際
法委員会 (以下「ILC」という) は、2019 年に採択した「人道に対する罪の防
止と処罰に関する条文案」[34] 前文において人道に対する罪の禁止は強行規範
であると述べているが、その具体的な成文規定は、文脈的要件を含め、ニュ
ルンベルグ条例以来、ローマ規程に至るまで、多岐にわたっている [35]。迫
害罪の定義も、ICTY 規程、1996 年の ILC 草案、ローマ規程等、主要な文
書においてすべて異なっており (2019 年の ILC 条文草案は ICC 規程の定義を用いて
いるが、これは条約、国際慣習法及び国内法上のより広い定義に影響を及ぼすものではない (2
条 3 項))、迫害罪の要件が慣習法上、一義的に確立しているとは言いがたい。

　迫害罪は、ジェノサイド罪に比べれば、様々な地域における各種の非人道
的行為に比較的なじみやすく、これらの行為に柔軟に適用し得ることは事実
であり、現に、最近の ICC においては、迫害罪が、非人道的な行為全体を
包括する犯罪類型として用いられる傾向がある。

　しかしながら、迫害罪の構成要件の柔軟性は、濫用の危険をも招きかねず、
一つ一つの要件の一層の明確化が必要であると言わなければならない。この
観点からは、人道に対する罪の文脈的要件及び組成行為の深刻性の判断基準
の明確化が鍵であり、これらの点について ICC 等における今後の裁判例の
蓄積が強く望まれる。

(2) 国際人権法との関係

　迫害罪のもう一つの特徴は、国際人権法との関係にある。既に、管理理事
会令 10 号の段階で、人道に対する罪は紛争とリンクされなくなり、1996 年
の ILC 草案やローマ規程もこれを踏襲している。すなわち、現在の迫害罪は、
紛争下と平時の双方における、差別的理由による基本的権利の大規模な侵害
行為を対象としている。

　ローマ規程上の各種犯罪の中で、迫害罪は、その要件として、「基本的権利のはく奪」が明記されている唯一の犯罪である。ICTYにおいては、規程上は明記されていないが、上述のとおり、判例上、迫害罪の組成行為は基本的権利の侵害であるとされ、世界人権宣言や人権諸条約への言及がなされている。1996年のILC草案においても同様であるが、同草案においては、さらに、迫害罪と別に、深刻な人権侵害を伴う制度化された差別を内容とする犯罪類型が設けられている[36]。他方で、ローマ規程上の人道に対する罪の文脈的要件は、迫害罪の対象を、人道法に固有の表現を用いて「文民たる住民」に限っていることにも留意する必要がある。

　迫害罪と人権侵害のこのような関係は、必然的に、国際人道法（いわゆるハーグ法とジュネーヴ法を統合したものと観念される）と国際人権法の関係という問題を惹起する。この問題は、紛争時における国際人権法の適用可能性、国際人権法上、緊急事態において例外的に人権の制約が許容される範囲（迫害罪の組成行為は、原則として自由権規約4条1項ただし書によって緊急事態においても禁止される行為に該当する）、双方が適用された場合の優劣関係（特別法か一般法か）といった観点から論じられることが多いが、人道に対する罪の位置づけは、上述のような同罪の国際法上の位置づけの不安定性もあって、曖昧である（寺谷2004:注35）。

　そもそもニュルンベルグ裁判所条例が6条(c)を設けたのは、ナチスによるユダヤ人迫害という、典型的な、国家による大規模な人権侵害に対応するためであり、この観点からは、人道に対する罪は人権法の範疇にある。現に、国家による自国民であるユダヤ人に対する迫害は、国際人権法発展の大きなきっかけでもあったし、6条(c)から派生したジェノサイド条約は、被害者が文民であるか否かを問わず、また、戦時であるか否かを問わず適用される、強力な人権条約である（薬師寺2004：240-241）[37]。この観点から、人道に対する罪自体が人権法に属すると考えれば、人道に対する罪が、戦争犯罪とともに国際刑事法廷の対象犯罪となり、紛争当事者による反対当事者側の文民への攻撃に適用されるようになったことが、国際人権法と国際人道法の間におけるその位置づけを更に曖昧なものにしたともいえよう[38]。

むろん、迫害罪が人権法の範疇に属するか人道法の範疇に属するかは、それ自体意味のある問いではない。他方で、人権法と人道法には、単に、平時に適用されるか戦時に適用されるか以上の質的相違があることも事実である（寺谷 2004:222-225）。特に、人道感情を基礎とした恩恵的な色彩を有する人道法の理念に対して、人権法が対象とするのは、権利としての人権であり、その侵害主体としては、第 1 義的には、国家又はこれに準ずる組織が想定される（私人間の侵害であっても、人権保障の履行確保に第 1 義的な責任を有するのは国家である）。戦争犯罪の主体の同定は、例えば非国際的武力紛争における国家以外の紛争当事者の法的地位の問題として論じられるが、迫害罪の本質が人権侵害であるとすれば、侵害の主体の同定は、戦争犯罪の主体の同定とは異なる観点からの判断を要すると言えよう[39]。また、この際、ンタガンダ判決が触れたように[40]、人道に対する罪の文脈的要件、特に組織性の要件による犯罪主体の限定がいかなる意味を有するかについても、更なる検討が必要である。

（3）実務上の要請

国際刑事裁判においてジェノサイド罪を適用するにあたっては、犯罪の定義やその性格とは別に、実務上の困難、特に、捜査上の困難を考慮する必要がある。

上述のとおり、ICC に現在までに付託された事態・事件の多くは、アフリカの各地で起こった紛争に関するものであり、中には、イトゥリ地方の紛争のように、主要都市から離れた遠隔地で起こったものも少なくない。また、事件の発生から捜査の開始まで数年を要したり、さらに、被疑者の身柄が確保されるまでに長期間を要することが多く、10 年余を要したものもある。上述のような法制的な隘路をも勘案すれば、このような状況下で、効果的な訴追に必要な証拠の収集を行うことが、ICTY に比して極めて困難であることは自明である。

具体的には、例えば、殺害行為については、遺体の検視や身元の証明が重要であるが、スレブレニツァ事件においては、本書第 5 章にあるとおり、事

件直後に埋葬地が特定され、捜査員や専門家が現地に入って遺体の発掘や科学的鑑定が行われているのに対し、ICCにおいては、多くの場合、遺体の発見は容易ではなく、仮に現地の捜査当局の全面的な支援が得られたとしても、十分な科学的捜査を行うことは極めて困難である。文書証拠の入手についても同様であり、ICC検察局の捜査員が直接現地で文書を押収することは極めて困難である。この結果、ICCにおいては、供述証拠への依存度が高くなるが、領域国の協力が十分得られないか、領域国の支配が十分に及んでいない場合には、証人の確保や保護に支障をきたすこととなる。

　ジェノサイド罪については、被害者が集団の実質的一部にあたるか否かの認定にあたって、被害者の絶対数が重要な要素となり、少なくとも相当数に上ることが証明されなければならない。しかしながら、上述の理由によりその証明は容易ではない。例えば、人道に対する罪が適用されたものではあるが、カタンガ事件で認定された殺人の被害者数は30名余り[41]にとどまっている。また、ンタガンダ事件で特定された殺人の被害者は100名に満たず、そのほかは不特定多数となっている[42]。

　また、集団を破壊する意図については、実行行為のパターンや規模、性格などからの推定が許されるとは言え、上述のように、証明の難度は高く、破壊する意図の存在が唯一の可能な結論であることが要求される。これは、旧ユーゴ紛争にいても、ジェノサイド罪適用にあたっての証拠上の高いハードルとなった。

(4) 罪数と量刑

　迫害罪の適用にあたっては、罪数及び量刑の問題がある。

　迫害罪の組成行為は、殺人など、それ自体が人道に対する罪や戦争犯罪である罪に該当するため、同一の行為につき迫害罪とそれ以外の罪で訴追される場合が多い。

　この点について、ンタガンダ事件の刑に関する判決は、以下のとおり判示した。

　判決は、まず、迫害罪の重さについて、「迫害は、特定の集団に属するこ

とを理由として基本的権利を否定する行為であり、それ自体、もっとも重大な人道に対する罪の一つである」旨判示した。また、「人道に対する罪としての迫害罪と殺人罪などとの違いは差別的意図の要件の有無であるが、本件においては、殺害等の行為自体が、差別的要素を含む共通の計画と組織の政策に従って行われており、これらの犯罪の重さを判断するにあたって考慮されたファクターを迫害罪の重さを判断するにあたって再度考慮することはしない」旨判示した。以上の判断に基づき、同判決は、迫害罪の量刑について、同罪を構成する各組成行為についての量刑の中で最も重いものを超えるものではないと判断して、人道に対する罪及び戦争犯罪に該当する殺人及び殺人未遂の量刑である 30 年の拘禁刑を言い渡した[43]。

終わりに

　スレブレニツァ事件は、冷戦後に多発した人道危機の中で ICTY と ICJ という二つの主要な国際裁判機関がジェノサイドを認定した事件として、国際社会に大きな政治的法的影響を与えた。特に、国際法・国際刑事法への影響としては、ジェノサイド条約締結後の国際犯罪としてのジェノサイド罪の要件の明確化・具体化が行われたことの意義は大きい。他方で、このようにして明らかにされたジェノサイド罪の適用のハードルの高さから、ニュルンベルグ裁判条例の同じ条項の流れをくむ人道に対する罪としての迫害罪への注目も高まった。

　迫害罪はジェノサイド罪と同じく集団に対する差別的意図に基づく複合的な行為を対象とする犯罪類型であり、近年の人道犯罪にも適用しやすいことから、今後その適用例は増加するものと思われる。他方で、その定義や国際法上の性格にはあいまいさが残り、特に量刑の判断などにおいて慎重な対応を要する。今後、ICC や国内裁判所における良質な判例の蓄積が望まれる。

注
1　同判決と ICTY の裁判例の関係につき、湯山智之「判例研究国際司法裁判所・

ジェノサイド条約適用事件」立命館法学 335 号（2011）436 頁以下及び 338 号（2011）398 頁以下

2　ICTY, Stakić Appeal Judgement (2006) paras. 20-28

3　ICTY, Krstić Trial Judgement (2001) paras. 555-557

4　*Ibid.*, paras. 559-560

5　ICTY, Krstić Appeal Judgement (2004) para. 6

6　*Ibid.*, para.15 and note 27

7　*Ibid.*, para. 8

8　*Ibid.*, paras. 15-23

9　ICTY, Jelisić Appeal Judgement (2001) paras. 47-48

10　ICJ, Judgement of 3 February 2015, Case concerning Application of the Convention on the Prevention and Punishment of the Crime of Genocide (Croatia v. Serbia), paras. 407-439

11　Krstić Appeal Judgement, paras. 223-225

12　ICTY, Tadić Trial Judgement(1997), paras. 646-648

13　ICTY, Krstić Appeal Judgement, para. 225

14　この点につき、対照的に記述したものとして、国際法委員会の「人類の平和及び安全に対する罪の法典案」17 条及び 18 条コメンタリー（Yearbook of International Law Commission 1996, vol 2(part 2) A/CN.4/SER.A/1996/Add.1(Part2), pp. 45 and 48-49

15　ICTY, Blaskic Appeal Judgement (29 July 2004) paras. 130 and 138 ほか

16　ICTY, Kupreškić et al. Trial Judgement, paras. 567-627

17　*Ibid.*, paras. 610-614

18　*Ibid.*, para. 615

19　*Ibid.*, paras. 618-621 また、この点につき、Kordić & Čerkez Trial Judgement, paras.194-195

20　ICC, Appeal Chamber, Judgement on the Appeal of the Prosecutor against the `Decision on the Prosecution's Application for a Warrant of Arrest against Omar Hassan Ahmad Al Bashir', 3 Feb 2010, ICC-02/05-01/09-73, ICC, Pre-Trial Chamber, Second Decision on the Prosecution's Application for a Warrant of Arrest, 12 July 2010, ICC-02/05-01/09 ほか

21　ICTY, Kupreškić et al. Trial Judgement, para. 580

22　ICC ホームページ　https://www.icc-cpi.int/drc（2020 年 3 月 17 日）参照

23　ICC, Ntaganda Trial Judgement, paras. 991-994

24　*Ibid.*, paras. 995-999

25　*Ibid.*, paras.1000-1007

26　*Ibid.*, paras. 1009-1010

27　*Ibid.*, paras. 1012-1022

28　なお、上述のクプレスキチその他事件の第 1 審判決は、第 2 次世界大戦中の事件について、ユダヤ人のほか、ポーランド人、セルビア人、ロマ人、政治的意見

を異にするクロアチア人を対象とした国内裁判所における迫害罪の適用にも言及している。（同判決 paras. 600, 602）

29　ICJ, Reservations to the Convention on the Prevention and Punishment of the Crime of Genocide, Advisory Opinion, p.12（https://www.icj-cij.org/files/case-related/12/012-19510528-ADV-01-00-EN.pdf）

30　ICJ, Armed Activities on the Territories of the Congo, Judgment on the Jurisdiction of the Court and Admissibility of the Application, pp.29-30（https://www.icj-cij.org/files/case-related/126/126-20060203-JUD-01-00-EN.pdf）

31　ICTR につき、Triffterer, Otto(ed), *Commentary on the Rome Statute of the International criminal Court (2nd. Edition)*, C.H.Beck/Hart/Nomos, 2008, pp. 149-150

32　イトゥリ地方関連の事件だけでなく、ICC で 3 番目の第 1 審有罪事件となったベンバ事件（中央アフリカ）の対象犯罪も同様の背景を有している。

33　ICJ, Judgement of 26 February 2007, Case concerning Application of the Convention on the Prevention and Punishment of the Crime of Genocide (Bosnia and Herzegovina v. Serbia), para. 190

34　国際法委員会 HP　https://legal.un.org/docs/?path=../ilc/texts/instruments/english/draft_articles/7_7_2019.pdf&lang=EF

35　人道に対する罪の文脈的要件の変遷につき、坂本 2014：102-144 頁。

36　*Supra* note 14, pp. 48-49

37　ただし、同条約上の禁止規定の宛先が国家を含むか否かについては議論の余地がある（湯山前掲書 335 号 493-500 頁）。なお、ローマ規程上の人道に対する罪及び戦争犯罪には、拷問など、強行規範と目される他の犯罪も含まれる。

38　他方で、ジュネーヴ条約共通第 3 条をさらに発展させた第 1 追加議定書 75 条などが人権法の強い影響下にあることも指摘される（薬師寺前掲書 252 頁）。

39　人道に対する罪である拷問については、拷問禁止条約上の要件である公務員等の関与は ICC 規程から除かれている。他方で、人道に対する罪である強制失踪については、7 条 2 項 (i) により、その主体が「国若しくは政治的組織又はこれらによる許可、支援、若しくは黙認を得た者」に限定されているが、これは同罪がローマ規程上の人道に対する罪に含まれた特殊な背景によるものと考えられる（Schabas2010:180-182）。

40　*Supra* note 23

41　この被害規模に対して人道に対する罪を適用することに対する批判として、カタンガ事件第 1 審判決少数意見（ICC-01/04-01/07-3436-AnxI, Minority Opinion of Judge Christine Van den Wyngaert, para. 264）

42　ICC, Ntaganda Trial Judgement, para. 873

43　ICC, Ntaganda Sentencing Judgement, paras.175-177. なお、ICTY における重複的訴追（cumulative conviction）と量刑につき、Werle, Gerhard, *Principles of International Criminal Law (2nd ed.)*, T/M/C Asser Press (2009) pp. 242-247, Khan, Karim A.A. and Dixon, Rodney, Archbold International Criminal Courts, Sweet & Maxwell (2009), para.

18-97

参考文献

Schabas, William A. 2006, *The UN International Criminal Tribunals*, Cambridge University press

Schabas, William A. 2010, *The International Criminal Court, A Commentary on the Rome Statute*, Oxford University Press

坂本一也 2014「ICC の事項的管轄権の対象 2 人道に対する犯罪」村瀬信也・洪恵子共編『国際刑事裁判所（第 2 版）最も重大な国際犯罪を裁く』東信堂、102-144 頁

寺谷広司 2004「人道・人権の理念と構造転換論」村瀬信也・真山全（編）『武力紛争の国際法』東信堂

薬師寺公夫 2004「国際人権法とジュネーヴ法の時間的・場所的・人的活用範囲の重複とその問題点」村瀬・真山前掲書所収

湯山智之 2011「判例研究国際司法裁判所・ジェノサイド条約適用事件」(1)『立命館法学』335 号、同 (2) 338 号

第7章
《解説》スレブレニツァ事件に関わる国際刑事責任の基本原則

佐藤宏美

本章の概要

　第二次大戦後にドイツのニュルンベルク主要戦犯裁判、日本の極東国際軍事裁判が行われたあと、国際刑事法を国際的な手続きをもって適用・執行するという実行は半世紀の間途絶えたままであった。そのような中、1990年代に国連安保理の決議により設立された旧ユーゴ国際刑事裁判所（ICTY）は、それら戦後の戦犯裁判で示された国際刑事法上の原則を整備し直すとともに、これを、その後の国際法の発展を考慮しながらさらに拡充していくという重要な役割を担った。ICTYは裁判所としての性質上、とくに国際犯罪の定義や刑事責任の成立について規定する実体法の側面においては慣習国際法を適用して裁判を行うことを前提としていたが、実際には、しばしば慣習国際法の解釈・適用を超えた、創造的とも言うべき司法活動を展開してきた。とりわけ、各種犯罪の成立に共通して関わる刑事責任の基本原則については、多国間条約を基礎として設立された常設の国際刑事裁判所（ICC）と比較しても、かなり異なった特徴をもつ独自の理論を提示している。スレブレニツァ事件に関わる一連の判決にも、そのような特性を端的に示す重要な例が含まれる。一つは、刑事責任を免除する根拠として援用される圧迫の抗弁に関するもの、もう一つは、犯罪的な集団が実行した国際犯罪について、その構成員の責任を広く認める共同犯罪集団（JCE）の法理を適用したものである。

　本章では、この二つの基本原則について、編者からの問に答える形で解説する。

第 1 節　圧迫(duress)の抗弁(defense)

問：スレブレニツァ事件で最大規模の犠牲者を出したブラニェヴォ農場事件の存在をはじめて公にし、スレブレニツァ事件の重要な証人となったスルプスカ共和国軍（VRS）のエルデモヴィチ（**Dražen Erdemović**）は、国際刑事法分野で、重要な判例の代名詞にもなっています。エルデモヴィチ事件について教えてください。

　この事件では、上訴人であるエルデモヴィチが、非武装のムスリム数百人の処刑に関与したとして ICTY で起訴されました。エルデモヴィチは裁判の冒頭で自身が有罪であると答弁し、この有罪答弁にもとづき、第一審裁判部は 1996 年、組織的な人権侵害である人道に対する犯罪を根拠として 10 年の拘禁刑を言い渡しました。これに対し、エルデモヴィチは判決の修正を求めて上訴をします。結果的に上訴裁判部は本件を第一審裁判部に差し戻すとの判決を下しましたが、その理由は、エルデモヴィチが有罪答弁の結果本案の審理を受ける権利を失うこと、また、人道に対する犯罪を認めることにより戦争犯罪を認めた場合より重い刑を受けることを理解していなかったということでした。このように、上訴裁判部による差し戻しの根拠は、上訴人が答弁の帰結を十分に理解していなかったということでしたが、裁判部の検討事項は、答弁の内容が客観的にみて確定的なものであったかどうかという点にも及びました。

　エルデモヴィチは有罪の答弁をする際に、犯行当時 23 歳であった彼は命令による圧迫のもとで問題の行為を行ったと主張していました。命令に従わない場合は自身が被害者とともに殺害されることになる、家族にも危害が及ぶ、という脅迫があったとの主張です。もし、圧迫が抗弁として認められうるのであれば、つまり、圧迫を理由とした免責が認められうるとするならば、第一審裁判部でのエルデモヴィチの有罪答弁は、本人の主観に関わらず客観的には無罪の主張を含む不明確な内容のものであったということになります。上訴裁判部は、上訴人が主張した圧迫は完全な免責を導く抗弁とはなりえな

いとして、エルデモヴィチの有罪答弁は客観的な側面においても確定的であると判示しました。問題になるのはこの点です。

　問：エルデモヴィチの上訴裁判部判決はどのような点が問題視されるのでしょうか。

　上訴裁判部判決は、無実の人々を殺害したことに対し圧迫を抗弁として援用できるかという問題について、慣習国際法（これは、法的信念にもとづく国家実行の繰り返しにより成立する国際法の一形態です）は確立していないとしました。上訴裁判部によれば、ニュルンベルク裁判判決は圧迫の抗弁について明確な判断を示しておらず、これに続いて米国の軍事裁判所がドイツの占領地域で行った戦犯裁判の判決は、圧迫抗弁による免責の可能性を認めたもののその論拠を欠いていました。この問題については条約も慣習国際法も存在していない、そして国際法のもう一つの法源、「法の一般原則」（これは、諸国の国内法に共通して認められている法原則からなる、国際法の成立形態の一つです）も存在しないという判断の下で、上訴裁判部は最終的に、国際刑事法の規範としての役割と、問題になっている犯罪の性格という二つの要素を重視しました。すなわち、国際裁判所は武力紛争時に行われた戦争犯罪や人道に対する犯罪という最悪の犯罪に対処しているのであって、これらについて圧迫の抗弁を認めないのは当然である、という立論です。

　このように判決は、上訴裁判部が言うところの「政策的考慮（policy consideration）」を重視することにより関連規則の空白を補おうとするもので、その「政策的考慮」とは、判決の該当部分をそのまま引用しますと、「国際人道法の発展を促し有効性を高め、その目的と適用を促進する」という内容のものでした。この判決に対しては、当時ICTYの裁判所長であったカッセーゼ（Antonio Cassese）判事が厳しい反対意見を付しています。同判事は、「政策的考慮」の概念は「裁判所の任務とは無関係」な「超法的（ultra-legal）な分析」に関わるものであり、その政策志向的な手法は慣習国際法上の罪刑法定主義の原則に反すると断定しています。

　現在の国際刑事法が終戦時と比較するとより厳格な罪刑法定主義を採用している事実に照らしても、カッセーゼ判事が指摘しましたように、判決が「政策的考慮」の概念を非常に緩やかに援用した点には、やはり問題があると言えます。仮に「政策的考慮」の概念を積極的に支持する立場をとったとしても、判決のように、最悪の犯罪を抑止し国際人道法の発展を促進するという一般目的を強調することのみをもって、刑法上の基本原則に関する判断を下すことは、短絡的と言わざるを得ません。問題は、国際人道法の発展という政策目標がどのような規則の設定により達成されるのかということであり、この点について答えを出すためには、少なくともまず過去の議論の集積を詳細に分析することが必要だと考えられます。裁判の時点で適用法規を明確に提示することが最優先されたため、上訴裁判部の判決は説得力を欠くものになってしまったと言えるのではないかと思います。

　問：ICTY のエルデモヴィチ事件で採用された原則は、他の国際刑事裁判において、どの程度普遍性をもっているのでしょうか。

　現在国際的なレベルで機能している刑事裁判所には、ICTY やルワンダ国際刑事裁判所（ICTR）といった国連安保理の決議により設立された、いわゆる ad hoc 国際刑事裁判所と言われるものだけでなく、多数国間条約により国連とは別個の国際機構として設立された ICC や、国内裁判所と国際裁判所の双方の要素を持つハイブリッドな混合裁判所といったものもあります。そのうち、120 を超える締約国を有し常設の裁判所として機能している ICC においては、圧迫の抗弁や、現在これと切り離して議論されることの多い上官命令抗弁（defense of superior orders）の問題について、ICTY とは異なる規則が採用されています。

　ICC の基本文書である ICC 規程の第 31 条 1 項 d は、犯罪が、その実行者や他者に対する切迫した死の脅威や重大な傷害の脅威に起因する圧迫により引き起こされ、かつ、当該実行者がこれらの脅威を回避するためにやむをえず合理的に行動した場合に、責任の免除を認めています。ここでは、犯罪を

実行することによってもたらされる損害が、回避すべき脅威がもたらす損害を上回らないことが要件とされていますので、すべての場合に責任が免除されるということではありません。しかし、そのような免除が認められる場合もあると明文で定められているという点は、ICTYの場合と大きく異なっていると言えます。

　また、圧迫の抗弁と密接に関係している上官命令の抗弁についても、ICTYの裁判所規程はこれを完全に否定する内容になっています（ICTY規程第7条4項）が、ICC規程の場合ですと、上官命令の事実は、その命令の違法性を部下が認識しておらず、さらにその違法性が客観的にも明白でなかった場合には、部下の責任を免除する根拠となることが定められています（ICC規程第33条）。

第2節　JCE法理

　問：スレブレニツァに関する一連の判決では、**JCE**の法理が重要な役割を果たしました。これについて教えてください。

　ICTY判決の特徴の一つを端的に示していると言えるもう一つの規則、とくにICC規程と比較したときとりわけ対照的といえる規則が、共同犯罪集団（Joint Criminal Enterprise: JCE）の法理です。これは、共犯関係に関する国際刑事責任の一般原則になります。

　戦後のニュルンベルク裁判や東京裁判では、犯罪実行の主たる関与者である正犯と、従属的な関与者にとどまる従犯の区別は意識的には行われていませんでした。1990年代に入りはじめて、ICTY判決はこのような区別を明確にし、共犯者のうち犯罪実行に対し主要な責任を負うものとしての正犯と、犯罪の幇助、つまり犯罪の実行を助けるといった従属的な行為により相対的に軽い責任を負うものとしての従犯、を明示的に分類しました。そのうえで、前者の正犯としての共犯について、JCEの法理を適用しています。

　この法理をはじめて明確に提示したのはICTYのタディチ（Duško Tadić）

事件上訴裁判部判決です。この 1999 年の判決はスレブレニツァ事件と直接には関係しませんが、ICTY の採用する JCE 概念の基本的な構造を示すリーディング・ケースとしてしばしば言及されています。タディチ事件判決で上訴裁判部は、多くの国際犯罪が集団的犯罪性（collective criminality）という固有の特徴をもつこと、集団の共有する犯罪計画への参加とそれへの貢献がしばしば大規模な犯罪を実行するうえで不可欠となることを強調しました。そのうえで、慣習国際法の分析により JCE の法理を明確に打ち出して、被告人の責任について判断しました。

　JCE 法理の特徴は、犯罪の主観的側面を重視し、客観的な側面については緩やかな要件を設定する点にあります。

　まず客観的な側面についてですが、タディチ事件判決によれば、JCE 成立のための重要な要件は、集団構成員の間に犯罪に関する「共通の計画、企図あるいは目的（common plan、design or purpose）」が存在することです。そして、そのような計画や目的を推進するために貢献した集団構成員は、計画や目的推進の結果行われた犯罪すべてについて正犯としての責任を負うことになります。ここでいう「共通の計画、企図あるいは目的」という要素は、現実に実行された犯罪に直接かかわるものに限定されず、その背景にあるより広い目的を含むとされます。例えば、タディチ事件の場合ですと、JCE との関係で裁判の対象となった具体的な事件はボスニア・ヘルツェゴヴィナ内の村の住民であるムスリム 5 人の殺害でしたが、その背景にあると認定されたセルビア系武装勢力の共通の目的は、この村からムスリム系住民を排除するというものでした。

　このように、JCE の客観的要件は非常に敷居の低いものとなっており、正犯として認定される者は、問題の犯罪実行に直接かかわっている必要はありません。さらに、そのような犯罪実行の背景にある共通の計画や目的への関与の仕方も、「何らかの形での助長・貢献」という緩やかなもので足りるとされています。結果として、犯罪の実行に直接大きな影響を及ぼした者と、もっと遠くから間接的に全体の計画や目的に対し貢献をした者が、原則的には同じように扱われることになります。すべての関与者をその関与の程度に

かかわらず正犯とする JCE の法理は、非常に柔軟性のある広範な責任概念を示すものということができます。

　しかし、他方で主観的要素の側面においては、少なくとも具体的な犯罪実行の背後にある犯罪的計画や目的との関係では、JCE の認定には高いレベルの故意（intent）が要件とされています。即ち、その者が JCE の計画・目的の存在を認識しているだけでなく、それらを共有していることが必要となります。客観的要件の緩やかさを、主観的要件にある高いレベルの故意がいわば補う形になって、JCE 法理は何とか個人の刑事責任原則の範囲内におさまっていると説明することもできるかもしれません。

**　問：タディチ事件の判決はスレブレニツァ事件にも大きな影響を残しています。スレブレニツァ JCE について教えてください。**

　JCE の主観的要素について、タディチ事件上訴裁判部判決は、実際に実行された個別的な犯罪との関係によりこれをさらに三つの類型に分けて説明しています。まず第一類型は、共通の計画・目的をもつ共犯者すべてが、ICTY 規程に定義された犯罪そのものを実行する故意をもって行動する場合です。第二類型では、共通の計画・目的のもとで運営される強制収容所のような組織において、その運営に寄与する場合が想定されます。この場合は、組織の犯罪的な性格の認識と、この組織の活動を推進する故意が要件となり、個別の犯罪を実行する直接的な故意は必要とされません。第三類型は拡張型（extended form）と呼ばれ、共通の計画や目的を逸脱した犯罪行為についても JCE の構成員が正犯として責任を負うとされます。ここでは、JCE の構成員がそのような逸脱の可能性を認識したうえで、それでも犯罪計画全体に寄与し続けることで意識的にこの逸脱の危険を生じさせた場合には、結果として実行された犯罪についてやはり正犯として責任を負うことになるとされます。つまり、結果が確実に起こるとは認識していないが、起こる可能性は認識しているという点が問題視されるわけです。

　2016 年のカラジッチ（Radovan Karadžić）事件判決もこの JCE の理論を適

用しています。カラジッチはボスニアで建国宣言されたスルプスカ（セルビア人）共和国の大統領であった人物で、この ICTY 第一審裁判部の判決で 40 年の拘禁刑を言い渡されますが、2019 年 3 月の上訴裁判部判決で、結局、終身刑を受けています。2016 年の判決は、カラジッチが関与した JCE として、まずボスニア・ヘルツェゴヴィナ内のセルビア系ボスニア人支配地域からムスリム、クロアチア系住民を排除するという包括的（overarching）JCE の存在を指摘しました。そのうえでさらに、包括的 JCE のもとで、スレブレニツァのムスリムを排除するというスレブレニツァ JCE が存在したと認定しています。スレブレニツァ JCE については、同地域に居住していたムスリム男性の殺害という要素が後から加わったこと、ジェノサイドが実行されたことも認定されました。第一審裁判部は、カラジッチがこれらの双方に関与していたという判断を下しました。このうち、特にスレブレニツァ JCE については、被告人が訴追対象となった各種犯罪の故意を有していたことが認定されていますので、これは第一類型の JCE に分類されると言えます。

　他方で、包括的 JCE については、カラジッチは第三類型の JCE についても有罪とされました。包括的 JCE は、セルビア系の支配地域から追放、強制移送、差別的措置といった方法でムスリム、クロアチア系住民を排除することを目的としたものでしたが、裁判所は、そのような目的を逸脱する形で JCE の他の構成員が行った殺害、拷問などの残虐行為、前線での強制労働、財産の収奪といった行為についても、カラジッチはそれらが JCE の目的遂行の過程で行われる可能性を認識していたにもかかわらず JCE に貢献し続けたとして、その正犯としての責任を認定しています。

　問：ICTY 判決の特徴ともいえる JCE の論理は、そもそもどのように生まれたのですか。それは、他の国際的な刑事裁判所、とくに ICC の採用する規則とどのように異なりますか。

　JCE 法理の原型ともいうべきものは、一応、戦後のニュルンベルク裁判で適用されたニュルンベルク憲章の条文に見出すことができます。しかし、

ICTY が示した JCE の三つの類型のうち、第三類型の JCE については、上訴裁判部の提示した過去の裁判判決の例が不適切であると多くの論者から指摘されています。上訴裁判部が主に依拠した判決は、ニュルンベルク裁判判決ではなく、第二次世界大戦中の戦争犯罪を扱った英国軍事法廷と米国軍事法廷によるもの合わせて二件ですが、どちらも、その詳細を見ると実際には第三類型の JCE の根拠となるものとは言い難く、そもそも英国の裁判については、これは英国国内法を適用して行われたものでした。ICTY 上訴裁判部が引用したその他の判決も、イタリアの国内裁判所がイタリア国内法を適用したものに限られています。カンボジアで 1970 年代におきたクメール・ルージュによる大規模な虐殺について裁判を行っているカンボジア特別法廷（これは、カンボジアの国内裁判所に設けられた国際的な性格をもつ法廷です）も、虐殺がおきた 1970 年代後半までの時期に、JCE の第三類型は慣習国際法として成立していなかったとの見解を示しています。その際、特別法廷は、ICTY 判決の挙げた第二次世界大戦後の判決の多くは、実際には JCE 第三類型の先例にはなっていないと指摘しています。

　ひるがえって、ICC が採用している共犯の理論は、ICTY のそれとは大分異なっています。ICC は正犯を従犯から区別するに際して、個別的な犯罪の実行について主観的・客観的な側面の双方において支配的な役割を果たした者を正犯とする、いわゆるコントロールの理論を提示しています。JCE 法理の場合と同じように、コントロールの理論のもとでも、犯罪実行に直接関わらない者が正犯と認定されることは想定されています。ICC 予審裁判部の言葉を引用しますと、「犯罪の正犯は、犯罪の客観的要素を物理的に実行した者に限られず、犯罪行為地から離れているにもかかわらず、その犯罪を実行するかどうか、またどのように実行するかを決定することにより、その実行をコントロールまたは指揮する者も含む」ということです。しかし、ICC の場合は、ICC の管轄下にある個別的な犯罪の実行行為そのものへのコントロールがあったかという点が重視されますので、犯罪実行との直接の関係を問題にせず、その外側にある犯罪目的との関わりを重視して正犯を認定する ICTY の JCE 法理とは、やはり大分性質が異なると言えます。と

くに ICTY が示した第三類型の JCE のように、犯罪がおきるかもしれない、という可能性の認識のみをもって刑事責任の成立を認める考え方とは相容れないと言えます。

問：改めて、ICTY が国際刑事責任の基本原則の確立に果たした役割について、今後の展望とも合わせて教えてください。

　ICTY は、一方では、ニュルンベルク裁判や東京裁判が行われたあと国際刑事法の発展が約半世紀のあいだ停滞していた状況において、その空白を埋める形で重要な各種規則を明確化してきました。しかし、国際刑事責任の基本原則についてごく限定的な骨格しか準備されていない中で、ICTY には、ときに、理論のうえでかなり疑問のある手法で被告人の責任を広く追及する規則を新たに採用する、そのような側面があったことも否定できないと思います。ICTY や ICTR は、ニュルンベルク裁判や東京裁判のあと、いわば国際刑事法の第二の創成期とも言える時期の最初の段階で、短期間に様々な規則を提示してきました。それらと比較しますと、常設の国際刑事裁判所としての ICC は、基本的には ICTY や ICTR で示された規則を引き継ぎつつ、より落ち着いた環境の中でこれを再検討し、整備し直していると言うことができるのではないかと思います。Ad hoc 国際刑事裁判所の適用法規が主に慣習国際法であるのに対し、ICC では、多国間条約としての ICC 規程が原則的にはその加盟国の間に限り適用されるという違いはあります。しかし、ICC の採用する規則が普遍的なレベルで機能する慣習国際法に及ぼす影響は、やはり大きいと考えられます。ICTY や ICTR の活動は、その残余機構（International Residual Mechanism for Criminal Tribunals: IRMCT）によるものも含め終了しつつありますが、混合裁判所での刑事裁判において、また将来安保理がさらに設立するかもしれない ad hoc な国際刑事裁判所において、慣習国際法の適用は続いていくものと考えられます。ICC の司法活動が慣習国際法としての国際刑事法のあり方にどのように影響を及ぼしていくのかは、今後、注意してみていく必要があると思います。

参考文献

＊圧迫の抗弁については、

・佐藤宏美 2006「国際刑事法の解釈・適用の実際と課題――国際規則の「欠缺」と国際刑事法の機能範囲――」『世界法年報』2006 巻 25 号、117-137 頁

・佐藤宏美 2010『違法な命令の実行と国際刑事責任』有信堂高文社

＊JCE の法理については、

・佐藤宏美 2013「共同犯罪集団（Joint Criminal Enterprise）の法理と慣習国際法」『国際法外交雑誌』111 巻 4 号、51-74 頁

第Ⅲ部　国連平和維持活動(PKO)と
　　　　国際政治学・平和構築の視点から

第 8 章
《講演》スレブレニツァと国連 PKO

明石　康

本章の概要

　本章は 2020 年 1 月 12 ～ 13 日に立教大学にて開催された公開シンポジウムにおける講演録に加筆修正のうえ、編者脚注を追記したものである。

　今回立教大学において開かれた「25 年目のスレブレニツァ」と題するシンポジウムに、私は大きな関心を持っております。複雑きわまるスレブレニツァの悲劇の色々な側面とその本質に関し傾聴すべき優れた見解を、長い期間において表明してこられた長有紀枝先生にここで深く敬意を表したいと思います。

　スレブレニツァ問題については、コフィ・アナン国連事務総長が発表した『事務総長報告書』[1] の中で、正面から取り上げています。その最後の部分で、彼は事務総長としての悔恨の念と言うか、反省と謝罪の気持ちを表現しています。これに対し現地における総責任者だった私は、ちょっと違和感も覚えています。与えられた時間は限られていますが、私の率直な見方をお伝えします。

　実は 5 年前、私はオランダのハーグで開かれた、スレブレニツァ問題に関する国際シンポジウム[2] に出席致しました。このシンポジウムは、オランダとアメリカの信頼できる NGO が共同で開催した非公開で学究的なもので

したが、その最終日のセッションは、公開シンポジウムでした。そこで、一番先に話をしろと言われて、自分の考えをまとめたものが英文で残っていますので、それを下敷きにお話しします。私の基本的な考え方は5年間前と変わっていません。

　先に触れたアナンの『事務総長報告書』は、国連総会と安全保障理事会の両方に提出され報告書です。アナン氏は、スレブレニツァ事件当時の国連PKO局長でしたので、彼らしい悔恨の念と反省と謝罪の気持が出ています。しかし、現地責任者として、私は彼と見方が少々異なります。5年前のシンポジウムで、私の気持として「remorse を感じている」と言ったのですけれども、remorse という言葉は、今朝も辞書を調べてきたのですが、悔恨の念を表すこともできるし、哀悼の意味もある。5年前の私は remorse に哀悼の気持の方を持たせて話しました。

　そのシンポジウムには、事件当時のオランダ総理大臣（Wim Kok:1994-2002）、防衛大臣（Joris Voorhoeve:1994-1998）、それから、現地で行動していた軍人 ³ などが参加していました。この方々に対して、私は「オランダは、何かピューリタニック（puritanic）伝統が今でもあるようで、自分の行動について、あくまでも追及してみようとするところがある。しかし、当時の状況からいって、そんなに自分を責めることは無いはずだ」と、率直に伝えました。スレブレニツァの悲劇については、オランダ国内で以前から、色々問題になっていて、当時の関係者が自分たちが罪悪を犯した気持になっている印象も受けました。

　旧ユーゴスラヴィアにおける国連PKO活動の前に、1992年から93年まで私は国連カンボジア暫定統治機構（UNTAC）の国連事務総長特別代表を務めました。カンボジア和平を目指し、カンボジアに民主主義の種を植え付けようと、国連による自由選挙を、原点から創り上げるような仕事をしました。民主主義教育のために、それまでなかった国連放送局設置をしたのもその一つでした。その後、旧ユーゴスラヴィアPKOをやるように、ブトロス・ガリ（Boutros Boutros-Ghali）事務総長に言われました。私の同僚、友人の多くは、

「折角カンボジアで成功したのに、失敗がほとんど自明なユーゴスラヴィア PKO を何故お前は引き受けるのか」と言っていました。

　スレブレニツァは、ボスニアにおいて、国連の「安全地域」に真っ先に指定されました。最初はカナダの国連 PKO 部隊がそれを担当しました[4]。しかし、ある期間が経って、続けてほしいという国連側の要請に対し、カナダはもうこりごりしたからやりたくないと、これをはねつけました。次に、国連は、スウェーデンの部隊にこれを依頼しました。しかし、実情を知っていたスウェーデンは、断りました。結局、オランダが、負けくじを引かされる形で、引き受けた事情がありました。95 年 4 月にスレブレニツァを攻撃してきたセルビア人勢力は 2,000 名を超えていました。迎えたオランダの PKO 実働部隊は、最初は一個大隊あったのですが、実際には約 150 人に減少していました。食糧も水も薬品も足りず、燃料も皆無になり、従って装甲車も動けなくなり、徒歩で任務に携わる状態でした。2,000 人対 150 人では、勝負の結果が戦う前から分かっていたのです。

　旧ユーゴスラヴィアの国連 PKO の前に、ソマリアにおける PKO[5] がありました。これも事情がきわめて厳しく、PKO はソマリアを撤退しました。首都モガディシュにおいては、国連 PKO の一部ではなかったのですが、国連と協同して展開していた多国籍軍の一部だったアメリカ海兵隊が、アイディード派によって無残な形で 18 名の犠牲を出しました。パキスタンも同じような形で 24 名の兵士が殺害されました。旧ユーゴスラヴィアの我々は、ソマリア PKO のような無残な目にあうことがないよう、「モガディシュ・ライン」を超えてはいけない、より慎重な対処の仕方をしようと、互いに言いあっていたのでした。ソマリアの後のルワンダ PKO においては、フツ族によって少数派ツチ族が推定 70 万ないし 80 万人惨殺されてしまう事件が起きました。ルワンダの国連 PKO は余りにも弱体で加害者側を制圧することができませんでした。

　旧ユーゴスラヴィアにおいては、軍事部門の司令官はフランス人、副司令官がカナダ人、ボスニア方面軍の司令官は大体イギリス人ないしはカナダ人でした。ソマリアやルワンダの後でしたので、私たちは、できるだけ国連の本来的な PKO 活動を展開したいと考えていました。

　当時においては、アメリカも政策的に苦しい立場に立っていたのですが、クリストファー（Warren Minor Christopher）国務長官は、国連も各国政府も、メディアによる報道ぶりに影響されすぎていると慨嘆しています。まず、メディアが現地の悲惨な非人道的な状況を生々しく報道すると、各国政府は軍の人道的介入を求める報道に影響されて時期尚早な介入になりがちだし、派遣した軍に死者が出ると、今度は撤退しろ、撤退しろと言う声が高まって、時期尚早な撤退になりがちだというのです。

　つまり、intervention（介入）も premature なものになり、状況が変わると withdrawal（撤退）も premature に行なわれることになってしまう。クリストファー長官は、事態の冷静で客観的な分析に基づく行動ではなく、メディア報道によって外交活動が煽られてしまうことを嘆いたのでした。

　旧ユーゴスラヴィアにおける国連 PKO 成功の見込みは、当初から非常に低かったと思います。ブトロス・ガリの前の事務総長だったデクエヤル (Javier Felipe Ricardo Pérez de Cuéllar) は、アメリカの元国務長官サイラス・バンス（Cyrus Roberts Vance）をアドバイザーとして、旧ユーゴスラヴィア問題を手がけました。EU 諸国の強い希望にもかかわらず、デクエヤルとバンスは共に国連 PKO を出すのに非常に慎重でした。むしろ反対といえるものでした。また、EU 側でも、フランスの元司法大臣ロベール・バデンテール (Robert Badinter) を議長とする人権委員会[6]は、旧ユーゴスラヴィアから生まれた幾つかの新共和国において多数派の支持のもとにできたそれぞれの新政府を、簡単に承認することに慎重な態度を見せました。特にボスニア・ヘルツェゴヴィナ共和国の場合、民族構成はイスラム教徒 44 パーセント、セルビア正教徒 31 パーセント、クロアチア系の主としてカソリック教徒 17 パーセントという複雑なものであり、多数派の意見のみに基づいて創られた

少数派を無視した新憲法は危険であると主張しました。従ってバデンテール委員会は、EU 諸国が少数派を無視した新政権を次々に承認してしまうことに対し、反対だったのです。しかし、ドイツのゲンシャー（Hans-Dietrich Genscher）外相を初め、EU 諸国は次から次に多数派による新政権を承認して行ったのです。

　スレブレニツァに関するハーグのシンポジウムにおいて、旧ユーゴスラヴィアで国連が何をすべきだったのかという公開セッションには、当時安保理で重要な存在であったイギリスの国連大使（David Hannay）やベネズエラの国連大使（Diego Arria）などが顔を見せていました。私は、旧知のこの人たちの顔を見ながら、当時安保理が合計 200 本を超える決議と議長声明を次から次に発出し、そのいくつかは明らかに意味不明瞭であり、我々が現地で何度読んでも、明確な意味は分からなかったと、述べました。特に「決議 836」[7] は、現地の軍人にとっても文民にとっても、あまりに曖昧模糊としていました。「国連 PKO に自衛のための武力の使用が許容される」ことが具体的に何を意味するか分からなかったことに触れました。また決議の実施に必要な追加予算がきちんと認められないと、国連側の兵力が不足するのも明らかでした。ハーグの会議において、そうした決議の作成者から反論が聞けるのかと思ったのですが、反論はありませんでした。

　最初のスレブレニツァに続き、更に翌年サラエヴォやゴラジュデとか、計五つの安全地域が加わり、合計六つの安全地域 [8] を国連保護軍が守備することになったのですが、これらの地域において、国連がその任務を果たすために必要と思われる 34,000 人の増強は見送られ、安保理事会はそのうち、7,600 人のみを承認したのでした。かつ、この補充部隊が現地に到着したのは約 1 年位経ってからでした。

　イスラム教徒主体のボスニア政府側は、自己の兵力をそうした安全地域に駐在させ、そこで補給し、訓練し、またその地域から出て戦闘行為をさせました。それがセルビア人勢力にとって、攻撃する格好の口実を提供していま

した。「安全地域」は、聞こえは良いのですが、きわめて党派的なものであり、ボスニア戦争の解決にとって、問題であったのです。難民高等弁務官だった緒方貞子氏も安全地域の設置に反対であると、回想録に書いています⁹。

　国連とNATO（北大西洋条約機構）との関係は非常に悪かったと言われていますが、事実は、それほど悪いものではありませんでした。国連保護軍本部におけるNATO連絡将校は、イギリス人でしたが、国連側本部に駐在して自由に動き、また国連関係者と親密に行動しました。ユーモアのある男で、私の机の上に置くプレートを作って持ってきてくれました。NATOによる空爆に関しては、国連側とNATO側がそれぞれ一つのkeyを与えられていて、二つのkeyが合致したところで初めて空爆が行なわれることになっていて、これがいわゆる「二重の鍵（dual key）」システムでした。NATO連絡将校が作って持ってきてくれたプレートは、'dual key'をもじって'duel key'、つまり国連とNATOとが「決闘する（duel）鍵」でした。両者は仲が悪いとメディアがしきりに書いているので、彼はプレートを私の机の上に置くことで、国連とNATOが決してそういうややこしい関係ではないことを、彼なりに表したのでした。

　私が旧ユーゴスラヴィアPKO担当事務総長特別代表として、武力行使についてNATOと交渉する際のNATO側の総司令官は、ナポリ（イタリア）に本部を置くNATO南部方面軍総司令官のアメリカ人提督ボーダ（Jeremy Michael Boorda: 1939-1996）でした。私が痛感したのは、武力の行使において慎重なのは何も文民だけではないということです。彼の極度な慎重さから、むしろ軍人の方が武器の怖さを知りつくしているのだと思ったのでした。民間人が空爆の犠牲になる事態を、ボーダ提督はなによりも危惧し、そうした事態が起こらないように、終始慎重きわまる態度を示し、私はそれに強い感銘を受けました。私は彼を信頼し、互いに細部にわたって協議しました。

　残念ながら、ボーダはその後、アメリカ海軍の最高ポストまで上りつめたのですが、ある事情で自殺しました。私は非常に寂しい思いをしました。一水兵から海軍の最高のポストまで上がったボーダは、すばらしい人間性と最

高の判断力をあわせ持った人でした。

　サラエヴォ危機を乗り切ったその 2 カ月後、94 年 4 月に、もう一つの安全地域ゴラジュデにおいて、深刻な危機が発生しました。セルビア勢力による総攻撃が行われたのを、停戦に合意させ、そして武器を撤去させる困難な交渉がありました。はじめは双方で 30 名余りの交渉だったのですが、交渉をスムースに進めるため、私は少人数での交渉を提案しました。セルビア勢力側は大統領格のカラジッチ（Radovan Karadžić）と軍事部門司令官のムラディチ（Ratko Mladić）の二人と、セルビア共和国のミロシェヴィチ（Slobodan Milošević）大統領の 3 人、国連側は私と軍事部門司令官ドラプレル（Bertrand de Lapresle）将軍。この 5 人で交渉することにし、ベオグラードの大統領官邸において、計 11 時間やりました。

　ミロシェヴィチは、セルビア側のゴラジュデ撤退なしには NATO 空爆が必ず実施されるという私の危機感をすぐに理解してくれ、カラジッチ、ムラディチ二人に対し、分からずやの学生に対する老教授のように説得しました。それによって NATO による本格的な空爆は最後に防止できました。この交渉は、その夜遅く解散し、翌朝、合意点をまとめ、最終合意に調印しました。合意がまとまり自分の時計を見たら、ニューヨークから指示された時間の 20 分前でした。またしても危機が打開され、私は感無量でした。

　国連と NATO の間の「二重の鍵」制度は、ある程度以上の相互信頼が有ればこそ有効に機能するものでした。空爆には基本的に性格の異なる二つの空爆がありました。その一つは、「クロース・エア・サポート（close air support: 近接航空支援）」とよばれる限定空爆、もう一つが「本格空爆（air strike）」です。前者は、国連要員が生命の危険に瀕している場合、要員を攻撃している戦車なり大砲なりをピンポイントに破壊する、限定された防御行為であり、この行使に私は一度を除き、躊躇したことはありません。

　最初のケースだけ、私にとってフランス人司令官の交代期[10]に当たっていたのですが、ジャン・コット（Jean Cot）司令官は、「シビリアン supremacy（優越）の原則」について以前から疑問を持っていました。彼が退職する直前だったので、私はもしかしたらという気持があって、承認を 2、3 時間遅

らせたのを覚えています。これを除くと、武力の行使に関する国連の基本的な原則をきちんと心得て実行するフランス人司令官に交代する伝統が常に守られ、私は軍事部門司令官の判断に、疑問を抱くことは全くありませんでした。「クロース・エア・サポート」を私は任期中に 15、6 回許可しました。しかし、本格空爆については、私もフランス人司令官も非常に慎重であり、1995 年 5 月後半まで、本格空爆に賛成したことはなかったのでした。

　本格空爆に関して、文民である私も軍事部門の司令官も極めて慎重であったということは、当時において、ボスニア・ヘルツェゴヴィナ国土の約 75 パーセントを支配し続けていたのが、セルビア人勢力であったことが大きく影響しています。セルビア人勢力を本格空爆の対象にすることで、彼等を国連の敵にしてしまう。それによって、国連による人道支援はセルビア人勢力支配地域を通過できなくなる危険があったのです。

　私は、セルビア人勢力による国連攻撃が本格的になった 95 年の 5 月頃までは慎重に、この線を守ることができたと考えます。そういう私の空爆に対する慎重な態度については、国連本部におけるブトロス・ガリ事務総長と PKO 局も同意見でした。これに対しアメリカの国連代表だったオルブライト女史（Madeleine Albright）と私との意見の対立が、やや誇張された形でメディアに流れていました。しかし、私の慎重な態度、つまりアメリカの希望に反する態度は、国連本部においても、ブトロス・ガリ事務総長、PKO 局、政務局、安保理担当事務次長のインド人チンマヤ・ガレカン（Chinmaya R. Gharekhan）の間で完全な一致があったのでした。

　ガレカンは、数年前に彼自身のノートに基づくすぐれた本を書いています [11]。この中で彼は、国連本部においてアメリカと色々問題は起きたが、アメリカによって批判された私と、国連事務局の態度が基本的に一致していたことを、明確に書いていて、一読の価値があります。

　1994 年 3 月に私がワシントンを訪問したとき「ワシントン・ポスト」の論説委員長はじめ、論説委員たちと非公式に懇談する機会があり、それに基

づいて翌日の同紙社説は、アメリカが地上軍を早めにまた大規模に国連保護軍の下に出すことによって、旧ユーゴスラヴィアの恒久平和に向けての可能性が大きくなる、という意見を紹介しました。これは、当時のアメリカ政府トップの意見に反することでしたし、オルブライト女史は、CNN で私を名指しで批判しました。しかし、国連側が事務総長はじめ無言だったことは、私と同意見だったことを示しています。ゴラジュデ危機が交渉で打開された日、私は現地でガリ事務総長から書簡を受け取りました。「交渉のプロとしての冷静さ」を守ったことへの彼の満足の念が表されていました。

　当時、1995 年末にアメリカが NATO を通じて介入する前に、フランスは約 6,000 名、イギリスは約 4,000 名の兵力を国連保護軍に提供していたのでしたが、アメリカは結局、1995 年 11 月、デイトンにおいて和平案のパッケージが作られてから、約 6 万の NATO の兵力の相当部分の兵力を出すことに踏み切ったわけです。
　紆余曲折が色々ありましたが、95 年暮に国連 PKO は現地から撤退し、アメリカを中心とする NATO が軍事部門の中心になり、国連は文民警察と人道支援面での協力を続けるのみになり、旧ユーゴスラヴィア PKO としては終わりになりました。

　国連 PKO 活動は 1948 年の中東における国連休戦監視団以来の、より組織された形では 1956 年の緊急特別総会による国連緊急軍設置という、国連憲章には明記されていないが、国連としては当然なすべき活動として、ダグ・ハマーショルド（Dag Hammarskjöld）第二代国連事務総長とカナダのレスター・ピアソン（Lester Pearson）外相が創設したスエズにおける国連の歴史的決定があります。今は、国連の平和活動の重要な一部門として定着した感があります。
　現在の国連の PKO を見ますと、三つの大きな流れが平行して存在するといえましょう。一つは伝統的な、静止的な PKO であり、こうした在来型 PKO は中東地域とインド・パキスタンの国境地帯において、1940 年代後半

から現在まで活用されています。第二は、カンボジアがその一番大きい例で
すが、その後、東ティモールやコソヴォにおいても適用された、国連が暫定
的に国家統治を行うタイプの大規模かつ重層的 PKO。第三には、近年特に
アフリカ各地域、自衛隊が一時展開した南スーダンとか、コンゴ民主共和国
とか、テロリスト分子に対処するマリとかを含む「強力な PKO」を含みます。
国連憲章第 7 章下の平和強制とか、場合によっては武力行使型を含む PKO
です。

　以上三つの大きな流れを国連としては、事態に応じ必要に応じて展開して
います。特にアフリカにおいては、大型でかつ平和強制型のものが幾つか存
在しています。国連憲章 6 章型とか、6.5 章型とかいうべき伝統的、古典的
な PKO と共に、近年においては 7 章型に傾く活動がアフリカで必要に応じ
て展開しているのが国連の現状だといえるでしょう。

注

1　UN, "Report of the Secretary-General pursuant to General Assembly resolution 53/35,
The fall of Srebrenica", UN Doc. A54/549, 15 November 1999

2　2015 年 6 月 29 日〜7 月 1 日、オランダ・ハーグで開催された国際シンポジウ
ム。"International Decision Making in the Age of Genocide: Srebrenica 1993-1995"、主
催は　the United States Holocaust Memorial Museum 、The Hague Institute for Global
Justice, 協力は、the National Security Archive at George Washington University

3　Colonel Thom Karremans, Dutchbat III commander, 1995, General Kees Matthijssen,
company commander, Dutchbat III, Srebrenica, 1995

4　1993 年 4 月 16 日の安保理決議 819 により、スレブレニツァが安全地帯に
指定された。スレブレニツァにおいて、武装解除の合意が結ばれた 4 月 18 日、
UNPROFOR カナダ部隊 170 名がスレブレニツァに到着、ボスニア紛争勃発後初
めて UNPROFOR がスレブレニツァで駐留を開始した。

5　ソマリアにおいては 1992 年に 4 月に第一次国連ソマリア活動（UNOSOM
I）、同年 12 月それを引き継ぐ形の 3 万 7,000 の兵員を擁した米主導の多国籍軍
（UNITAF）、さらにそれを発展的に解消させて 1993 年 3 月に成立した UNOSOM
II が展開した。1993 年 10 月 3 日には米の特殊部隊が単独で民兵の長アイディー
ド（Hussein Aideed）将軍らの捕獲作戦を試みるが、30 分で終了予定の作戦に実際
には 15 時間を要し、ヘリコプター（ブラックホーク）2 機に加え、銃撃戦によって
18 名の米兵が殺害され、ソマリア民兵のみならず、市民数百名が巻き添えとなる
大事件に発展した。米軍がソマリアから撤退する契機となった事件である。

6 欧州連合理事会旧ユーゴスラヴィア和平会議調停委員会（Arbitration Commission of the Peace Conference on the former Yugoslavia）

7 1993 年 6 月 4 日の安保理決議（S/RES/836）。1993 年 5 月、セルビア人勢力により EC と国連による和平調停「バンス・オーエン案」が拒否され、国際社会は新たな対応に迫られる。こうした状況下、仏、露、西、英、米が共同提案者となり、1993 年 6 月 4 日、UNPROFOR のマンデート拡大を決定した安保理決議 836 が採択された。決議 836 では、憲章 7 章の下で行動し、安全地域の完全な尊重の確保が決定され、その実現のために、UNPROFOR に対して、従来の人道支援に加え、安全地域への攻撃の抑止、停戦監視、軍隊や準軍事組織の撤退促進（ボスニア政府軍およびその準軍事組織は除く）、地上の重要拠点の確保というマンデートが追加された。さらにこうした任務遂行にあたっては、安全域帯への砲爆撃や武力侵入などに対し、自衛行動により武力の行使を含む必要な措置を取ることが認められた。またこうした UNPROFOR の任務遂行を支援するために、加盟国が独自に、あるいは地域機構、または地域的取り決めを通じて、安全地域内部およびその周辺部において、安保理の授権の下で、空軍力（air power）を行使しうると決定された。NATO を念頭に置いての決定である。なお、この決議では、UNPROFOR に安全地域の「保護（protect）」や「防衛（defend）」という任務は付与しておらず、UNPROFOR の任務に加わったのは、「いくつかの主要な地上ポイントを占拠すること（occupy）」であり、軍事力の行使は「自衛行動により」というフレーズとリンクして使用された。にもかかわらず、安保理メンバー国の中には、より拡大して解釈した国があったとされる。（長有紀枝 2009『スレブレニツァ　あるジェノサイドをめぐる考察』東信堂、111-113 頁）

8 安保理はスレブレニツァを安全地域に指定した、1993 年 4 月 16 日の安保理決議 819 に続き、同年 5 月 6 日、再び憲章第 7 章に言及しつつ決議 824 を採択し、スレブレニツァに加えて、サラエヴォ、トゥズラ、ジェパ、ゴラジュデ、ビハチの 5 つのムスリム人支配地区を安全地域に追加指定し、安全地域は計 6 カ所となった。

9 緒方貞子 2006『紛争と難民　緒方貞子の回想』集英社、110-111 頁

10 UNPROFOR 司令官 1992 年 3 月から 96 年まで 5 人がつとめ、明石代表と同時期の司令官は 3 代目のコット司令官から。在職期間は以下のとおり。Military Commanders of United Nations forces in the former Yugoslavia, headquartered in Zagreb (Force Commander); Satish Nambiar (India):March 1992-March 1993, Lars-Eric Wahlgren (Sweden):March-June 1993, Jean Cot (France):June1993-March1994, Bertrand de Lapresle (France) :March1994-February1995,BernardJanvier(France):March1995-January 1996. いずれも階級は Lieutenant General。国連事務総長報告書 Annex I 参照。

11 Chinmaya R. Gharekhan, *The Horseshoe Table: An Inside View of the UN Security Council*, Longman, 2006

『朝日新聞』1999 年 12 月 6 日付け　朝刊

論壇「スレブレニツァ悲劇と PKO」　明石 康

　ボスニア戦争の終わりに近い一九九五年七月、同国東部のスレブレニツァは国連指揮下の少数のオランダ兵に守られていたが、セルビア人勢力軍によって攻撃され陥落した。モスレム系男性数千人が捕虜となり、約千五百人は死体で発見された。行方不明者も数多い。第二次大戦後ヨーロッパにおける最悪の人道的悲劇として心理的な傷跡は生々しい。

　スレブレニツァが国連の安全地域に指定されていたことから国連の責任も語られていたが、アナン事務総長は国連総会の要請で、長文の調査報告を十一月に発表した。欧米メディアはアナン氏の自己反省をこめた率直な報告と意見を歓迎している。私は九三年十二月から二年間、旧ユーゴスラビア問題担当事務総長特別代表を務めた。調査報告の作成段階で意見を求められたが、アナン報

告がとりあげた問題は日本の国連平和維持活動（PKO）論議が避けて通れないものを含んでいる。

　旧ユーゴで発生した民族紛争について、国連は初め介入に乗り気でなかったが、ヨーロッパ諸国の強い求めに応じるしかなかった。関係三カ国に在来型の PKO 部隊が派遣されたが、戦局は激化し悲惨な情景がテレビで映された。世論が沸騰するにつれ、ボスニアの PKO は次第に国連憲章第六章の「紛争の平和的解決」に基づくものから、第七章の「平和に対する脅威、平和の破壊及び侵略行為に関する行動」下の平和執行型に移行していった。

　しかし安全保障理事会メンバーの間でも、PKO に派兵した国々の間でも移行の意味は深く考えられず、乱発される決議の文言だけがエスカレートし、世論の期待が膨れていった。兵力・装備や指揮命令は今まで通りにとどまり、首都サラエボ

やスレブレニツァなど六カ所が安全地域に指定されても、それを安全にするの
に必要だと事務総長が考えた三万四千人の増強は見送られ、七千六百人が承認
されただけだった。対立する党派の軍隊を一切入れない非武装地域をつくらな
ければならないという事務総長の意見も無視された。

　当事者合意も和平協定もない地域に派遣される PKO は、平和のない所での平
和維持を迫られる。国連は北大西洋条約機構（NATO）と密接に協力したが、軍
事機構としての NATO と国連 PKO は、「二つの異なる文化」に属している。国
連の場合、敵は想定されていない。NATO 内でも、地上軍を派遣したイギリス
やフランスの考え方と、それがなかったアメリカの空軍力中心の考え方には大
きな違いが最終段階まで存在していた。

　アナン氏は国連 PKO が（1）当事者間の合意（2）国連の中立堅持（3）武力
行使は自衛に限定する、という三大原則を、それと程遠いボスニア内戦の現実
に適用しようとした無理を指摘している。安保理、事務総長、事務当局も、現
地の特別代表や総司令官も、紛争当事者に平等に接するという鉄則を、それを
許すべきでなかったセルビア人勢力に当てはめたことや、人道援助を行ったり
停戦をとりつけたりするという当初の任務にこだわるあまり、軍事的に対決す
る決意が鈍ってしまい、スレブレニツァ危機への対応に手遅れと誤りが生じた
と自省をこめて語っている。

　平和維持の限界を超えた戦局の中で、PKO 原則に執着した国連 PKO 当事者は、
欧米のマスコミやアメリカ政府から厳しい批判を受けた。

　しかし安保理が明確な指針を示さなかった以上、国連に何ができただろうか。
アナン氏のいうように、PKO が有効に機能しない環境に PKO を送り込むこと
の是非がそもそも問われなければならない。私たちは「同意」原則にこだわり
過ぎたのかもしれないが、戦闘能力をもった多国籍軍が不在な中でできること
といえば、NATO による限定空爆を許可することくらいだ。それでさえも数百
人の国連要員が人質にとられる結末をもたらしたのだった。

　ボスニアの教訓は重い。国連 PKO は有用であるが、万能ではない。それがう
まく機能するための条件を見極める必要があり、予算・人員・訓練など欠かせ
ない。任務を正確に規定し、野心的すぎてはいけない。政治機関である安保理
と事務総長の建設的対話が不可欠であり、わが国も変貌する PKO への積極的参
加を怠ってはならない。
　　　　　　　　　　　　　　　　　（あかし・やすし　前国連事務次長＝投稿）

第9章
国連平和維持活動における行為の帰属
──スレブレニツァをめぐるオランダ国内裁判例の分析

岡田陽平

本章の概要

　スレブレニツァは、国連平和維持活動が経験した最大の苦難の一つとして、その歴史に刻まれている。旧ユーゴスラヴィアに展開していた国連保護軍（United Nations Protection Force：UNPROFOR）は、安保理によって安全地域に指定されていたスレブレニツァの街を保護するため、そこにオランダ部隊を配置した。しかし、1995年7月11日、スルプスカ（セルビア人）共和国軍（Vojska Republike Srpske：VRS）の攻撃によって街は陥落し、オランダ部隊はポトチャリの基地への撤退を余儀なくされた。そこには保護を求める住民が殺到し、基地は避難民で溢れかえっていた。オランダ部隊は、ポトチャリから避難するために手配されたバスへと住民らを誘導しようとしたが、その過程で、基地を取り囲むスルプスカ共和国軍によって兵役年齢の男性の隔離が行われた。隔離された男性は様々な場所へと連れ去られ、その後殺害された。国連平和維持軍は、一度その保護下に置いた住民を虐殺から守ることに失敗したのである。本章が論じるのは、この失敗に対する法的責任についてである。責任を負うべきは国連かそれともオランダか。そもそも、この失敗は違法行為を構成し、法的責任を発生させるものなのだろうか。2019年7月、オランダ最高裁判所はついにこれら法的問題をめぐる争いに終止符を打ち、オランダの責任を認めた。本章は、この最高裁の判断を分析するものである。

第1節　スレブレニツァと国連平和維持活動

　平和維持活動は、国連が国際の平和と安全の維持というその主要な目的
（国連憲章第1条1項）を追求する上で重要な役割を果たしてきた。しかしそ
の歴史は、輝かしい成功ばかりが並ぶわけではなく、苦い経験を抜きに語る
ことはできない。スレブレニツァが後者にあたるということについて、およ
そ異論はないだろう。このことは、国連平和維持軍が保護しようとした住民
（虐殺の被害者遺族）によって、国連と部隊提供国（オランダ）を被告とする訴
訟が提起され、その法的責任の追及が試みられたことからもわかる。本章は、
この裁判について分析するものである。したがってまず、スレブレニツァで
何が起きたか、この裁判に直接関連する限りにおいて、簡単に振り返ること
にしたい（詳しくは本書第1章を参照）。

　1992年から旧ユーゴスラヴィアに展開していた国連保護軍（United Nations
Protection Force:UNPROFOR）は、安保理決議819（1993年）によって安全地域
に指定されたスレブレニツァの街を保護するため、そこへオランダ部隊を

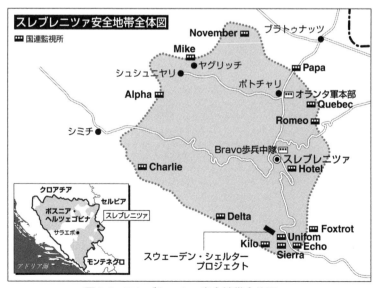

図9-1　スレブレニツァ安全地帯全体図　　出典：長2009:119

図 9-2　ポトチャリの国連本部跡
現在はメモリアルセンターとなっている。(著者撮影)

配置した。しかし 1995 年 7 月 11 日、ラトゥコ・ムラディチ (Ratko Mladić)
率いるスルプスカ (セルビア人) 共和国軍 (Vojska Republike Srpske:VRS) の攻撃に
よって街は陥落し、オランダ部隊はスレブレニツァから北に 10 キロほど離
れたポトチャリの基地へと撤退を余儀なくされた。

　この基地には、保護を求めるスレブレニツァの住民が殺到し、その敷地内
は建物の外に至るまで避難民で溢れかえっていた。この基地は、直ちにスル
プスカ共和国軍によって取り囲まれた。避難民をスルプスカ共和国軍の支配
が及ばない場所まで輸送することが検討され、そのためにバスが手配された。
オランダ部隊の隊員らは、基地の敷地からバスまでの間に並んで立ち、住民
を誘導するための通路をつくった。しかし、住民らがそれを通ってバスへと
たどり着く前に、スルプスカ共和国軍によって兵役年齢の男性の選別・隔離
が行われた。オランダ部隊の目の前で隔離された男性は様々な場所へと連れ
去られ、その後殺害された。

　スレブレニツァの大虐殺をめぐっては、様々な「責任」が語られてきた。
国際裁判所によってジェノサイドと認定された一連の行為に対してまず責

任を負うべきは、いうまでもなく、それを実行した者および指揮した者である。実際に国際社会は、安保理によって設置された旧ユーゴ国際刑事裁判所（International Criminal Tribunal for the former Yugoslavia: ICTY）を通じて、彼らの刑事責任を追及してきた。しかし本章が検討するのは、ジェノサイドそれ自体ではなく、住民の保護に失敗したことに対する民事責任である。この責任を追及するために、被害者遺族らは、いくつかの訴訟をオランダの国内裁判所に提起してきた。その中でもっとも複雑な経緯をたどったのが、*Mothers of Srebrenica* 事件である。原告となった「スレブレニツァの母」は、被害者遺族を支援するためにオランダ法に基づいて設立された団体である。虐殺からおよそ四半世紀を経て、オランダ最高裁判所は、2019 年 7 月 19 日、オランダの法的責任を認めた [1]。この事件はいくつかの法的難問を惹起するものであった。本章の目的は、行為の帰属（attribution of conduct）を中心に、それらを紐解くことである。

第 2 節　行為の帰属とは何か、なぜそれが問題になるのか

　行為帰属とは、自然人の特定の作為または不作為が、国際法の観点から、国または国際機構の行為と性格づけられるか否かを確定するための法的作業である（Condorelli & Kress 2010:221）。国も国連も自然人を通じてのみ行動することのできる抽象的な実体であるから、国や国連がその義務に従って行動していたか、それとも法に違反していたかを判断するには、行為帰属という作業が不可欠になる。つまり、殺害された男性らの保護に失敗したことが違法行為を構成するかどうか確定するためには、まず、オランダ部隊（の構成員）の行為が、法的に国連の行為とみなされるのか、それとも、部隊提供国であるオランダに帰属するのかを判断せねばならないということである。

　平和維持活動に従事する軍隊はしばしば「国連軍」と呼ばれる。しかし国連は、周知のとおり、固有の軍隊をもたないため、平和維持活動は常に加盟国から提供される部隊によって遂行される。このアウトソーシングが、行為帰属という法的作業を複雑にする。行為帰属の基本原則は、国連国際法

委員会（International Law Commission: ILC）が起草した 2001 年の国家責任条文第 4 条および 2011 年の国際機構責任条文第 6 条に表現されている。それらによれば、国の機関（organ）の行為は当該国の行為とみなされ、国際機構の機関の行為は当該機構に帰属する。行為者が機関としての地位を有するかどうかは、原則として、その国の国内法またはその機構の内部規則に基づいて判断される。しかしこの基本原則は、ここではあまり役に立たない。軍隊は、もっとも典型的な国家機関の一つである。そして加盟国の部隊は、国連の利用に供され平和維持活動に従事している間も国家機関としての性格を失わない。そのことを示すように、部隊提供国は、自国部隊に対して組織・懲戒に関する権限および刑事管轄権を維持する。しかし他方で、平和維持軍は常に国連安保理（または総会）の補助機関として設置され、事務総長によって任命された国連司令官の作戦指揮統制下に置かれる。その結果、加盟国から派遣された部隊は国連の指揮命令系統に組み込まれ、国は自国部隊に対して作戦事項（どの部隊をどこに配置し、どのような作戦に従事させるか）について命令を下すことができなくなる。ゆえに平和維持要員は「二重の地位」をもつといわれる（Condorelli 1995:899）。したがって、前述の基本原則を適用すれば、平和維持要員の行為は、法的には部隊提供国の行為でもあるし、国連の行為でもあるということになるように思われる（二重帰属）。しかし、後に詳しく分析するように、スエズ危機に際して設置された国連緊急軍（United Nations Emergency Force:UNEF）以来の半世紀にわたる実行において、そのような取扱いはなされてこなかった。

　他方で、平和維持要員の行為は、原則として、少なくとも部隊提供国か国連のいずれかには帰属すると考えて差し支えない[2]。そうだとすれば被害者遺族は、オランダ部隊の行為がオランダに帰属するのであれば、オランダの責任を追及することができ、国連の行為とみなされるのであれば、国連の責任を追及すればよいのであって、行為帰属の問題は実際にはそれほど意味をもたないようにみえるかもしれない。しかし、国連の法的責任を追及する場合に乗り越えなければならない手続的困難ゆえに、行為帰属作業の帰結が決定的に重要となる。

　まず、平和維持要員の違法行為によって損害を被ったと主張する者は、通常、国連の内部手続を通じて、その責任を追及することができる。国連は平和維持軍を展開させる場合、その受入国と地位協定を締結し、その中で請求委員会（claims commission）の設置に合意する。この請求委員会は、平和維持活動またはその構成員を当事者とする私法的性格を有する紛争または請求を扱うものであり、国連事務総長と受入国政府がそれぞれ 1 名ずつ指名する委員および両者が合同で指名する委員長の 3 名から構成される（1990 年モデル地位協定第 51 項）。しかし、この請求委員会が実際に設置されたことはこれまで 1 度もない。国連はこれに代わり、請求審査委員会（claims review board）と呼ばれる手続を通じて、現地住民との間の紛争を処理してきた。これは、国連職員によって構成される内部機関であり、司法的というよりは行政的な請求処理メカニズムである。こうした手続を通じて迅速に救済が行われること自体は望ましいが、中立性を欠く（紛争当事者たる国連自身が「裁判官」となる）請求処理委員会が唯一のまたは最終的な手段だとすれば、国際人権条約および各国憲法が保障する裁判を受ける権利の観点からは、問題があるといわざるをえない。実際、2002 年に被害者遺族らは、国連に対して直接に請求を提起したが、国連がこれを取り扱わなかったため、門前払いを食うこととなった[3]。国連が一度そのように決定すると、被害（を受けたと主張する）者がそれを争う手続は存在しない。そこで、いわば最後の手段として、国内裁判所への提訴が選択されたのである。

　しかし、国内裁判所において国連の責任を追及しようとする場合、裁判権免除という壁が立ちはだかる。国連憲章第 105 条が定めるとおり、国連は「その目的の達成に必要な特権及び免除を各加盟国の領域において享有する」（第 1 項）。その「適用に関する細目を決定するために」（第 3 項）締結された 1946 年国連特権免除条約によれば、「国際連合 […] は、免除を明示的に放棄した特定の場合を除き、あらゆる形式の訴訟手続の免除を享有する」（第 II 条 2 項）。こうした免除は、国連のような国際機構が一部の加盟国の干渉を受けることなく、自律的かつ実効的にその機能を果たすことができるよう確保するために必要なものだと考えられている（Blokker 2015:2）。そのためオラ

ンダ裁判所は、*Mothers of Srebrenica* 事件において、まず国連に対する訴えの
みを取り上げ、そもそもこれについて裁判することができるかどうかを検討
した。そして 2012 年、最高裁は、国連の裁判権免除を理由にこれを否定し
た[4]。かくして原告らは、オランダに対する訴えに最後の望みを託すことと
なった。もし裁判所がオランダ部隊の行為は国ではなく国連に帰属すると判
断すれば、それも潰えることになる。このようにして、行為帰属はきわめて
重要な法的論点となったのである。では、これはどのような基準に従って判
断されるのだろうか。

第3節　国連平和維持活動に適用される「実効的支配」基準

　前述のとおり、行為帰属の基本原則によれば、国の機関の作為または不作
為は当該国の行為とみなされる。そこでは、行為者が国との間に、その国内
法に基づいて、組織的な紐帯を有しているかどうかが問われる。しかし国際
司法裁判所（International Court of Justice: ICJ）の言葉を借りれば、行為帰属とは
つまるところ、行為者が国のために行動していたかどうかを問う作業であっ
て、組織的紐帯はそのための指標の一つでしかない。組織的紐帯が存在せず
とも、国家責任条文第 8 条が定めるように、国（の機関）が国家機関の地位
をもたない行為者（私人）に対して特定の指示を与えていた、または、一定
の指揮・支配を行使していたならば、その行為者は当該国のために行動し
ていたとみなされ、行為の国への帰属が認められる[5]。「国のために行動す
る」とは、法令に基づいてであれ事実上であれ、国という共同体の利益のた
めの任務を帯びて行動するということであり、「国の職務（function）を遂行
する」と言い換えることができる。つまり、行為者と国との間の職務関連性
（functional link）が行為帰属を基礎づけており、組織的紐帯や指揮・支配はそ
の指標として機能する。このことは、基本的には国際機構にもあてはまると
考えてよいだろう（Bordin 2019:99）。すでにみたとおり、平和維持要員は、部
隊提供国と国連の双方との間に組織的紐帯を維持しているだけでなく、両者
の権限と支配に服する。そのことが示すように、職務関連性は、行為者たる

平和維持要員と国連との間のみならず、要員と本国との間にも存在している
というべきである（Condorelli 1995:896）。しかしながら、職務関連性は行為帰
属の必要条件であって、その存在がもれなく行為帰属の肯定という帰結を伴
うわけではない。行為者と国との間に職務関連性が認められる場合であって
も、一定の政策的考慮に基づき、国への帰属は否定されうる（岡田 2020: 76）。
　この点、部隊提供国への帰属を否定する方向に作用する二つの政策的考慮
が指摘されてきた。第一に、平和維持活動の一体性（operational integrity）の保
全である。部隊提供国は、平和維持要員の行為に対して責任を負うことにな
れば、当然そのリスクを最小化するよう行動する。かくして国は、国連の
指揮命令系統を尊重するよりも、法的責任の発生を防止するために、自国
部隊に対して（本来行使しえない）作戦レベルでの権限を行使するよう動機づ
けられる。その結果、平和維持活動の一体性は著しく損なわれる。第二に、
部隊提供は加盟国の自発性に委ねられているから、行為を国へ帰属させる
と、加盟国はそもそも平和維持活動への参加を差し控えるかもしれない（De
Visscher 1971:56）。しかしこれら二つの政策的考慮は、場合によって、異なる
方向に作用する。部隊提供国が国連の指揮命令系統を無視し、実際に自国部
隊に対して作戦事項に係る命令を与えた場合であっても、その命令に従っ
て実行された行為がなお国連に帰属するとなれば、国は、平和維持活動に
参加している間、何らの法的責任も負うことなく、その部隊を通じて望むま
まに行動することができる。これによって、平和維持活動の一体性はむしろ
深刻なまでに損なわれるだろう。他方で、自発的な部隊提供の確保という観
点からは、そのような場合であっても、部隊提供国ではなく国連に行為を帰
属させる方が望ましいということになろう。これを踏まえて、関連する実行、
ILC における議論および学説の展開をみてみよう。
　1956 年に設置された UNEF 以来、平和維持要員の行為に関する請求は
もっぱら国連によって処理されてきた。初期の実行として、1960 年代に展
開した国連コンゴ活動（Opération des Nations Unies au Congo: ONUC）をめぐって
国連とベルギーとの間で締結された一括支払協定を挙げることができる。こ
れによって国連は、平和維持軍がコンゴ在住のベルギー国民に与えた損害に

ついて、一括して賠償することを約束した⁶。国連は、その他スイス、ギリシャ、ルクセンブルク、イタリアおよびザンビアとの間でも同様の協定を締結した。このベルギーとの協定について、ILC にて行為帰属をめぐる議論を主導したロベルト・アーゴ（Roberto Ago）は、次のように指摘した。

> コンゴ国連軍は国の部隊によって構成されていたが、国連によって直接に任命された司令官の下に置かれ、コンゴにおいてもっぱら国連の命令に基づいて行動した。部隊提供国もコンゴ政府も、平和維持軍構成員に対して「作戦レベルの」指示を与えることはできず、また、作戦指揮において事務総長と協力することもできなかった。［…］かくして、ベルギー政府が平和維持軍構成員の行為によってその国民に生じた損害の賠償を求めたのは、国連に対してであり、国連もまた責任を受け入れた。［…］ベルギーも国連も、部隊提供国に対して請求を提起する可能性について考慮さえしなかったようである（Ago 1971:273）。

この指摘が国家責任に関する作業のために準備された報告書の中でなされたものであることに鑑みれば、ここでのアーゴの強調は、平和維持要員の行為が国連に帰属するということよりも、部隊提供国には帰属しないという点に置かれていたように思われる。

　以上のようにアーゴは、国連のみが作戦指揮統制権をもつこと（権限の排他性）に着目したが、冷戦後はその権限の実効性にも強調が置かれるようになる。その契機となったのが、1990 年代前半の第 2 次国連ソマリア活動（United Nations Operation in Somalia II: UNOSOM II）であった。安保理が設置した調査委員会の報告書によると、ソマリアでは、国連司令官は複数の国の部隊に対して実効的な支配（effective control）を及ぼしておらず、それら部隊は、国連司令官の命令を遂行するにあたって常に本国当局からの命令を求めていた⁷。これを受けて、いわゆる実効的支配基準が提唱され、平和維持要員のすべての行為が国連と部隊提供国のいずれに帰属するかを問うのではなく、その個々の行為について、それが国連と部隊提供国のいずれの支配の下で実行されたかを検討せねばならないと考えられるようになった。すなわち、平

和維持要員が一般的には国連の作戦指揮統制権に服しているとしても、ある行為が部隊提供国の統制下で実行されたのであれば、その行為から生ずる請求は当該国に向けられるべきだということになる（Hirsch 1995:64-65）。

　しかし国連事務局は、この実効的支配基準に強く反対してきた。事務局によれば、平和維持活動のために加盟国によって国連の利用に供された部隊は、国連の補助機関へと「変容する」のであって、他の補助機関と同じように、その行為は（誰が実効的支配を行使していたかにかかわらず）国連の責任を生じさせる。したがって、平和維持活動における行為帰属は、次のように定める国際機構責任条文第6条によって規律されるという[8]。

> 　国際機構の機関［…］のその職務の遂行における行為は、その機関［…］が当該機構においてどのような地位を有するかを問わず、国際法上当該機構の行為とみなす。

自然人であれ法人であれ、通常は自己の法的責任を最小化するよう動機づけられるから、平和維持要員の行為はいかなる場合も国連に帰属するという立場をあえて事務局がとるというのは奇異に映るかもしれないが、加盟国による自発的な部隊提供の確保こそが事務局にとっての最優先課題であるとすれば、理解できないではない。

　しかしながら、こうした国連事務局の主張が受け入れられることはなかった。国連総会第6委員会における加盟国の議論をみると、たとえばイタリアは次のような見解を示している。「平和維持軍の違法行為に対する責任は原則として国連に帰せられるべきだが、問題の部隊が依然として提供国の統制の下にある場合はその限りではない」[9]。多くの加盟国が同様の意見を表明したことは、平和維持活動の一体性の保全により重きが置かれていたことを示している。ILCもまた、平和維持要員が「依然として、一定程度派遣国の機関として行動する」事実を強調し、第6条とは「異なる状況」を扱うため別個の条文を設けた[10]。それが第7条である。

> 　国の機関［…］で、［…］国際機構の利用に供されたものの行為は、当該［…］機構がその行為に対して実効的支配（effective control）を及ぼしている場合、国際法上当該［…］機構の行為とみなす。

これを素直に読めば、平和維持要員の行為は原則として部隊提供国に帰属するが、国連が特定の行為に対して実効的支配を行使している場合に限り、国連への帰属が認められる、ということになろう（Ryngaert & Spijkers 2019:541）。したがって、第7条がこれまでの実行や加盟国の立場を正確に反映したものであるかについては疑問が残る。もっとも、この規定ぶりによって生じうる誤解は、すでに学説によって相当程度取り除かれている。すなわち、平和維持活動における行為帰属を規律する実効的支配基準によれば、第7条が与える印象とは反対に、平和維持要員の行為は国連に帰属すると推定される。そして「国の部隊がその提供国の直接の指示に基づいて活動しており、そのために、実際には国連の実効的支配の外側に置かれていた場合、この推定は覆る」(Sari & Wessel 2013:133)。

　部隊構成員は平和維持活動の遂行中も本国との間の職務関連性を維持するが、平和維持活動の一体性の保全という政策的考慮に基づき、その行為は、原則として国の行為とはみなされず、国連に帰属すると推定される。しかしながら、平和維持要員が実際には部隊提供国の実効的支配の下で行動していた場合には、もはやその政策的考慮は妥当せず、国への帰属の排除はむしろ平和維持活動の一体性を損なうことになるから、推定は覆され、その作為または不作為は国の行為とみなされる。近年の裁判例は概ね、この推定と反証の2段階の法的作業から構成される実効的支配基準を適用して、国連平和維持要員の行為の帰属について判断しているといえる。オランダ最高裁の *Mothers of Srebrenica* 事件判決もその一つである。

第4節　近年の裁判例の分析

(1) *Mothers of Srebrenica*事件

　以上みてきたとおり、国連平和維持要員の行為の帰属は、平和維持活動の一体性の保全という国際社会全体の利益に関わる法的作業である。したがって、国内裁判所において、国内法（この事件ではオランダ民法）に基づいて行為の違法性が評価されるとしても、行為の帰属は国際法に基づいて確定される。

かくして最高裁は、まず次のように確認する。「オランダ部隊に対する指揮統制は国連へと移されたのであって、同部隊に対する実効的支配は原則として国連が保持していた」。したがって、オランダが実効的支配を行使していたのであれば、それは原告側が立証せねばならない（3.1.2 項）。続いて最高裁は、何が実効的支配を構成するかについての検討に進んだが、そこでは、国際機構責任条文第 7 条ではなく、国家責任条文第 8 条が適用されるとし、ICJ の二つの判決に依拠した。いわゆる「実効的支配」基準を定式化し、国家責任条文第 8 条（の指揮・支配基準）に着想を与えたニカラグア事件判決 [11]、そして、同条が慣習国際法を反映するものであることを確認し、これを適用したボスニア・ジェノサイド事件判決 [12] である。そして、国がオランダ部隊に一般的または包括的な指示を与えていた、あるいは、部隊による特定の行為の実行を防止する権限を有していたとしても、それらは実効的支配を構成せず、個別の事案におけるオランダによる実際の指揮が示されねばならないと指摘した（3.5.2-3.5.3 項）。その結果、1995 年 7 月 11 日 23 時より前に国がオランダ部隊に対して実効的支配を行使していた証拠はないとして、その時点までに実行された行為について、オランダへの帰属を否定した（3.5.5 項）。

　これに対して、同時刻以降に実行されたオランダ部隊の行為については、2017 年のハーグ控訴裁判所判決にて国への帰属が認められていた [13]。というのも、その時刻をもって、オランダ政府が、UNPROFOR 司令部に派遣した軍高官を通じて作戦レベルでの意思決定に参加し、実効的支配の行使を開始したとみなされたためである（23.8-24.2 項）。そして最高裁もまた、1995 年 7 月 11 日 23 時以降に実行された行為のみオランダに帰属するという前提の下、その限りで違法性について判断した。つまり、同時刻以降に実行された行為については、推定が覆り、（国連に帰属しなくなるかどうかはさておき）オランダへの帰属はもはや排除されないと考えられたのである。

　オランダ部隊の行為の違法性をめぐっては、次の 2 点が問題となった。まず、バスへの誘導に際して、隊員が基地とバスの間に並んで通路をつくり、住民らの移動のルートを限定したことによって、スルプスカ共和国軍による選別・隔離を容易にしたという主張について検討がなされた。この点、最高

裁によれば、オランダ部隊が、女性や子ども、高齢者を巻き込む事故へとつながりかねない混乱の発生を防止するためにこのような措置をとったことは合理的であり、違法ではない（4.5.1-4.5.5 項）。しかし他方で、オランダ部隊が被害者らに対して基地建物内にとどまるという選択肢を与えなかったことは違法だったという（4.6.1-4.6.9 項）。したがって、最終的にオランダの国家責任が肯定されたが、最高裁は、国の賠償責任を生じた損害の 10% に限定した。この点については本章の最後に検討するとして、その前に実効的支配基準を適用した近年の裁判例をもう一つみておきたい。

（2） *Mukeshimana-Ngulinzira*事件

　この事件は、スレブレニツァの虐殺の前年、1994 年にルワンダで起きたジェノサイドに関するものであり、*Mothers of Srebrenica* 事件と多くの類似点をもつ。虐殺の被害者遺族が原告となり、国連平和維持軍の部隊提供国を相手取って、その国内裁判所に提起した訴訟であり、平和維持軍が住民を保護できなかった（しなかった）ことに対する国家責任が追及された。この事件で問題となったのは、ルワンダの首都キガリの公立技術学校に駐屯していた国連ルワンダ支援団（United Nations Assistance Mission for Rwanda: UNAMIR）のベルギー部隊の行為であった。この学校にはおよそ 2,000 人のツチ族および穏健派フツ族住民が平和維持軍の保護を求めて避難していた。しかし 1994 年4 月 11 日、ベルギー部隊は避難民を置き去りにしてこの学校から撤退した。残された住民は、その直後、フツ過激派民兵組織インテラハムウェによって殺害された。虐殺の被害者が一度は平和維持軍の保護下に入っていたという点においても、本件は *Mothers of Srebrenica* 事件と共通している。しかし 2018年の判決において、ベルギー・ブリュッセル控訴裁判所はベルギーの国家責任を認めなかった。なぜなら、裁判所によれば、問題の行為はベルギーではなく国連に帰属するからである[14]。

　公立技術学校からの撤退を決定したのは、国連司令部に派遣されていたベルギー人大佐であった。問題のベルギー部隊は、この大佐の指揮下に置かれていた。もっともこのベルギー人大佐は、国連の指揮命令系統に組み込まれ

ていたのであって、本国の将校としてではなく、UNAMIR の将校として行動せねばならなかった。しかし原告は、この大佐がベルギー政府から直接に命令を受け取っており、ベルギー軍の将校として行動していたと考えた。ベルギーは、当時ルワンダにおいて、自国民を含む外国人を避難させるために独自の作戦、「シルバーバック作戦」を展開していた。この作戦は、国連司令部ではなく、ベルギー軍の指揮下で遂行されたものであった。当該大佐は、もはや国連の指揮命令系統から外れ、このシルバーバック作戦の枠組みにおいて、ベルギー政府の統制下で行動していたというのが原告の主張である。

　裁判所によれば、国連とベルギー政府の間で戦略レベルでの（たとえば国連事務総長とベルギー外務大臣との間で）協議は行われていたものの（47 項）、UNAMIR は全体として国連司令官の作戦指揮統制権の下にあったという（61 項）。ベルギーが、シルバーバック作戦を遂行するために、問題のベルギー部隊に対して排他的な支配を及ぼしていた、あるいは、国連とともに支配を行使していたという証拠はない。実際、当該部隊がベルギー当局の直接のかつ詳細な命令に従っていた、あるいは、国連とベルギーがともに当該部隊に対して権限を行使していたということは示されなかった。UNAMIR とシルバーバック作戦の間に協力関係が存在したのは確かだが、国連司令官とベルギー政府はそれぞれ自らの軍隊に対する支配を維持していた（65 項）。ベルギー人大佐が当該部隊に対して公立技術学校から撤退するように命じたのは、UNAMIR の将校としての資格においてであった（66-68 項）。かくして、ベルギー部隊の撤退に対する責任は、ベルギーではなく、国連に帰せられると結論づけられた（70 項）。

（3）検討

　いずれの裁判例においても、平和維持要員の行為は原則として国連に（のみ）帰属するものと推定され、それを覆す事情、すなわち、部隊提供国による実効的支配の行使の有無が問われた。オランダ最高裁は、国が作戦レベルでの意思決定に参加したという事実をもって、（国連に帰属しなくなるかどうかはさておき）オランダへの帰属を肯定した。この点について、かつて下級審で異

なる立場がとられたこともあった。*Mothers of Srebrenica* 事件と同一の事実背景をもつ *Nuhanović* 事件[15] において、ハーグ地方裁判所は、部隊がオランダ当局と国連司令部から同様の指示を並行して受け取っていたとしても、推定を覆すには不十分であると述べた[16]。しかし最高裁は、同事件の 2013 年判決においてすでに、次のように指摘し、地裁が採用した厳格な反証基準を否定していた。すなわち、行為がオランダに帰属するというために、国がオランダ部隊に指示を与えることにより国連の指揮命令系統を断絶させていた、あるいは、独立して作戦指揮権を行使していたということまで示す必要はない、と[17]。かくして 2019 年判決は、この立場を再確認したものといえる。ただし、最高裁によると、実効的支配は特定の行為との関係で、かつ、作戦レベルにおいて行使されている必要がある。この理解は、ブリュッセル控訴裁判所においても共有されていたといえよう。

　この点に関連して、*Mukeshimana-Ngulinzira* 事件において、ブリュッセル第一審裁判所が国への帰属を肯定していたことは指摘しておかねばなるまい。しかし、裁判所がそのような結論に至ったのは、ベルギー部隊の特定の行為について、ベルギー当局が作戦レベルでの支配を及ぼしていたと認定したからではない。第一審裁判所は、UNAMIR の活動をめぐる当時のより一般的な状況を重視した。第一に、ベルギー当局と UNAMIR の間には深刻な不和が存在していた。第二に、ベルギーから提供された部隊のほとんどが、実際にはUNAMIR の権限の外に置かれていた。第三に、撤退の決定を行ったベルギー人大佐とベルギー軍との間では常に協議が行われていた（ただし、撤退の決定にベルギー当局が関与したと認定されたわけではない）。第四に、より具体的な点として、公立技術学校からの撤退を決定する際、この大佐は国連司令官に意見を求めなかった（ただし、問題のベルギー部隊はそもそもこの大佐の指揮下に置かれていたから、この決定に際して国連司令官の命令を求める必要はなかった）。これらの事情が総合的に考慮され、撤退の決定はベルギーの支配の下で行われたと結論づけられた[18]。

　結局のところ、実効的支配とは何だろうか。国連平和維持要員の行為の帰属において、部隊提供国による実効的支配の行使の有無を問うのは、平和維持活動の一体性を保全するためである。言い換えるならば、ここで問われて

いるのは、国がどの程度の支配を行使していれば、行為を当該国に帰属させ
ても平和維持活動の一体性が損なわれないか、である。しかし、だからと
いって、あらゆる事案に適用可能な「実効的支配」基準が一義的に定まるわ
けではない。平和維持活動の文脈に限らず、行為帰属の具体的な基準は、最
終的には、関連する先例の積み重ねから、帰納的な推論を通じて確定され
るほかない（西村 2010:194-5）。この観点から、オランダ最高裁が国家責任条
文第 8 条を適用したこと、それによって、ニカラグア事件およびボスニア・
ジェノサイド事件の ICJ 判決に依拠したことには問題があるといわざるをえ
ない。

　私人の行為は、原則として国に帰属しない（de Frouville 2010:261-264）。国家
責任条文第 8 条は、その例外について次のように定めるものであり、そも
そも平和維持活動に適用されることを想定した条文ではない（国連の利用に供
されたとしても、部隊はあくまで国家機関としての性格を失わないのであって、ましてや私人になる
わけではない）。

　　　　人又は人の集団の行為は、その者又は集団がその行為の実行にお
　　　いて実際に国の指示に基づき又は国の指揮若しくは支配の下で行動
　　　していた場合には、国際法上当該国の行為とみなす。
従来から、私人といえども、国家機関の個別具体的な指示に基づいて特定の
行為を実行した場合には、国のために行動していたとみなされ、その行為は
当該国に帰属すると考えられてきた（浅田 2012:197）。しかし ICJ は、ニカラ
グア事件判決において、その過程で国際法違反を構成する（と主張される）行
為が実行された「活動（operations）」に着目し、国がその活動に対して実効
的支配を及ぼしていた場合にも、その行為の国への帰属が認められると述べ
た[19]。これに着想を得た ILC は、個別具体的な指示が立証されずとも、「国
が特定の活動を指揮・支配しており、かつ、問題の行為がその活動の不可欠
の一部であった場合には」帰属が認められるという立場に基づき、第 8 条
を起草した[20]。

　したがって、国連平和維持要員のみならず、私人の行為の帰属においても、
活動・作戦に対する国の「実効的支配」がメルクマールになるということに

鑑みれば、必ずしも適切な法典化とはいえない国際機構責任条文第 7 条ではなく、国家責任条文第 8 条を適用したことは理解できないではない。しかしながら、より具体的に何が「実効的支配」を構成するか確定するためには、まさにオランダ最高裁がそうしたように、関連する先例に依拠せねばならない。そして、何が「関連する」先例であるかは、なぜそこで国による実効的支配の行使の有無が問われねばならなかったかを明らかにすることなしには特定できないはずであり、「実効的支配」という表現が用いられていれば何でも先例となるわけではない。私人の行為の帰属を規律する国際法規則がいかなる政策的考慮、価値のバランスの上に成り立っているかは必ずしも明らかでなく、なお検討の余地がある (兼原 2011:161)。しかし、ニカラグア事件やボスニア・ジェノサイド事件において、平和維持活動の一体性の保全という政策的考慮が何ら問題になっていなかったことは確かである。つまり *Mothers of Srebrenica* 事件にとって、両事件は「関連する」先例ではなく、そこから平和維持要員の行為の帰属に係る具体的な基準を引き出すことはできないはずである。同様に、*Mothers of Srebrenica* 事件や *Mukeshimana-Ngulinzira* 事件は、私人の行為の帰属に適用される実効的支配基準との関係では、先例としての役割を果しえないということに留意せねばならない。したがって最高裁の理由づけは、たとえ結論には影響を与えなかったとしても、看過しえない誤りを含んでいたと評価すべきである。

第 5 節　おわりに

　スレブレニツァの虐殺をめぐり、オランダ最高裁は国の責任を認めた。しかし、この結論について違和感を覚える向きもあるかもしれない。オランダは、遠く離れた異国の街に部隊を派遣し、失敗に終わったとはいえ、その住民を保護しようとしたのであって、そのような国を果たして非難すべきなのか、と。前述のとおり最高裁は、被害者らに対して基地建物内にとどまるという選択肢を与えなかったことが違法だと結論づけた。その際に適用されたのはオランダ民法であるが、この違法性の判断は、実質的には欧州人権条

約第 2 および 3 条に基づいて行われた。これらは、それぞれ生命に対する権利および非人道的な取扱いを受けない権利を定めるものだが、同条約第 1 条が定めるように、締約国はそれら権利を保障するよう義務づけられている。これらの規定に基づき、締約国たるオランダは、恣意的な生命の剥奪や非人道的な取扱いを自ら行ってはならないだけでなく、一定の場合には、第三者や自然現象（場合によっては被害者自身）によって生命・身体が脅かされている（脅かされる可能性がある）個人またはその集団を保護しなければならない。最高裁は、欧州人権裁判所の判例に基づいてこの積極的義務の内容を具体化し、オランダ部隊が避難民の生命に迫る現実の危険の存在を知っていた、または、知りうべきだったにもかかわらず、その危険を回避するためにとることが合理的に期待される措置を講じなかった場合には、国の義務違反が認められるという（4.2.3-4.2.5 項）。確かに、最高裁が認定したように、オランダ部隊は、被害者らの生命に危険が差し迫っていたことを認識していた、あるいは、少なくとも認識できたかもしれない。また、基地建物内にとどまる選択肢を彼らに与えるだけならば、そうすることは可能だったといえよう。

　しかし、そもそも欧州人権条約上の義務が適用されるのは、第 1 条の定める管轄要件が充足される場合においてのみであるということを忘れてはならない。

　　　締約国は、その管轄内にあるすべての者に対し、この条約の第 1
　　　節に定める権利及び自由を保障する。

第 1 条にいう「管轄」は第一義的には属地的なものであり、したがって、締約国がその領域外の者に対して条約上の権利を保障するよう義務づけられるのは例外的な場合に限られる。欧州人権裁判所はこれまで、国がその機関を通じて個人に支配と権限（control and authority）を行使していた（たとえば身柄を拘束していた）場合、および、領域外の一定の地域・場所に実効的支配（effective control）を及ぼしていた場合には、条約の域外適用を認めてきた[21]。オランダ部隊が、被害者らに対して支配と権限を行使していたかどうか、または、基地の建物（および敷地）を実効的に支配していたかどうかは、必ずしも明らかではない。しかし最高裁は、欧州人権条約第 2 および 3 条の積極的義務

に違反すれば、いずれにせよオランダ法上の注意義務に反して行動したことになるという前提に基づき、管轄要件についての判断を回避した（4.2.2 項）。しかし、最高裁が依拠した欧州人権裁判所の判例[22]は、当然のことながら、この管轄要件が充足されていることを前提として国の積極的義務の内容を具体化したものである。したがって、これらを切り離し、一方で形式的には欧州人権条約そのものを適用しているわけではないとして管轄要件の充足を確認せず、他方で実質的には同条約上の積極的義務を基準として違法性につき判断することが適切か否かについては、議論の余地がある。

　しかし、最高裁もまた、被害者らの生命が失われたという結果のすべてがオランダの責任に帰せられるとは考えなかった。オランダ部隊が義務を遵守して行動していたとしても、すなわち、被害者らに対して基地建物内にとどまる選択肢を与えていたとしても、彼らがスルプスカ共和国軍から逃れられた確率は 10% だったとして、国の賠償責任を生じた損害の 10% に限定した。この種の判断を法的に評価することは必ずしも容易ではないが、裁判所の言い回しから、なぜ 10% という数字が導き出されたかを推測することはできる。最高裁によると、被害者らが基地建物内にとどまることで生存できた確率は「確かにわずかだったが、しかし無視できるものではなかった」（para. 4.7.9）。つまり 10% とは、ゼロではないが、ゼロに最も近い数字だと理解することができよう。この判決を不服とする被害者遺族らは、2020 年 1 月、オランダを相手取って欧州人権裁判所に申立てを行ったと報じられている[23]。25 年を経てなお、スレブレニツァの虐殺をめぐる責任の問題は、完全には解決していないのである。

　他方でこのオランダ最高裁判決は、この悲劇が、多様なアクターの行動や判断の積み重ねの結果として生じたものであるということを思い出させてくれる。10% という数字は、見方を変えれば、今回の裁判ではその積み重ねのほんの一部にしか審査が及ばなかったということを示しているように思われる。国連平和維持活動をよりアカウンタブルなかたちで実施する必要性が叫ばれる中（Chinkin 2018; Boon & Mégret 2019）、関連するアクターの違法行為責任を追及することは、それがすべてではないとしても、重要な意味をもつ。

部隊提供国の責任をその国の裁判所で追及するのであれば、裁判権免除は障害にならない。そして、平和維持要員の行為に対する責任を部隊提供国に帰すべきと考えられるケースは確かに存在する。他方で、国連は加盟国の裁判権からの免除を有している。しかしこのことは、国連が法的責任を負わないということを何ら意味しない。ただ、これを追及する実効的な手続が存在しないだけである。アカウンタブルな平和維持活動の実現という観点からみれば、一つの部隊提供国を取り出して、その法的責任を追及することの意義は、場合によって、きわめて限定的にならざるをえない。これもまた、スレブレニツァが残した教訓の一つであるように思われる。

注

1 *Stichting Mothers of Srebrenica v. the State of the Netherlands*, Supreme Court of the Netherlands, 19 July 2019, Case No. 17/04567

2 Report of the International Law Commission on the Work of its 63rd Session (26 April—3 June and 4 July—12 August 2011), *Yearbook of the International Law Commission 2011*, Vol II (Part 2), p. 57, para. 5

3 Letter from Pedro Medrano (Assistant Secretary-General, Senior Coordinator for Cholera Response, United Nations) to Leilani Farha (Special Rapporteur on adequate housing as a component of the right to an adequate standard of living, and on the right to nondiscrimination in this context, Office of the High Commissioner for Human Rights) and others, 25 November 2014, p. 28, para. 92

4 *Stichting Mothers of Srebrenica v. the State of the Netherlands and the United Nations*, Supreme Court of the Netherlands, 13 April 2012, Case No. 10/04437

5 *Application of the Convention on the Prevention and Punishment of the Crime of Genocide (Bosnia and Herzegovina v. Serbia and Montenegro)*, Merits, Judgment of 26 February 2007, *I.C.J. Reports 2007*, p. 210, para. 406

6 Échange de lettres constituant un accord relatif au règlement de réclamations présentées contre l'Organisation des Nations Unies au Congo par des ressortissants belges, *United Nations Treaty Series*, Vol. 535 (1966), p. 197

7 Report of the Commission of Inquiry established pursuant to Security Council resolution 885 (1993) to investigate armed attacks on UNOSOM II personnel which led to casualties among them, UN Doc. S/1994/653 (1994), p. 45, para. 243

8 Responsibility of International Organizations: Comments and Observations Received from International Organizations, UN Doc. A/CN.4/637/Add.1 (2011), pp. 12-13, para. 5

9 UN General Assembly Sixth Committee (58th Session), Summary Record of the 14th

Meeting, UN Doc. A/C.6/58/SR.14 (2003), para. 46

10 Report of the ILC (2011), *supra* note 2, p. 56, para. 1

11 *Military and Paramilitary Activities in and against Nicaragua (Nicaragua v. United States of America)* , Merits, Judgment of 27 June 1986, I.C.J. Reports 1986, p. 14

12 *Genocide, supra* note 5, pp. 208-10, paras. 400, 401, 406

13 *Stichting Mothers of Srebrenica et al. v. the State of the Netherlands*, The Hague Court of Appeal, 27 June 2017, Case Nos. 200.158.313/01 and 200.160.317/01, para. 32.2

14 *Mukeshimana-Ngulinzira et al. v. Belgium State*, Court of Appeal of Brussels, 8 June 2018, Case Nos. 2011/AR/292 and 2011/AR/294

15　この事件の原告は、通訳官として国連に雇用されていたためオランダ部隊の保護下にとどまることをその後認められたが、彼の両親と弟はその限りではなかった。この3名は基地を離れ、その後スルプスカ共和国軍に殺害された。

16 *HN v. the State of the Netherlands*, District Court in The Hague, 10 September 2008, Case No. 265615/HA ZA 06-1671, para. 4.14.1

17 *Nuhanović v. the State of the Netherlands*, Supreme Court of the Netherlands, 6 September 2013, Case No. 12/03324, para. 3.11.3

18 Mukeshimana-Ngulinzira et al. v. Belgian State, Court of First Instance of Brussels, 8 December 2010, Case Nos. 04/4807/A and 07/15547/A, para. 38

19 Nicaragua, supra note 11, pp. 64-65, para. 115

20 Report of the International Law Commission on the Work of its 53rd Session (23 April—1 June and 2 July—10 August 2001), *Yearbook of the International Law Commission 2001*, Vol. II (Part 2), p. 47, para. 3

21 *Al-Skeini v. the United Kingdom*, Grand Chamber of ECtHR, Judgment, 7 July 2011, Application No. 55721/07, paras. 133-140

22 *Osman v. the United Kingdom*, Grand Chamber of ECtHR, Judgment, 28 October 1998, *Reports of Judgments and Decisions*, 1998-VIII, para. 116

23 See '"Mothers of Srebrenica" File Euro Court Complaint Against Netherlands', at <https://balkaninsight.com/2020/01/21/mothers-of-srebrenica-file-european-court-complaint-against-netherlands/> (accessed on 21 March 2020). 被害者遺族らは、2012年に最高裁によって国連に対する訴えがその裁判権免除を理由に却けられた際も、オランダが裁判を受ける権利を定める欧州人権条約第6条に違反したとして、欧州人権裁判所に申立てを行った。これについて裁判所は、受理可能性を否定した。*Stichting Mothers of Srebrenica et al. v. the Netherlands*, Third Section of ECtHR, Decision, 11 June 2013, Application No. 65542/12. この決定については、岡田 2017:23-29 を参照。

参考文献

浅田正彦（2012）「非国家主体の行為の国家への帰属——包括的帰属関係と個別的帰属関係をめぐって——」『国際法外交雑誌』第 111 巻 2 号 189-216 頁

岡田陽平（2017）「国際機構の裁判権免除と裁判を受ける権利——欧州人権裁判所判

例法理の分析――」『国際協力論集』第 24 巻 2 号 15-37 頁

岡田陽平（2020）「行為帰属法の規範構造――国家責任条文第 5 条の解釈を中心に――」
『国際法外交雑誌』第 119 巻 1 号 57-91 頁

長有紀枝（2009）『スレブレニツァ――あるジェノサイドをめぐる考察――』（東信堂）

兼原敦子（2011）「国家責任条文第一部にみる法典化の方法論の批判的考察」村瀬信也・
鶴岡公二編『変革期の国際法委員会』（信山社）139-166 頁

西村弓（2010）「投資紛争における行為の国家への帰属」小寺彰編『国際投資協定
――仲裁による法的保護――』（三省堂）175-195 頁

Ago, Roberto 1971 'Third Report on State Responsibility', *Yearbook of the International Law Commission 1971*, Vol. II (Part One), pp. 199-274

Blokker, Niels 2015 'International Organizations: The Untouchables?', in Niels Blokker & Nico Schrijver (eds.), *Immunity of International Organizations* (Brill), pp. 1-17

Boon, Kristen E. & Mégret, Frédéric 2019 'New Approaches to the Accountability of International Organizations', *International Organizations Law Review*, Vol. 16, No. 1, pp. 1-10

Bordin, Fernando Lusa 2019 *The Analogy between States and International Organizations* (Cambridge University Press)

Chinkin, Christine M. 2018'United Nations Accountability for Violations of International Human Rights Law', *Recueil des cours*, Vol. 395, pp. 199-319

Condorelli, Luigi 1995 'Le statut des forces de l'ONU et le droit international humanitaire', *Rivista di diritto internazionale*, Vol. 78, No. 4, pp. 881-906

Condorelli, Luigi & Kress, Claus 2010 'The Rules of Attribution: General Considerations', in James Crawford et al. (eds.), *The Law of International Responsibility* (Oxford University Press), pp. 221-236

de Frouville, Olivier 2010 'Attribution of Conduct to the State: Private Individuals', in James Crawford et al. (eds.), *The Law of International Responsibility* (Oxford University Press), pp. 257-280

De Visscher, Paul 1971 'Les conditions d'application des lois de la guerre aux opérations militaires des Nations Unies', *Annuaire de l'Institut de Droit International*, tome 54, 1971-I, pp. 1-228

Hirsch, Moshe 1995 *The Responsibility of International Organizations toward Third Parties: Some Basic Principles* (Martinus Nijhoff)

Ryngaert, Cedric & Spijkers, Otto 2019 'The End of the Road: State Liability for Acts of UN Peacekeeping Contingents After the Dutch Supreme Court's Judgment in Mothers of Srebrenica (2019)', *Netherlands International Law Review*, Vol. 66, No. 3, pp. 537-553

Sari, Aurel & Wessel, Ramses A. 2013 'International Responsibility for EU Military Operations: Finding the EU's Place in the Global Accountability Regime', in Bart Van Vooren et al. (eds.), *The EU's Role in Global Governance: The Legal Dimension* (Oxford University Press), pp. 126-141

第10章
スレブレニツァと「文民保護」の現在
——憲章7章の柔軟運用と地域機構の役割

篠田英朗

本章の概要

　本章は、スレブレニツァの悲劇が持った影響を、国際平和活動の歴史的発展の観点から検討するものである。スレブレニツァは、国連平和維持活動（PKO）の劇的な失敗例として広く知られている。ヨーロッパで起こったことによる注目度高さもあり、スレブレニツァを一つの大きな教訓とする態度は、21世紀の国際平和活動の変化と進展に影響を与えた。本章は、価値規範の体系の変質、憲章7章の運用の変質、地域機構の役割の変質の三つの政策領域に焦点をあてながら、スレブレニツァの教訓がどのように国際平和活動の変化に影響を与えたのかを検討する。そして、文民の保護（PoC）の規範的卓越性、それを裏付ける強制措置の応用的適用方法、そしてパートナーシップ平和活動の現象が、スレブレニツァの悲劇の反省を媒介にして作られた大きな潮流の中で生まれてきたものであると論じる。

第1節　国際平和活動の歴史におけるスレブレニツァの意味

　「スレブレニツァ」は、国際平和活動の歴史において、1990 年代前半の代表的な失敗事例の一つとして記憶されている。しばしば 1993 年の平和執行活動の失敗例としての「ソマリア」や、1994 年のジェノサイドの前に無力だった失敗例としての「ルワンダ」とともに、1995 年のスレブレニツァの失敗によって、国連平和維持活動（PKO）はしばらく停滞と縮小の時代に入ったと説明される。

　ブトロス・ブトロス＝ガリ（Boutros Boutros-Ghali）がアメリカの拒否権によって国連事務総長 2 期目に入ることができず、代わって史上初めて内部昇進で平和維持活動局長のポストから事務総長に就任したコフィ・アナン（Kofi Annan）は、まず 1990 年代の PKO の失敗を反省・分析する仕事から取り組んだ。そこで彼が行ったのは、スレブレニツァとルワンダをめぐる国連 PKO の失敗に関する報告書の作成であった [1]。これらの報告書は、アフリカ諸国の統治体制の不備にも踏み込んでアフリカにおける紛争原因を分析してみせて欧米諸国から絶賛を浴びた報告書とあわせて [2]、アナンの名声を確立し、1999 年代以降の国連 PKO の拡大期の基盤となった。特に 2000 年に公刊されて、その後の国連 PKO の変革に巨大な影響を与えた『ブラヒミ報告書』は、アナンが手掛けた一連の反省・分析の報告書をへて初めて可能になったものだったと言うことができるだろう [3]。『ブラヒミ報告書』とは、ルワンダやスレブレニツァにおける失敗を国連 PKO が繰り返さないためにはどうしたらいいか、という問題意識にそって作成されたものであった。つまり 2000 年代以降の新しい国際平和活動とは、ルワンダやスレブレニツァを繰り返さないように作り替えられた形態の国際平和活動のことなのであった。スレブレニツァが持つ意味は、1995 年にはまだ想像されていなかった形で、21 世紀の国際平和活動の変質の中で高まった、と言うことができるわけである。

　ここで注意したいのは、ボスニア紛争それ自体に対して国連 PKO、つまり国際連合保護軍（United Nations Protection Force: UNPROFOR）が無力であった

という記憶が、スレブレニツァという具体的な事件によって象徴的に記憶されていることである。ボスニア紛争の中には様々な悲劇があったが、スレブレニツァがその中でも最も悲惨な事件であった、という含意があるだけではない。スレブレニツァこそが、ボスニア紛争における国連 PKO の失敗そのものだった、という認識が、スレブレニツァを国際平和活動の歴史に記憶される特別な事件にしている。たとえば UNPROFOR がサラエヴォ包囲をめぐって伝統的な国連 PKO の役割から大きく逸脱し、人道援助活動を行う UNHCR を防御することを事実上の主任務として活動したことは、大きな論争を呼んだ事件であった。しかしサラエヴォ包囲は、少なくとも国連 PKO の代表的な失敗例として記憶されているわけではない。数年にわたって活動した UNPROFOR が全体として芳しい評価を得た国連 PKO ではなかったということと、1995 年のスレブレニツァにおいて国連 PKO が決定的な失敗を犯したということとは、基本的に次元の異なる認識である。UNPROFOR がボスニア紛争全体を通じて失敗したというよりも、国連 PKO が 1995 年のスレブレニツァで失敗をしたのである。

　この状況認識は、まず議論の入り口で強調しておかなければならない重要な点である。他の沢山の事柄で失敗し、沢山の教訓を得て、21 世紀以降の新しい国際平和活動の歴史が作られていったのではない。ソマリア、ルワンダ、スレブレニツァという具体的な事例において具体的に失敗した国連 PKO が、反省の対象とされ、改善の対象とされた。何をどう作り替えるのかは、何がどのように間違っているのかに関する認識が見定まって初めて、具体的に設定されたのである。

　国連 PKO は、たとえばナミビアやカンボジアでは失敗しなかった。仮に実は失敗していたのではないかと主張する者がいたとしても、そのような主張は必ずしも国連あるいは国際社会全体が総意として公式に確立した認識とは一致しない。しかし、ソマリア、ルワンダ、スレブレニツァでは国連 PKO は失敗した。仮に実は失敗していなかったのではないかと主張する者がいたとしても、そのような主張は必ずしも国連あるいは国際社会全体が総意として公式に確立した認識とは一致しない。国連 PKO は、ソマリア、ル

ワンダ、スレブレニツァにおいて、いくつかの特定の理由のために、失敗した。この歴史認識が、総意として公式に確立された理解である。したがってそれらの特定の事例における特定の失敗理由を改善することを通じて、新しい国際平和活動を進展させる。これが 21 世紀の国際平和活動の新しい歴史の基盤となる共通理解である。

　コフィ・アナンという特異な国連事務総長の時代に、このような歴史認識が確固たるものとして定められ、この歴史認識にもとづく現実の改変も大々的に行われた。そのために、スレブレニツァは国際平和活動における重要事例として記憶に刻まれることになったのである。

　したがってスレブレニツァの国際平和活動の歴史における意味を理解するためには、それがいかなる意味で失敗例として記憶されることになったのか、をまず理解することが必要である。もし失敗例としてのスレブレニツァを理解するならば、なぜ 21 世紀以降の国際平和活動が、実際にそのように展開したように、変質していったのかを理解することも容易になるだろう。

第2節　スレブレニツァの失敗の意味

　国連 PKO は、スレブレニツァに先立って、ソマリアやルワンダにおいて、致命的な失敗を犯した。それらの失敗は、必ずしもスレブレニツァにおける失敗と同じではない。

　ソマリアにおいて国連は史上初めて「平和執行（peace enforcement）」活動に足を踏み入れた。そして無残にも失敗した。そもそも国連 PKO を通じて平和執行を行うという考え方自体が、間違いだったのである。したがってソマリアの教訓は明白である。国連は、二度と平和執行を行わない、である。ブトロス＝ガリが 1992 年に発表して有名になった『平和への課題（An Agenda for Peace）』では、1991 年湾岸戦争の際に見られた平和執行活動を、国連が行う可能性について示唆がなされていた。ソマリアの事例は、このブトロス＝ガリの考え方それ自体が間違っており、国連が平和執行をするという考え方自体が葬り去られなければならないことを意味していた。少なくともソマリ

アの事例は、そのような教訓を残したものとして、公式に記憶されることになった。

　ルワンダの場合は、もう少し事情が複雑であり、そのためにアナンが主導した本格的な分析研究もなされた。ルワンダに展開した UNAMIR は、1992年アルーシャ和平合意の締結に基づいて成立した伝統的な停戦監視を主任務とした国連 PKO であった。したがって教科書的な理解で言えば、UNAMIR は必ずしも失敗はしていない。単に和平合意が破られ、ジェノサイドという全く想定しない事態が起こっただけで、UNAMIR はそのような事態に対応する活動ではなかったし、対応する任務を与えられたこともなかった。つまり UNAMIR とジェノサイドは、二つの全く交わらない別の次元の事件であり、両者を結びつけるのは間違いである。このように主張することは、伝統的な国連 PKO を教科書的に守りたいだけであれば、当然可能であり、むしろ妥当である。

　ところが国際社会の総意として、ルワンダは国際平和活動が失敗した事例として記憶されるようになった。アナンが主導する国連は、ルワンダを失敗例として公式に認識し、国連はこのような失敗を繰り返さないために生まれ変わらなければならない、と宣言した。もしそうだとすれば、和平合意が存在し、紛争当事者による合意の遵守を監視するために国連 PKO が展開するのだとしても、国連 PKO はジェノサイドのような事態を目の前で目撃するならば、無関係者を装うべきではない。ルワンダの失敗例からは、和平合意は破綻し得るということ、そして国際平和活動は破綻後の状況においても活動し続けなければならないときがあるということ、したがって時には国連 PKO に対しても停戦監視に特化されない状況に応じた新しい任務が付与されなければならないこと、などの教訓が引き出されるのであった。

　スレブレニツァの事例は、ソマリアの教訓ともルワンダの教訓とも関わりがあるが、しかしなお個別の失敗例としての教訓を導き出す。UNPROFOR は、決して平和執行活動を行っていたわけではない。したがってソマリアの教訓を思い出すだけでは、スレブレニツァは防げない。UNPROFOR は和平合意に基づいて展開した停戦監視部隊ではなかった。したがってルワンダの

教訓を思い出すだけでは、スレブレニツァは防げない。

　スレブレニツァは、国連 PKO が、停戦合意がないところで、安保理決議を遂行する能力を与えられておらず、具体的な挑戦者と対峙するという危機に直面するならば、無残な姿をさらすしかない、という失敗を示す事例であった。もしそのような状況で無力であったことが国連 PKO の失敗なのだとしたら、次に同じような状況が発生した場合に、よりよく行動できるようにするための洞察が、スレブレニツァの教訓になる。

　この基本認識から、いくつかの具体的な反省点が観察される。第一に、国連は、安全保障理事会の決議の内容に反した行動をとる集団が現れたとき、どうしていいかわからなくなり、ただ狼狽して逃げるしかなくなってしまうという点が反省される。たとえ「平和執行」をしないとしても、国連 PKO を停戦合意監視だけをする活動としてだけ捉えることもできない。国連安保理の期待するようには行動しない集団が現れたとき、国連はどのような価値規範を指針にして自らの行動を体系づけていくべきなのか。第一の反省点からは、国連が行動準拠とする主体的に標榜すべき価値規範の明確化が求められることになる。

　第二に、困難な事態に直面したとき、主体的かつ積極的に事態を好転させるための手段が国連 PKO に与えられていなかった、という点が反省される。たとえ「平和執行」をしないとしても、行使できる手段が監視することだけでは、あまりにも非力で不適切である。スレブレニツァで起こった事態が、国連が看過することができない事態であったとしたら、国連はいったいどのような手段を行使して、そのような事態を回避する措置をとることができるのか。本当にやむを得ない場合には、困難な事態を打開するための手段が現場の国連 PKO に与えられていなければならない。第二の反省点からは、困難な事態を想定した場合に行使できる適切な手段の選定と付与が求められることになる。

　第三に、国連 PKO の限界を補うための外部機関による補助的措置が制度化されていなかった、という点が反省される。国連 PKO は、NATO（北大西洋条約機構）の空爆といった軍事行動と連動して行動する準備をしていた。

しかし実際にはその仕組みを発動してスレブレニツァの悲劇を防ぐ努力はなされなかった。そのため、スレブレニツァの後に、NATO は単独軍事行動の度合いを強めることになったが、それは 1995 年デイトン合意の成立によるボスニア紛争の終結につながった。たとえ「平和執行」をしないとしても、国連は国連以外の機関と連携して行動することによって、自らの持つ限界を補う仕組みを作り、運用していくことができるのではないか。第三の反省点からは、国連と非国連機関とが、お互いの特性を活かした連携をしていく仕組みを発展させることが求められることになる。

　本稿では、以下三つの節のそれぞれで、上述の三つの課題に対応したスレブレニツァの教訓の展開を整理していくことを試みる。それらは、21 世紀の国際平和活動の特徴を表現する三つの大きな政策領域のことでもある。より具体的には、価値規範の体系の変質、憲章 7 章の運用の変質、地域機構の役割の変質の三つの政策領域である。

第 3 節　価値規範の体系の変質

　国連 PKO が、常に必ず単純に停戦合意を監視することだけを目的にした活動ではないとすれば、当事者間の合意をこえた価値規範を持っていなければならない。ただしもちろん、そのような価値規範は、国際社会全体の基本的な価値規範を反映してものでなければならない。

　言うまでもなく、国連憲章は、地表のほぼ全てを覆いつくしている国連加盟国の全てを拘束するものである。したがって、国連憲章の遵守は、ある特定の紛争当事者間の合意の有無によって左右されるようなものではない。たとえ紛争当事者が無視していても、国連 PKO は国連憲章の規範体系を無視することはできない。まず国連はそのことを、つまり国連には絶対に譲れない価値規範があることを、内外に明らかにしていく必要がある。

　ただし、もちろんたとえそうだとしても、国連憲章は一般的な目的・原則等を確認したものにすぎない。諸原則の間の相互関係も、国際法の実際の運用にそって解釈していかなければならない。実際の活動の指針とするために

は、何が本当に重要で、どうすれば遵守していることになるのかを、明確に
する必要がある。

　こうした事情の反映として、現代の国連 PKO では、伝統的な PKO 原則
に調整を加えるような形で、原則の整備が行われている。かつて伝統的な国
連 PKO の三原則は、「当事者間の合意、中立性、自衛以外の場合の武器の
不使用」というものだった。しかし現代では、これらのいずれにも見直しが
加えられている。

　当事者が合意を破ることもあれば、当事者とは見なせない勢力が武装行動
をとることもある。ボスニア紛争の場合のように、武装勢力が相当数になる
場合、全ての当事者の合意の成立を待つことは、かえって合理的な和平合意
の成立を阻害することにつながりかねない。そもそもボスニア・ヘルツェゴ
ヴィナを一つの独立国としてみなすか、依然として旧ユーゴスラヴィア連邦
共和国の一部としてみなすかのところから、全く異なる見解があった。中央
政府がどこにあるのかを認定することすら、簡単ではなかったわけである。
こうしたボスニア紛争などの経験をふまえて、21 世紀の国際平和活動では、
当事者の合意は、より実践的な考慮にもとづいて、柔軟に解釈されるように
なっている。

　スレブレニツァが特に深く関わるのは、中立性（neutrality）原則の公平性
（impartiality）原則への転換であろう。中立性は、紛争当事者のすべてと等距
離をとっていくという考え方に依拠する。中立的な立場とは、当事者のいず
れとも同じ距離をとる立場をとるということである。だがこの中立性原則の
妥当性が疑われるのは、特定の紛争当事者だけが合意を破るような場合であ
る。合意を遵守する者とも、合意を破る者とも、全く同じように接しなけれ
ばならないとしたら、そもそも合意の監視の履行すら危うくなる。そもそも
伝統的国連 PKO においても、中立性とは遵守者と逸脱者を全く同じに扱う、
ということではなかったはずだ。

　そうだとすれば、武力紛争の当事者であっても逸脱してはならない国際法
原則が破られているような場合には、国連 PKO はその逸脱行為に目をつぶ
るべきではない、国連 PKO はもっと原則に忠実になるべきであり、その範

囲内で中立であるべきである。こうした考え方を強調するために、現代では、中立性という概念に代えて、公平性という概念が、国連 PKO の原則の一つを表現するものとして確立されている。公平性とは、紛争当事者の全てと等距離を置くことよりも、原則に忠実であることに重きを置き、紛争当事者に対していたずらに妥協をするのではなく、不偏不党な態度で紛争当事者に接することを重視して強調するための概念である。国際法原則の違反者と、遵守者に対しては、国連はおのずと異なる態度をとる。違反者は違反者として認定し、違反行為の是正を求めていくのが、正しい国連 PKO のあり方である。ただしそれは首尾一貫したやり方で行われなければならないので、公平性の原則として呼ばれるのである。

　なお公平性原則を担保する手段としての武力行使の適切な範囲が、次に問題になるが、それは本稿では次節において国連憲章 7 章との関係で論じていく。

　公平性原則について言えば、いったいどの原則を重視して、運用していくのかが、さらに議論されなければならない。国連憲章を中心とした国際法全体が守られるのが望ましいとして、その国際法規範は多岐にわたるし、相互関係は複雑な解釈論を要する場合が多い。

　現実に重要なのは、国連 PKO が紛争問題を扱う活動である以上、武力紛争中の法（law of armed conflict）である。つまり国際人道法（international humanitarian law）である。ボスニア紛争をめぐっては、国連安全保障理事会は旧ユーゴスラヴィア国際刑事裁判所（International Criminal Tribunal for the former Yugoslavia: ICTY）を設立し、特に強い姿勢で国際人道法違反を黙認しない措置を導入した。安保理の ICTY 設立は、慣習法として普遍的に適用される国際人道法の国際的な運用体制に大きな影響を与えた。内戦であることを理由に国際法の適用を拒むという態度は、「人道に対する罪」などの国際人道法の中核規定に関して言えば、もはや容認されないという理解が、国際的に確立されたのである。

　そうだとすれば、国連 PKO をまた、国際人道法の中核規定の逸脱者を、遵守者であるかのようにみなす必要はない。それどころか逸脱の是正を強く

求めるのが当然である。国際人道法の逸脱行為が目の前で発生している場合には、それを止めるために努力すべきなのが当然である。

　こうした考え方を表現するのが公平性原則であり、そうであるがゆえに中立性から公平性へのドクトリンの転換は、現代国連 PKO の性格を最も如実に物語るものとして、今日では広範に理解されている。

　少なくとも国際人道法の中核規定の逸脱は決して許さないという姿勢は、文民の保護（protection of civilians: PoC）として定式化されるようになった考え方につながっている。国際人道法とは、戦時中であっても守らなければならない人間の尊厳がある、という思想にもとづいている。戦時中であることを理由に、無辜の非戦闘員の人々が殺されたり、拷問されたり、不当な危害にあったりしてはならない。戦時下であっても文民は守られなければならない。それは国際人道法によって表現されている国際社会の中核的な価値規範である。国連憲章の人権遵守の思想も、同じことを表現しているものとみなすことができる。

　21 世紀になってから、国際法学において「国際的立憲主義（international constitutionalism）」と呼ばれる現象が注目されるようになった。国内法体系において憲法典が上位規範として通常法の内容を制約するように、国際法においても特定の上位の法規範がそれ以外の法規範の内容を制約するようになってきている。国際立憲主義とは、国際法において法規範の階層性が出現している現象を捉えようとする視点のことである。

　国際平和活動において重要なのは、PoC によって表現される国際人道法の中核規定が、他の法規範を凌駕する重みをもつものとして見なされるようになった、という冷戦後世界に出現した国際社会の現象である。たとえば内政不干渉原則を理由にした国内の通常法の手続きによって、国際人道法違反を構成する文民への攻撃は正当化することはできない。なぜなら内政不干渉原則を背景にした国内通常法よりも、国際人道法の中核規定によって裏付けられた人間の尊厳の尊重のほうが、上位の価値規範として認められるからである。

　21 世紀になってから、国際平和活動の研究者たちは、この現象に着目し

たうえで、自由主義的平和構築理論（liberal peacebuilding theory）の妥当性について議論をするようになった。人間の尊厳の尊重こそが最高の価値規範であるという考え方は、欧米流の自由主義的価値規範に根差したものであり、文化的に相対化される含意を持つ、というのが、自由主義的平和構築理論をめぐる議論の背景にある。自由主義的平和構築理論の批判者からすれば、現代の国際平和活動が、PoC を絶対視する価値規範構造を持っていることは、問題視されるべき点である。欧米的政治思想に特徴的な考え方が、紛争が起こった非欧米社会でどれくらい妥当性を持つのかが、慎重に検討されなければならないからである。

　本稿ではこうした議論の細部にまで立ち入ることはしない。ただ、こうした 21 世紀の国際平和活動の特徴が、スレブレニツァの教訓と深く結びついていることは、あらためて確認しておきたい [4]。つまり、紛争当事者が遵守する和平合意がなく、現地社会における法規範構造が複雑になっているような場合であっても、国際平和活動の要員は、常に必ず国際人道法の中核規定の遵守は妥協できない重要原則であると考えていかなければならない。スレブレニツァの悲劇は、その価値規範構造が確立されていなかったために、起こってしまった。21 世紀には、何が妥協できない原則であるかが明確化されていなければならない。国連安保理は、そのことを強調するために、PoC という特定用語を使う。それはある意味で、スレブレニツァの反省から生まれてきた現象なのである。

第4節　憲章7章の運用の変質

　紛争当事者間の合意という枠組みを超えた規範的原則を持つことは、国際平和活動の変質につながる。しかし重要原則の遵守を貫くための手段を持っていなければ、規範意識の変容は現実の変化をもたらさない。

　ボスニア紛争中には、「安全地帯（safe area）」の概念が導入され、これが失敗に終わったと考えられている。1992 年に当時赤十字国際委員会（ICRC）の会長であったコルネリオ・ソマルガ（Cornelio Sommaruga）が提唱したとさ

れる。ICRC は、ボスニア領内の大量の拘束者が保護を得られる場所が必要だという主張を繰り返した。当初は賛意を示さなかった安保理常任理事国も、次第に世論の圧力にも流される形で態度を変えていった。しかしディヴィド・オーウェン（David Owen）EU 特使やサイラス・ヴァンス（Cyrus Vance）国連特使も、公式に安全地帯構想に反対し、実態が伴わない安全地帯の設置は、むしろさらなる民族浄化を招くと警告していたし、同様の意見は UNHCR の緒方貞子・難民高等弁務官や UNPROFOR の軍司令官からも伝えられていた[5]。しかし安全保障理事会におけるイスラム系のボスニア政府に親和的な非同盟運動諸国などの動きもあり、1993 年 4 月の安保理決議813 はスレブレニツァを「安全地帯」と宣言した。同年 5 月の安保理決議824 は、安全地帯をさらにトゥズラ、ジェパ、ゴラジュデ、ビハチにも拡大して設定することを宣言した。安全地帯の設定とは、これらの街を非武装地帯とし、武装勢力が攻撃をしかけることを禁止するという意図であった。しかしその意図を実現するための十分な資源は UNPROFOR に与えられることはなかったため、安全地帯とは実態としては常に崩壊の危険と隣り合わせの冒険的な試みであった。

　「安全地帯」の設定は、1991 年湾岸戦争の後に試みられたものであった。多国籍軍がクウェートに侵攻したイラク軍を撤退させた後、イラク国内ではサダム・フセイン（Saddam Hussein）大統領を倒そうとするシーア派やクルド人の勢力の蜂起が起こった。しかしフセイン大統領が国内に温存していた大統領警護隊が、そうした反政府運動の鎮圧に投入されたため、周辺国に 100万とも言われた難民が流出し、イラク国内にも国内避難民があふれかえった。これを深刻視したアメリカやイギリスは、国連安全保障理事会を通じてイラク北部地帯を「安全地帯」と設定し、イラク政府軍が立ち入れない地域とした。この時から、イラク北部のクルド人地域はバグダッドのフセイン政権の統治から離脱し、事実上の独立自治区となったほど、1991 年イラクの安全地帯は徹底したものであった。それはサウジアラビアに基地を建設して展開していた米英両国の空軍力が、安全地帯の防御に投入されたためであった。圧倒的な空軍力の裏付けがあって初めて、UNHCR などの人道援助団体は、

イラク国内に入って国内避難民救援にあたるという類例のない活動を成功させることができたのである。

　1992 年に勃発した後に深刻な人道危機を引き起こしたボスニア紛争をめぐって、「安全地帯」の設定は可能ではないのか、という議論が起こったこと自体は、1991 年湾岸戦争後の人道援助活動の実例を見れば、不思議なことではない。ただしだからこそ、卓越した防御目的の航空兵力の展開という条件を欠いたままボスニアに「安全地帯」を設定することの非現実性と危険性もまた、当初から指摘されていたわけである。

　結果としては、スレブレニツァの悲劇をへて、ボスニア紛争以降の時代に、国連安全保障理事会は「安全地帯」なるものを設定する決議は出していない。「安全地帯」設定は機能しないどころか、かえって無辜の市民を危険にさらすことになる、という教訓は、スレブレニツァによって強く認識されることになったものである [6]。

　だが上述したように、スレブレニツァの別の教訓は、国連を代表とする国際社会は、国際人道法の中核規定を妥協することのできない価値規範として行動すべきだというものでもあった。国際人道法違反を黙認しないという規範意識と、「安全地帯」の設置は現実的ではないという認識は、どのように整合性を持っていくのだろうか。

　「安全地帯」の非現実性は、軍事力の裏付けのない防御は実際には不可能である点に由来するが、それはさらに、特定の町などの物理的空間を恒常的に防御することの困難にも由来する。したがってスレブレニツァの教訓は、価値規範の遵守のために、軍事力の行使という手段も正当化されなければならない場面があるとしても、それを特定の町などの物理的空間の防御という政策だけに還元することは危険なので避けたほうがいい、というものだ。

　21 世紀の国際平和活動で「PoC」が任務になる場合、それが「安全地帯」の設定という形で表現されることはない。物理的な場所を固定する形で、「文民の保護」を遂行することは、非現実的で、不要な負担につながるので避けられているということだろう [7]。「文民」は、場所を特定されない形で、保護対象とされる。このことは、ある意味で、「PoC」が広い範囲の「文民」

を保護対象とするドクトリンであることを示す。他方において、「PoC」の
任務が与えられた国際平和活動の要員に、あらゆる文民を保護する義務が課
せられるわけではない。実際には、現実の要請の範囲内で「文民の保護」活
動が行われる。どこまで本当に「文民の保護」活動を行うかは、現地ミッ
ションにおける政策判断に相当程度まで委ねられているという言い方もでき
るだろう。

　ただしひとたび「PoC」の任務が遂行される場合には、それは国際社会の
価値規範の要請から、最高水準の手段が適用されることが正当化される。具
体的には、武力行使がやむを得ず求められる場合には、それが正当化される。
21 世紀になってから設立された国連 PKO には、「PoC」の任務が付与され
ていることが多いが[8]、その場合には、あらかじめ国連憲章第 7 章の強制措
置を行使することが最初から認められていることが通例である。いつ、どこ
で、「PoC」の任務を遂行するかは、政策的裁量の範囲内だとしても、必要
な措置を迅速にとれる制度的準備だけは事前に施しておく、というのが、現
在の国連 PKO における「PoC」の考え方である。これは「安全地帯」設定
で失敗を余儀なくされたスレブレニツァの教訓が色濃く反映された措置でも
ある。

　ここで注意しておきたいのは、21 世紀の国連 PKO では、「PoC」が任務
に入り、それにともなってあらかじめ国連憲章第 7 章の強制措置の権限が
各ミッションに付与されるようになったことは、1992 年にブトロス・ブト
ロス＝ガリが『平和への課題』で提唱した「平和執行」が実現したことを、
全く意味しない、ということである。むしろすでに述べたように、「平和執
行」の構想は非現実的なものとして葬り去られている。スレブレニツァの
教訓から「PoC」が重要視されるようになったことは、ソマリアの教訓から
「平和執行」を国連 PKO が行うことはなくなったことと、両立する形で追
求されている。

　ブトロス＝ガリが「平和執行」と呼んだのは、国連軍が平和を強制的に作
り出すために行動する際の活動のことであった。国連憲章第 7 章の強制措置
を伴いながら「文民の保護」を行うのは、そのような意味での「平和執行」

とは目的が異なっている活動である。平和を作り出すために憲章第 7 章を発動するのではなく、文民を保護する際に必要であれば憲章第 7 章で裏付けられた措置をとるのである。前者の「平和執行」のほうが国連憲章の実際の文言が想定している内容に近く、後者の「PoC」のやり方のほうが国連憲章第 7 章の権限の範囲を拡大的解釈するものだと言うことは、あながち的外れではないだろう。だがそれにもかかわらず、21 世紀の国際平和活動の実践の中で定着したのは、応用的な後者の「PoC」と憲章第 7 章の組み合わせの方であり、前者の「平和執行」は非現実的な構想としてもはや導入されることがないものとなっている。

　これは国連憲章第 7 章が、冷戦終焉以降に頻繁に発動されるようになり、その適用範囲が憲章の文言をこえて広がっているという大きな現象の文脈で理解すべき事態であろう。歴史をさかのぼれば、すでに 1992 年に開かれた安全保障理事会元首級会議後の議長声明において、国連憲章第 7 章の発動理由となる「国際の平和と安全」は経済・社会・人道・環境といった非軍事的分野での不安定によっても損なわれることが確認された[9]。

　ただし実際にはこれらの広範な分野の全ての問題について常に憲章第 7 章が発動されるわけではないし、そもそも国連安全保障理事会は平和と安全に関する問題を扱う機関でしかない。そこで実際の安保理の決議の慣行の中で、憲章第 7 章の発動は、限られた問題について行われることが定着するようになった。ただしその限られた問題については、一貫して発動が行われるのである。その限られた問題が、「PoC」である。つまり「PoC」の任務が付与されるのであれば、当然国連憲章第 7 章の権限も付与されることが、ある種のパターンとして定着している。

　この「PoC」と国連憲章第 7 章の特別な関係は、現代の国際平和活動の大きな特徴の一つである。そしてこの特徴は、スレブレニツァの悲劇のような経験への反省から生まれてきたものなのである。スレブレニツァを繰り返さないようにしながら（「安全地帯」設定の回避）、スレブレニツァを防ぐために毅然として行動する準備もとっておく（国連憲章第 7 章を「PoC」任務では付与する）ための仕組みが、現代の国際平和活動の大きな枠組みとなっているのである。

第5節　地域機構の役割の変質

　スレブレニツァが劇的に示したのは、国連の対応能力には限界があるということ同時に、地域機構である NATO（North Atlantic Treaty Organization）の国際平和活動への関与には大きな潜在力がある、ということであった。歴史的な視点で見てみるならば、ボスニア紛争への関与は、NATO が国際平和活動に関与する流れを作る転換点となった（Abe2019；Gregorian2015）。国連に関しても、地域機構と共同で一つの紛争の解決にあたるというボスニア紛争で作られた経験は、その後の国連と様々な地域機構の緊密な協力関係が発展していく流れを作る大きな契機となった。

　ボスニア紛争では、ボシュニャク（ボスニア・ムスリム）、セルビア、クロアチアの各勢力のそれぞれから、国連は期待された役割を果たせない組織であると見なされた。ボシュニャクがアメリカ、セルビアがロシア、クロアチアがドイツを頼る傾向を見せ、国連は中立的に振る舞おうとすればするほど、各勢力からの信頼を失っていくような様子であった。特にアメリカ、イギリス、フランスといった国連安保理の常任理事国である欧米諸国は、国連 PKO を通じた介入の限界を感じるとともに、ボスニア紛争に強い関心を示す国内世論に対応するために、国連以外の組織、つまり NATO などに訴えてでも、紛争を終結させるための介入行動を起こさなければならないと感じていた。そこで国連と強調する限定的な形で NATO が空爆を行って紛争の拡大を防ぐ仕組みが導入された。

　ただしこの仕組みもスレブレニツァの悲劇を防ぐことはできず、しかも NATO 構成国であるオランダの屈辱的ですらある撤収が悲劇の引き金になったということから、1995 年夏から NATO の空爆は一層激しいものになっていった。国連との共同行動の建前が崩れていく中で、しかし NATO がセルビア人勢力に対して行った空爆が功を奏し、1995 年 12 月にようやく紛争当事者の政治指導者たちが、アメリカのオハイオ州のデイトンにある空軍基地において、和平合意を結ぶに至った。これがデイトン合意である。

　デイトン合意の評価については批判的なものも数多くみられるが、四半世

紀にわたって武力紛争の再発を防いでいるという点においては、その成果を評価しなければならない。そして強力なNATOによる空爆が、遂にボスニア紛争を終結させる和平合意を導き出した、という感覚は、その後の国際世論の動向にも大きな影響を与えた。実際のところ、その後の1999年にNATOがコソヴォ紛争をめぐって行った空爆を中心にした軍事介入は、国連安保理の明示的な授権がないままに行われたものであったにもかかわらず、NATO構成諸国における世論には支持が多かった。アメリカで9・11同時多発テロが起こった後に、NATOはアフガニスタンで平和維持活動を担うことになるが、これについても当初は世論の支持は根強かった。アフガニスタンについては、駐留期間が長期化し、犠牲者も多くなるについて世論の動向は変化していったのだが、それでも1995年のボスニアにおける介入がデイトン合意による紛争の終結につながったという記憶は、非常に重要なものであった。

　デイトン合意は、紛争終結後の国家建設のための仕組みを定めたものだったが、難民支援のUNHCRと文化財再興のUNESCOという専門的な機関の例外を除いて、国連の役割は極小化された。平和活動に該当するものは、IPTF（International Police Task Force）と呼ばれた国際警察部隊の派遣の部分だけにとどまり、しかもそれも数年でEUPM（European Union Police Mission）にとってかわられることになった。平和維持活動の主要な部分は、IFOR（後にSFOR）と呼ばれたNATO駐留軍が担い、その役割はやがてEUがEUFORというEU駐留軍によって引き継がれることになった。

　冷戦時代に東西間の信頼醸成措置を図るために設立されたOSCEは、デイトン合意を契機に紛争対応の新しい役割を見出すことになった。ロシアも加盟するOSCEのボスニアにおける存在感は大きく、国政選挙の実施や行政活動支援の面で、際立った役割を担うことになった。

　デイトン合意の履行を全体として管理するために、OHR（Office of High Representative：上級代表事務所）という国際組織が新たに新設された。OHRは、ボスニア・ヘルツェゴヴィナにおける紛争後の和平合意履行管理のために特別に設置された国際機関として、特異な性格を持った。特に重要なのは、デイトン合意の適正な履行の確証を名目として、上級代表が「ボン・パワー

ズ」と呼ばれるに至る強力な権限を行使して、時にはボスニア・ヘルツェゴヴィナを形成するエンティティの大統領を罷免するといった措置まで取ったことである。こうした強権的なスタイルは、国連ではなかなか採用しにくいものであり、国連の役割が極小化されたまま進められたボスニア・ヘルツェゴヴィナの紛争後平和構築の性格を如実に物語るものであった。

　こうした地域機構が国際平和活動の主要な担い手となる傾向は、萌芽的に西アフリカのリベリアやシエラレオネで ECOWAS（Economic Community of West African States：西アフリカ経済共同体）が行った平和活動とあわせて、1990 年代に欧州地域機構が重要な役割を演じたボスニア・ヘルツェゴヴィナの紛争解決の事例によって、顕著になったものであった。21 世紀になると、国連がアフリカ連合（African Union: AU）と共同で PKO ミッションを組織するスーダン・ダルフールの UNAMID、アフリカ連合が主要な平和支援部隊の役割を担って国連が後方支援に従事するソマリアの AMISOM と UNSOS、国連が巨大平和維持活動ミッションを展開させながら地域機構が政治調停にあたる南スーダンにおける UNMISS と IGAD、あるいは地域機構の平和活動部隊が国連の平和維持活動に引き継がれるマリの MINUSMA や中央アフリカ共和国の MINUSCA の事例など、次々と国連と地域機構のそれぞれ独自のやり方での連携を基盤にした多種多様な国際平和活動のパターンが生まれた。この 21 世紀の「パートナーシップ平和活動」の時代の到来は、1990 年代の萌芽的な地域活動の国際平和活動への参加によって用意されたものだと言えるが、つまりボスニア・ヘルツェゴヴィナにおける地域機構の活動が、大きな前例となって生まれた現象なのであった（Shinoda 2019；篠田 2019）。

　現代世界の国際平和活動においては、地域機構が国連安保理の授権によって国連憲章第 7 章の強制措置を行う権限を持つこともある。あるいは地域機構が、国連憲章 51 条で規定された集団的自衛権の権限を行使しながら、国連憲章第 7 章強制措置の権限を行使する集団安全保障の原理を基盤とする国連 PKO ミッションと協力して活動することもある。そもそも地域機構は、国連憲章第 8 章で予定された特別な役割を国際の平和と安全に対して果たすように期待されている。この役割は冷戦中には矮小化させられていたのだ

が、冷戦終焉後の世界において見直され、発展的に運用されるようになった、と言うことができるだろう。

　こうした「パートナーシップ平和活動」の現象は、1990年代の国際平和活動の成功と失敗の記憶によって突き動かされているものだが、スレブレニツァの歴史は、特に重要なものである。国連は必要とされる場合でも、力の限界を持つ。地域機構は正統性では国連に劣るところもあるかもしれないが、軍事活動や政治活動においてむしろ機能的に行動できることもある。もしそうだとすれば、国連と地域機構が、それぞれの特性を活かしてパートナーシップを組んで活動していくことが、望ましい。これは、スレブレニツァの悲劇と、その後の地域機構主導の紛争後平和構築の過程を通じて、多くの人々の胸に刻まれた教訓であった。

第6節　展望：今後の国際平和活動の行方

　本稿は、スレブレニツァの悲劇が、その後の国際平和活動の展開に与えた影響を、大きな政策領域に分けて整理をして分析をするものであった。その結果、価値規範の体系の変質、憲章7章の運用の変質、地域機構の役割の変質という21世紀の国際平和活動を特徴づける大きな流れが、いずれもスレブレニツァの教訓をふまえて展開してきたものであることが判明してきた。つまり文民の保護（PoC）の規範的卓越性、それを裏付ける強制措置の応用的適用方法、そしてパートナーシップ平和活動の現象は、スレブレニツァの悲劇の反省を媒介にして作られた大きな潮流の中で生まれてきたものだ。

　スレブレニツァの悲劇から四半世紀がたち、新しい現象が作り出した21世紀の新しい現実がさらに反省され、より新しい国際平和活動の流れを作り出していくような時代も近づいているかもしれない。しかしそれは現在の潮流の完全な否定によって成立する流れではなく、むしろその発展延長線上に生まれてくるような流れであろう。その意味では、スレブレニツァの悲劇は、まだ繰り返し思い出され、影響を与え続けていくようなものであり続けるだろう。

注

1　United Nations, Report of the Independent Inquiry into the actions of the United Nations during the 1994 genocide in Rwanda, UN Document, S/1999/1257, 15 December 1999; United Nations, Report of the Secretary-General pursuant to General Assembly Resolution 53/35, 'The fall of Srebrenica', UN Document, A/54/549, 15 November 1999

2　United Nations, Report of the Secretary-General, The Causes of Conflict and the Promotion of Durable Peace and Sustainable Development in Africa, UN Document A/52/871 – S/1998/318, 13 April 1998

3　The Report of the Panel of United Nations Peace Operations, UN Document A/55/305–S/2000/809

4　"The Fall of Srebrenica," pp. 106-108

5　*Ibid.*, pp.16-18

6　*Ibid.*, p. 107

7　南スーダンでは、戦火を逃れて国連 PKO 施設に一般市民が逃れてきたため、UNMISS がそのまま施設内で多数の国内避難民を保護することになった。数多くの避難民がそのまま国連施設内に定住を始めたため、「PoC サイト」と呼ばれるようになった国連施設内の国内避難民収容部分は、事実上の恒常的な施設となった。これは意図的に「安全地帯」を設定したわけではないにもかかわらず、事態の進展に応じて、結果的に「文民の保護」が特定の物理的場所で恒常的に行われる状態が生み出された稀な事例となっている。

8　MINUSCA、MINUSMA、UNMISS、MONUSCO、UNAMID などである。

9　Statement by the President of the Security Council, UN Document, S/23500, 31 January 1992

参考文献

Abe,Yuki 2019, *Norm Dilemmas in Humanitarian Intervention: How Bosnia Changed NATO*, (Abingdon: Routledge)

Gregorian, Raffi 2015, "NATO and the Balkans: From Intervention to Integration" in Yonah Alexander and Richard Prosen (eds.), *NATO: From Regional to Global Security Provider* (Lanham: Lexington Books)

Shinoda, Hideaki 2019, "Partnership Peace Operations in Multi-layered International Security: An Examination of the Involvement of Regional and Sub-regional Organizations in International Peace Operations"、『国際関係論叢』第 8 巻第 2 号

篠田英朗 2019「重層化する国際安全保障と国連平和活動の変容」、『国連研究』（日本国際連合学会編）第 20 号、29-51 頁

事項索引

地名索引

人名索引

執筆者紹介 （執筆順）

長　有紀枝（おさ・ゆきえ）：奥付参照

藤原広人（ふじわら・ひろと）：国際刑事裁判所書記局対外活動局国別分析ユニット長
　国際基督教大学教養学部社会科学科卒。日本長期信用銀行勤務を経て、国際基督教大学大学院行政学研究科（MA）およびオランダ・ライデン大学法学部大学院修了（LL.M.）。ベルギー・ルーバン大学法学部博士（PhD）。UNHCR ウガンダオフィスにて難民保護官補として勤務（1993-1995 年）後、1995 年より国連旧ユーゴスラビア刑事裁判所（ICTY）検察局に入り、旧ユーゴ諸国における戦争犯罪・ジェノサイド等国際犯罪の証拠分析に従事。ニューヨークの国連本部政務局ブット事実調査委員会分析官、カンボジアのクメール・ルージュ法廷捜査判事室を経て現職。
　博士学位論文は "The International Criminal Investigation and the Formation of Collective Memory in Post-Conflict Societies – An Analysis of Investigation Process and an Epistemology of War Crimes"（「国際刑事捜査と紛争後社会の集団的記憶の形成―捜査過程の分析および戦争犯罪の認識論」）

柴　宜弘（しば・のぶひろ）：城西国際大学特任教授・東京大学名誉教授
　早稲田大学大学院文学研究科西洋史学博士課程修了。1975 ～ 77 年、ベオグラード大学哲学部歴史学科留学。敬愛大学経済学部、東京大学教養学部を経て、1996 年東京大学大学院総合文化研究科教授（2010 年退官）。その後、ベオグラードにある平和と開発のためのヨーロッパ・センター（ECPD）・国連平和大学客員教授（2010-2014 年）を務める。専攻は東欧地域研究、バルカン現代史。
　主な著書に『バルカンの民族主義』（山川出版社、1996 年）、『ユーゴスラヴィア現代史』（岩波新書、1996 年）、『増補 4 訂新装版　図説　バルカンの歴史』（河出書房新社、2019 年）など、編著に『セルビアを知るための 60 章』（明石書店、2015 年）、『バルカンを知るための 66 章』（明石書店、2016 年）、『ボスニア・ヘルツェゴヴィナを知るための 60 章』（明石書店、2019 年）など。

橋本敬市（はしもと・けいいち）：国際協力機構国際協力専門員・平和構築担当
　大阪大学大学院国際公共政策研究科博士後期課程修了（国際公共政策博士）。新聞記者、在オーストリア日本大使館専門調査員、上級代表事務所（OHR）政治顧問を経て、2002 年より現職。
　主な著作に『紛争と復興支援　平和構築に向けた国際社会の対応』（分担執筆、有斐閣 2004 年）、「ボスニア・ヘルツェゴヴィナにおける和平プロセス―国際社会による強権的介入」（『国際問題』2003 年 7 月）など。

尾崎久仁子（おざき・くにこ）：元国際刑事裁判所（ICC）判事

　東京大学教養学部を卒業。オックスフォード大学にて国際関係論修士号を取得。1979年に外務省入省。条約局法規課、国際連合日本政府代表部、法務省刑事局等を経て、1998年法務省入国管理局難民認定室長、1999年に外務省人権難民課長（現在の人権人道課長）、2004年在ウィーン国際機関代表部公使、2006年国際連合薬物犯罪事務所（UNODC）条約局長、2009年外務省参与・生物多様性条約第10回締約国会議担当大使。その間、東北大学大学院法学研究科教授、政策研究大学院教授なども務める。2010年〜2018年まで国際刑事裁判所判事。2013年には同裁判所の第1裁判部長、2015年からは第2副所長を務める。

佐藤宏美（さとう・ひろみ）：防衛大学校国際関係学科教授

　1992年東京外国語大学外国語学部英米語学科卒業、1994年東京大学大学院法学政治学研究科修士課程修了、1998年英国ケンブリッジ大学大学院修士課程修了、1999年東京大学大学院法学政治学研究科博士課程単位取得満期退学、2008年法学博士（東京大学）。1999年防衛大学校国際関係学科助手、2002年同講師、2005年同助教授（2007年准教授に改称）、2015年同教授。
　専門分野：国際法、国際刑事法。
　主な著書に『違法な命令の実行と国際刑事責任』（有信堂高文社、2010年）。

明石　康（あかし・やすし）：元国連事務次長、国立京都国際会館 理事長

　東京大学教養学部卒業。バージニア大学大学院修了（フルブライト奨学生として）。1957年国際連合職員。事務局政治安保局、特別政治問題担当事務次長室、事務総長官房で勤務。 1974年外務省国連日本政府代表部参事官、1979年国連広報担当事務次長、1992年国連カンボジア暫定統治機構国連事務総長特別代表、1994年旧ユーゴ問題担当・国連事務総長特別代表、1995年国連事務総長特別顧問、1996年人道問題担当国連事務次長、1997年12月国連退任。2009年国際文化会館理事長、2019年公益財団法人国立京都国際会館理事長に就任。
　著書に『カンボジアPKO日記——1991年12月〜1993年9月』（2017年、岩波書店）、『国際連合——軌跡と展望』（2006年、岩波書店）、『生きることにも心せき——国際社会に生きてきたひとりの軌跡』（2001年、中央公論新社）、『平和へのかけ橋』（1996年、講談社）、『私のPKO——明石康インタビュー』吉村信亮編（1996年、東京新聞出版局）、『忍耐と希望——カンボジアの560日』（1995年、朝日新聞社）など。

岡田陽平（おかだ・ようへい）：神戸大学大学院国際協力研究科准教授

2010 年京都大学法学部卒業、2012 年京都大学大学院法学研究科修士課程修了、2015 年同博士後期課程修了（博士）。2012 年日本学術振興会特別研究員（DC1）、2015 年 4 月、京都大学大学院法学研究科特定助教、2015 年 10 月より神戸大学大学院国際協力研究科准教授。研究課題は、国際責任法、国際機構法、国際人権法、国際の平和と安全の維持に関する研究。

主な著作に "Effective Control Test at the Interface between the Law of International Responsibility and the Law of International Organizations: Managing Concerns over the Attribution of UN Peacekeepers" Conduct to Troop-Contributing Nations', *Leiden Journal of International Law*, vol. 32(2) (2019, forthcoming), pp. 275-291

篠田英朗（しのだ・ひであき）：東京外国語大学大学院総合国際学研究院教授

1991 年早稲田大学政治経済学部卒業、1993 年同大学院政治学研究科修士課程修了、1998 年ロンドン大学（LSE）国際関係学部博士課程修了（国際関係学博士［Ph.D.]）。ロンドン大学およびキール大学で非常勤講師を務めた後、1999 年より広島大学平和科学研究センター助手、2005 年より助教授（07 年に准教授の改称）及び同大学国際協力研究科を兼務。2013 年より東京外国語大学総合国際学研究院教授。紛争後地域における平和構築活動について研究を進める。ケンブリッジ大学ローターパクト国際法研究センターおよびコロンビア大学人権研究センターの客員研究員を歴任。

著書に『集団的自衛権の思想史─憲法九条と日米安保』（風行社、2016 年）『国際紛争を読み解く五つの視座：現代世界の「戦争の構造」』（講談社、2015 年）、『平和構築入門：その思想と方法を問う』（ちくま新書、2013 年）、『「国家主権」という思想：国際立憲主義への軌跡』（勁草書房、2012 年）など多数。

【編著者紹介】

長 有紀枝（おさ・ゆきえ）：立教大学大学院 21 世紀社会デザイン研究科・社会学部教授

1987 年早稲田大学政治経済学部政治学科卒業。1990 年早稲田大学大学院政治学研究科修士課程修了。2007 年東京大学大学院総合文化研究科「人間の安全保障」プログラム博士課程修了（博士）。立教大学大学院 21 世紀社会デザイン研究科特任教授を経て、2010 年 4 月より同研究科および社会学部教授。

1991 〜 2003 年まで国際協力 NGO 難民を助ける会（AAR）の専従職員として、紛争下の緊急人道支援や難民支援、地雷対策に携わる。同会の旧ユーゴ駐在代表として現地滞在時にスレブレニツァ事件に遭遇、後に博士学位論文で同事件を扱う。2008 年より同会理事長。主な著書に『スレブレニツァ　あるジェノサイドをめぐる考察』（東信堂、2009 年）、『入門 人間の安全保障〜恐怖と欠乏からの自由を求めて』（中央公論新社、2012 年）、『地雷問題ハンドブック』（自由国民社、1997 年）他論文多数。2019 年 4 月よりボスニアのスルプスカ共和国政府の任命により、国外の委員 9 名からなる国際専門家委員会「1992‐95 年の間のすべての犠牲に関するスレブレニツァ独立国際調査委員会」に参加。

スレブレニツァ・ジェノサイド〜 25 年目の教訓と課題

2020 年 10 月 20 日　初版　第 1 刷発行　　　　　　　　　　〔検印省略〕
＊定価はカバーに表示してあります。

編著者Ⓒ長 有紀枝　　発行者 下田勝司　　　　　　印刷・製本／中央精版印刷株式会社

東京都文京区向丘 1-20-6　郵便振替 00110-6-37828　　　　　　発 行 所
〒 113-0023　TEL 03-3818-5521（代）　FAX 03-3818-5514　　　株式 東信堂

Published by TOSHINDO PUBLISHING CO., LTD.

1-20-6, Mukougaoka, Bunkyo-ku, Tokyo, 113-0023 Japan

E-Mail：tk203444@fsinet.or.jp　http://www.toshindo-pub.com

ISBN978-4-7989-1646-0　C3030　ⒸOsa Yukie

東信堂

国際刑事裁判所〔第二版〕	村瀬信也編	四二〇〇円
武力紛争の国際法	村瀬信也編	四二八六円
国連安保理の機能変化	真山全也子編	一四〇〇円
海洋境界確定の国際法	村瀬信也編	二八〇〇円
自衛権の現代的展開	村瀬信也編	二七〇〇円
国連安全保障理事会——その限界と可能性	藤瀬信一也編	二八〇〇円
集団安全保障の本質	江村信司	二八〇〇円
貨幣ゲームの政治経済学	村瀬信也編	三三〇〇円
相対覇権国家システム安定化論 ——東アジア統合の行方	柘山堯司編	四六〇〇円
【現代国際法叢書】		
国際政治経済システム学——共生への俯瞰	柳田辰雄	一八〇〇円
国際法における承認——その法的機能及び 効果の再検討	王志安	五二〇〇円
国際社会と法	高野雄一	四三〇〇円
集団安保と自衛権	高野雄一	四八〇〇円
国際「合意」論序説——法的拘束力を有しない 国際「合意」について	中村耕一郎	三〇〇〇円
法と力 国際平和の模索	寺沢一	五二〇〇円
シリーズ《制度のメカニズム》		
根拠文から根抵当へ	幡新大実	二八〇〇円
イギリス債権法	幡新大実	三八〇〇円
イギリス憲法I 憲政	幡新大実	四二〇〇円
憲法と自衛隊——法の支配と平和的生存権	幡新大実	二八〇〇円
アメリカ連邦最高裁判所	大越康夫	一八〇〇円
衆議院——そのシステムとメカニズム	向大野新治	一八〇〇円
フランスの政治制度〔改訂版〕	大山礼子	二〇〇〇円
イギリスの司法制度	幡新大実	二〇〇〇円
判例 ウィーン売買条約	河村寛治編著 井原宏	四二〇〇円
グローバル企業法	井原宏	三八〇〇円
国際ジョイントベンチャー契約	井原宏	五八〇〇円

〒113-0023　東京都文京区向丘1·20·6　　TEL 03-3818-5521　FAX03-3818-5514　振替 00110-6-37828
Email tk203444@fsinet.or.jp　URL:http://www.toshindo-pub.com/

※定価：表示価格（本体）＋税

東信堂

2008年アメリカ大統領選挙 ―オバマの当選は何を意味するのか	吉野　孝 前嶋和弘　編著	二〇〇〇円
オバマ政権はアメリカをどのように変えたのか ―支持連合・政策成果・中間選挙	吉野　孝 前嶋和弘　編著	二六〇〇円
オバマ政権と過渡期のアメリカ社会 ―選挙、政党、制度、メディア、対外援助	吉野　孝 前嶋和弘　編著	二四〇〇円
オバマ後のアメリカ政治 ―二〇一二年大統領選挙と分断された政治の行方	吉野　孝 前嶋和弘　編著	二五〇〇円
危機のアメリカ「選挙デモクラシー」 ―社会経済変化からトランプ現象へ	吉野　孝 前嶋和弘　編著	二七〇〇円
ホワイトハウスの広報戦略	M・J・クマー 吉牟田　剛訳	二八〇〇円
「帝国」の国際政治学―冷戦後の国際シス 大統領のメッセージを国民に伝えるために	山本吉宣	四七〇〇円
アメリカの介入政策と米州秩序 ―複雑システムとしての国際政治	草野大希	五四〇〇円
国際開発協力の政治過程 ―国際規範の制度化とアメリカ対外援助政策の変容	小川裕子	四〇〇〇円
ドラッカーの警鐘を超えて[改訂版] ―ドラッカー「イノベーションと企業家精神」で学ぶ発想転換戦略	坂本和一	二六〇〇円
私の経験	坂本和一	二四〇〇円
ドラッカー『断絶の時代』で読み解く21世紀地球社会論[改訂版] ―ドラッカー『現代の経営』が教える「マネジメントの基本指針」	坂本和一	一八〇〇円
聖書と科学のカルチャー・ウォー ―概説　アメリカの「創造∨s生物進化」論争	E・C・スコット著 鵜浦裕・井上徹訳	三六〇〇円
現代アメリカのガン・ポリティクス	鵜浦　裕	二〇〇〇円
暴走するアメリカ大学スポーツの経済学	宮田由紀夫	二六〇〇円
揺らぐ国際システムの中の日本	柳田辰雄編著	二〇〇〇円
開発援助の介入論 ―インドの河川浄化政策に見る国境と文化を越える困難	西谷内博美	四六〇〇円
資源問題の正義 ―コンゴの紛争資源問題と消費者の責任	華井和代	三九〇〇円

〒113-0023　東京都文京区向丘 1-20-6　　TEL 03-3818-5521　FAX03-3818-5514　振替 00110-6-37828
Email tk203444@fsinet.or.jp　URL-http://www.toshindo-pub.com/

※定価：表示価格（本体）＋税

〔コミュニティ政策叢書〕

日本コミュニティ政策の検証 —自治体内分権と地域自治へ向けて	山崎仁朗編著	四六〇〇円
高齢者退職後生活の質的創造 —アメリカ地域コミュニティの事例	加藤泰子	三七〇〇円
原発災害と地元コミュニティ —福島県川内村奮闘記	鳥越皓之編著	三六〇〇円
自治体行政と地域コミュニティの関係性の変容と再構築 —「平成大合併」は地域に何をもたらしたか	役重眞喜子	四二〇〇円
さまよえる大都市・大阪 —「都心回帰」とコミュニティ	鯵坂学・徳田剛・西村雄郎・丸山真央 編著	三八〇〇円
地域のガバナンスと自治 —平等参加・伝統主義をめぐる宝塚市民活動の葛藤	田中義岳	三四〇〇円
地域自治の比較社会学—日本とドイツ	山崎仁朗	五四〇〇円
米国地域社会の特別目的下位自治体	前山総一郎	三六〇〇円
住民自治と地域共同管理 —生活基盤サービスの住民参加実際のガバナンス	中田実	三四〇〇円

〔地域社会学講座 全3巻〕

地域社会学の視座と方法	似田貝香門監修	二五〇〇円
グローバリゼーション/ポスト・モダンと地域社会	古城利明監修	二五〇〇円
地域社会の政策とガバナンス	矢澤澄子・岩崎信彦監修	二七〇〇円

〔シリーズ防災を考える・全6巻〕

防災の社会学〔第二版〕 —防災コミュニティの社会設計へ向けて	吉原直樹編	三八〇〇円
防災の心理学——ほんとうの安心とは何か	仁平義明編	三二〇〇円
防災の法と仕組み	生田長人編	三二〇〇円
防災教育の展開	今村文彦編	三二〇〇円
防災と都市・地域計画	増田聡編	続刊
防災の歴史と文化	平川新編	続刊

〒113-0023　東京都文京区向丘1-20-6　　TEL 03-3818-5521　FAX03-3818-5514　振替 00110-6-37828
Email tk203444@fsinet.or.jp　URL:http://www.toshindo-pub.com/
※定価：表示価格（本体）＋税

東信堂

現代環境問題論—再定置のために / 井上孝夫 / 二三〇〇円

白神山地と青秋林道—理論と方法の社会学 / 井上孝夫 / 三三〇〇円

金属伝説で日本を読む / 井上孝夫 / 三二〇〇円

公害被害放置の社会学—イタイイタイ病・カドミウム問題の歴史と現在 / 飯島伸子・渡辺伸一・藤川賢著 / 三六〇〇円

公害・環境問題の放置構造と解決過程 / 堀畑まなみ・渡辺伸一・藤川賢著 / 三八〇〇円

新潟水俣病問題の受容と克服 / 堀田恭子 / 四八〇〇円

新潟水俣病をめぐる制度・表象・地域 / 関礼子 / 五六〇〇円

新版 新潟水俣病問題—加害と被害の社会学 / 飯島伸子・舩橋晴俊編 / 三八〇〇円

「むつ小川原開発・核燃料サイクル施設問題」研究資料集 / 舩橋晴俊・金山行孝・茅野恒秀編著 / 一八〇〇〇円

世界システムの新世紀 / 山田信行 / 三六〇〇円

グローバル化と社会運動—半周辺マレーシアにおける反システム運動 / 山田信行 / 二八〇〇円

越境する国際社会学とコスモポリタン的志向 / 西原和久 / 一三〇〇円

トランスナショナリズムと社会のイノベーション 国際社会学ブックレット3 / 西原和久 / 一〇〇〇円

国際移動と移民政策 社会学をめぐるグローバル・ダイアログ 国際社会学ブックレット2 / 西原和久・有本かおり編著 / 二二〇〇円

国際社会学の射程—日韓の事例と多文化主義再考 国際社会学ブックレット1 / 芝野真里編訳 / 三一〇〇円

移動の時代を生きる—人・権力・コミュニティ / 吉原直樹監修 / 四六〇〇円

海外日本人社会とメディア・ネットワーク—バリ日本人社会を事例として / 松本行真編著 / 三九〇〇円

資源問題の正義—コンゴの紛争資源問題と消費者の責任 / 華井和代 / 四六〇〇円

開発援助の介入論—インドの河川浄化政策に見る国境と文化を越える困難 / 西谷内博美 / 二八〇〇円

白老における「アイヌ民族」の変容—イオマンテにみる神官機能の系譜 / 西谷内博美 / 三九〇〇円

現代アイヌの生活と地域住民【先住民族の社会学2】—札幌市・むかわ町・新ひだか町・伊達市・白糠町を対象にして / 小内 透編著 / 三九〇〇円

北欧サーミの復権と現状【先住民族の社会学1】—ノルウェー・スウェーデン・フィンランドを対象にして / 小内 透編著 / 三九〇〇円

〒113-0023　東京都文京区向丘1-20-6
TEL 03-3818-5521　FAX03-3818-5514　振替 00110-6-37828
Email tk203444@fsinet.or.jp　URL:http://www.toshindo-pub.com/
※定価：表示価格（本体）＋税